SYLVIA FRANK

Das Haus
der Winde

 aufbau taschenbuch

SYLVIA FRANK ist das Pseudonym eines erfolgreichen
deutschen Schriftstellerehepaares, das auf der Insel Rügen
lebt. Sylvia Vandermeer, geboren 1968, ist habilitierte Be-
triebswirtschaftlerin. Sie studierte darüber hinaus Biologie,
Psychologie und Bildende Kunst. Heute ist sie freiberuflich
als Schriftstellerin und Malerin tätig. Frank Meierewert,
geboren 1967, ist promovierter Ethnologe und seit 2016 als
freier Autor tätig.
Im Aufbau Taschenbuch liegen ihre Romane »Gala und
Dalí – Die Unzertrennlichen« und »So long, Marianne –
Leonard Cohen und seine große Liebe« vor.
Mehr Informationen unter https://sylviafrank.myportfolio.
com/home

Juni 1934: Der dänische Stummfilmstar Asta Nielsen will den
Sommer auf Hiddensee verbringen und hofft, in der Abgeschiedenheit über die Trennung von ihrem Lebensgefährten
hinwegzukommen. Ihr Freund Joachim Ringelnatz will zusammen mit seiner Frau nachkommen, sobald seine Tuber-
kulose-Erkrankung eine Reise zulässt. In Deutschland, wo
der Nationalsozialismus sich immer weiter verbreitet, hat
Ringelnatz inzwischen Auftrittsverbot. Auch auf Hiddensee
erlebt Asta erste Veränderungen durch die politische Situation, und dennoch schafft die Insel es, sie zu verzaubern. Ihr
Häuschen, das sie aufgrund der abgerundeten Ecken und des
spitzen Daches »Karusel« nennt, wird ihr rasch zu einem ge-
mütlichen Zuhause. Als sie einen Segelausflug unternimmt,
gerät sie in Seenot. Fischer befreien sie aus ihrer misslichen
Lage. Der Vorsteher der Fischerkompanie, Kai Henning, hat
jedoch kein Verständnis für ihren Bootsausflug. Wenig später zieht ein Sturm über die Insel und deckt einen Teil des
Daches vom »Karusel« ab. Ausgerechnet Kai Henning soll
ihr bei der Reparatur helfen. Bei der Arbeit kommen die beiden sich näher, und zu Kai geht Asta auch, als sie erfährt,
dass Ringelnatz zu schwach ist, um auf die Insel zu kommen,
und dass sie selbst ins Propagandaministerium einbestellt
worden ist – zu Joseph Goebbels persönlich. Sie beginnt zu
ahnen, dass sie auf Hiddensee nicht bleiben können wird.

SYLVIA FRANK

Das Haus der Winde

Asta Nielsen
und ein Sommer auf Hiddensee

ROMAN

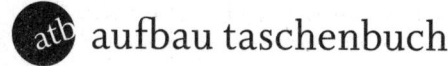

aufbau taschenbuch

MIX
Papier | Fördert
gute Waldnutzung
FSC® C083411

ISBN 978-3-7466-3683-2

Aufbau Taschenbuch ist eine Marke der
Aufbau Verlage GmbH & Co. KG

1. Auflage 2023
Vollständige Taschenbuchausgabe
© Aufbau Verlage GmbH & Co. KG, Berlin 2021
www.aufbau-verlage.de
10969 Berlin, Prinzenstraße 85
Die Originalausgabe erschien 2021 bei Rütten & Loening,
einer Marke der Aufbau Verlage GmbH & Co. KG
Der Verlag behält sich das Text- und Data-Mining nach § 44b UrhG
vor, was hiermit Dritten ohne Zustimmung des Verlages untersagt ist.
Umschlaggestaltung © www.buerosued.de, München
unter Verwendung eines Bildes von mauritius images/
Westend61/Werner Dieterich
Satz Greiner & Reichel, Köln
Druck und Binden CPI books GmbH, Leck, Germany

Printed in Germany

Für

Sylvias Großmutter Lucie und
ihren Großvater Kurt, mit denen sie
an den Montagabenden die Sendung
»Willi Schwabes Rumpelkammer« und
alte Filme angeschaut hat.

Franks Großmutter Emma und
seinen Großvater Heinrich, der am Ausgang
der Ufa-Filmstudios in Babelsberg wartete,
um die Autogramme der Stars zu sammeln.

PROLOG
Kopenhagen, 1893

Asta tanzte.

Selbstvergessen warf sie die Arme in die Luft, streckte den Rücken und hielt einen Moment lang die Pose. Sie war überzeugt, dass ihr herzkranker Vater, der auf dem alten Sofa lag, das Klingeln der Schellen an ihren Knöcheln und Handgelenken ebenso hören konnte wie sie, auch wenn sie diese nur aus buntem Papier gebastelt hatte.

Sie lief einige schnelle Schritte vorwärts, und der Sand auf den Dielen stob zur Seite, verwandelte sich in ihren Augen in eine vor Hitze flimmernde Wüste. Das karge, halbdunkle Zimmer nahm auf einmal die Gestalt eines Beduinenzeltes an, das in einer Oase im Schatten hoher Palmen stand.

Und ihr Vater mit seinen dunklen Haaren und dem gewaltigen Schnurrbart wurde zu einem geheimnisvollen Kalifen mit goldenem Turban, der von ihrer Darbietung verzaubert war und ihr aufmunternd zulächelte. Genauso, wie es der Sultan in ihrem Buch »Märchen aus 1001 Nacht« bei der berühmten Tänzerin tat.

Seine Aufmerksamkeit spornte sie weiter an. Asta wirbelte herum, das bunte Tuch, das sie sich ins lange

Haar geknüpft hatte, flatterte. Sie drehte sich mit weit ausgestreckten Armen um sich selbst, und plötzlich löste sich etwas Unbekanntes in ihr, floss ungehindert durch ihre Muskeln und Adern und ließ sie tanzen, immer weiter sich drehen ...

...

Asta sah den Schlag nicht kommen. Deshalb unternahm sie auch nicht den Versuch, sich zu ducken oder den Arm nach oben zu reißen, um ihr Gesicht zu schützen.

Die Ohrfeige traf sie mit voller Wucht und riss den Kopf herum. Lichtpunkte tanzten vor ihren Augen, alles schien auf eine seltsame Art hinter einem Dunstschleier von ihr abzurücken, und im Ohr klingelte es. Plötzlich spürte sie den Geschmack von Blut auf ihren Lippen.

Dabei hätte ihr klar sein müssen, dass die Mutter so reagieren würde. Sie packte Asta an der linken Hand und riss dabei die Papierschellen in Fetzen. Mit eisigen Augen fixierte sie ihre Tochter.

»Wo sind die Säcke?« Ihre Stimme klang hart. »Zum Teufel mit dir! Wo hast du sie versteckt?«

Aus Astas Gesicht war jede Farbe gewichen. Haltlos streifte ihr Blick über die löchrigen Mehlsäcke, die es für die Mutter noch zu stopfen galt, und die weiße Staubschicht auf den Dielen, zwischen denen es von Kakerlaken nur so wimmelte. Kurz dachte sie an Johanne, ihre viereinhalb Jahre ältere Schwester, die seit Kurzem von morgens bis abends im Lager einer Litzenfabrik arbeitete und nie da war, wenn man sie brauchte.

Sie nahm aus dem Augenwinkel den Vater wahr, ausgemergelt und bleich wie ein Gespenst, der sich mühsam und nach Atem ringend aufzurichten versuchte.

»Ida, lass doch die Kleine ...«, murmelte er, bevor er kraftlos mit einem tiefen Seufzer ins Polster zurücksank.

In Astas Kopf herrschte so ein Durcheinander, dass sie keinen klaren Gedanken fassen konnte.

Die Mutter hielt plötzlich die Reitpeitsche in der Hand, eine rotgelb geflochtene Gerte, deren Spitze ausgefranst war, und drosch damit schnalzend auf die Tischplatte.

»Ich hab den Vorarbeiter der Mühle getroffen. Er war furchtbar wütend.« Wieder schnitt die Peitsche surrend durch die Luft. »Er hat mich angeschrien, mir gedroht, dass wir den Auftrag verlieren, wenn wir nicht pünktlich abliefern. Willst du, dass wir auf der Straße landen? Zum letzten Mal, Asta, wo sind die verdammten Mehlsäcke?«

Hilflos und ungläubig musterte sie die Mutter. Sie konnte nicht fassen, wie weit sie bereit war zu gehen.

»In der Waschküche«, sagte Asta tonlos und trat zur Seite.

Ihre Brust schmerzte beim Atmen, als hätte sie glühende Kohlen inhaliert. Ihr Blut rauschte in den Ohren, und sie fragte sich, wieso sie es getan hatte. Sie wusste, dass die Zeiten für die Familie bitter und entbehrungsreich waren. Trotzdem verstand sie das Aufheben nicht, das die Mutter um die paar gestopften Mehlsäcke machte. Es hätte doch völlig ausgereicht, sie morgen zur Mühle zu bringen.

Trotz und Scham kämpften in ihr, als sie mit ansah, wie die Mutter an ihr vorbeiging. Eigentlich hatte sie das Versteck klug gewählt. Man badete nur an den Samstagen und auch nicht an jedem Wochenende.

Die gestärkte Schürze ihrer Mutter raschelte gefährlich bei jedem Schritt. »Wehe dir, du hast mich angelogen ...«

Die Tür flog auf und krachte gegen die Wand.

»Im Waschzuber, unter den Laken.«

Als Nächstes vernahm Asta, wie die Peitsche in die Ecke flog und die feuchten Laken nacheinander auf den Boden klatschten.

Sie wusste, was jetzt kam. Während die Mutter die Mehlsäcke demonstrativ ausschüttelte und aufeinander stapelte, würde sie ihr mit finsterem Gesicht erklären, wie ungerecht das Leben sei.

Ja, ihr Leben ist ungerecht, dachte Asta bitter. Und was ist mit meinem Leben und dem von Johanne?

Sie wusste, nachher würde die Mutter zu ihr kommen und von ihr verlangen, für die Situation, in der sie lebten, doch mehr Verständnis aufzubringen. Doch wehe, sie gab Widerworte oder zögerte auch nur mit ihrer Zustimmung zu lange. Dann würde die Mutter wieder ausrasten, mit dem Schicksal hadern, dem Unfall des Vaters in der Mühle ihres Bruders Schließlich würde sie sich beklagen, dass keiner in der Familie daran dachte, sie zu unterstützen.

Asta drehte sich um, zog stumm das grobe Wolltuch vom Haken und riss die Wohnungstür auf. Im fahlen Winterlicht wirkte das Treppenhaus noch schäbiger als sonst. Dort, wo noch Bruchstücke von Putz wie Inseln an den Wänden hafteten, schimmerten trübe die verblassten Reste alter Ölfarbe. Drumherum reihten sich die groben Steine der Ziegelmauer, von grüngelben Flechten überzogen, als wollte ungesunder Schorf rohe Wunden heilen. Der Anblick der bleichen, abgetretenen, von steter Last gebogenen Treppenstufen erinnerte Asta daran, wie viele Menschen schon hier im Hinterhaus gelebt hatten, und nicht selten fragte sie sich, was aus ihnen wohl geworden war.

Sie legte die Stola um und rannte die Treppe hinunter.

Im Parterre empfing sie eisige Kälte, die der Ostwind durch die Spalten der Haustür drückte, in der seit Monaten die Glasscheibe fehlte und die mit zwei Holzbrettern provisorisch zugenagelt war.

Der Innenhof war nicht groß, vielmehr eine Verbreiterung des Durchgangs, der von der Straße durch das Vorderhaus hier hinein führte. Es war ein quadratischer Lichtschacht, in dem ein zerbeulter grauer Aschekasten stand.

Als Asta den Hof betrat, roch es verbrannt, denn aus dem Metallkübel stieg beißender Qualm auf. Wahrscheinlich hatte wieder einer der Bewohner glühende Asche hineingeschüttet und somit den restlichen Inhalt in Brand gesetzt.

Überhaupt war Asche auf dem Hof allgegenwärtig. Die kargen Schneereste vor den Mülltonnen und nahe dem Kellergeländer hatten sich rostrot verfärbt. Auch die Schmelzwasserlachen waren von Ascherändern gesäumt, und selbst auf der Rinde des alten

Birnbaumes, der seine entlaubten knorrigen Äste anklagend dem blassen, gelbgrauen Winterhimmel entgegenstreckte, zeichneten sich rötliche Aschemale ab.

Asta durchschritt zügig den Innenhof. Neben ihr stöberte eine gelbe Katze im Schmutz. Als sie das Mädchen bemerkte, fauchte sie und funkelte Asta aus dem gelben Auge, das sie noch besaß, böse an.

Kurz bevor sie den Durchgang erreichte, sah sie im ersten Stock des Vorderhauses, wie mit einer flüchtigen Bewegung die Gardine hinter einem Fenster zur Seite geschoben wurde. Sie wusste, wer dort wohnte. Vor einigen Jahren noch hatte die Frau öfter auf sie und Johanne aufgepasst, wenn der Vater zur Arbeit gegangen war und die Mutter die Wäsche fremder Menschen gewaschen hatte.

Asta schenkte Frau Andersen, die ihr gutmütig zunickte, ein mattes Lächeln, bevor sie in das Halbdunkel des Torbogens eintauchte.

Zitternd, die Arme eng um die Brust geschlungen, blieb sie stehen und blickte auf die Straße hinaus. Es war ein sinnloser Versuch gewesen, die Säcke zu verstecken. Dabei hatte sie sich nur ein paar Stunden gestohlen, in denen sie zur wunderschönen Scheherazade werden konnte.

...

Tränen stiegen ihr in die Augen. Vorsichtig tastete sie mit den Fingerspitzen über die Wange, die vom Schlag angeschwollen war. Sie schluchzte. Struppig und abgerissen hockte sie hier im Dreck, den Demütigungen ausgesetzt. Warum gehörte sie nicht zu so achtbaren Familien wie die Mädchen, die ihr manchmal im Park begegneten? Warum war es ihr nicht vergönnt, so aufzuwachsen? Geborgen, wohlbehütet und umsorgt wie eine kleine Prinzessin. Dementsprechend selbstbewusst traten die Mädchen auch auf. Wer geliebt wird, lernt schnell, auch sich selbst zu lieben, dachte Asta bitter.

Sie wusste, dass sie nie zu diesen Mädchen gehören würde. Dafür waren die Unterschiede zwischen ihnen zu offensichtlich, ihre eigenen Möglichkeiten begrenzt. Wenn sie wenigstens vorzeigbar gewesen wäre, vielleicht, aber mit den zerschlissenen Kleidern und den Holzschuhen ... Da nützten ihr auch die schönen, großen braunen Augen nichts. Längst hatte sie sich angewöhnt, ihr Verlangen nach Zugehörigkeit zu dieser Mädchenwelt zu ignorieren, und sie spürte, wie ihr beharrlicher Starrsinn ihr dabei half, allmählich keinen Wert mehr darauf zu legen. Auch wenn es sie schmerzte, einsehen zu müssen, dass ihr Schicksal, ihre Zukunft, wohl immer mit einem Dasein in der Mietskaserne verknüpft sein würde.

Diese Aussicht war ihr inzwischen vertraut, ebenso wie das Gefühl, hier in der Dunkelheit auszuharren und das Leben der anderen Menschen wie in einer Parallelwelt zwischen den beiden Pfeilern des Torbogens am Ende des Durchgangs zu betrachten.

Asta spuckte angewidert aus und wischte sich mit dem Handrücken über die Nase. Doch was konnte sie tun? Abhauen?

Sie war doch erst zwölf, und wo zum Teufel sollte sie hin?

Unerwartet begann es zu schneien. Ein Vorhang aus weißen Flocken, der sich geräuschlos über die Stadt legte und die grauen Narben zudeckte.

Müde lehnte sie sich an die kalte Mauer. Sie spürte, dass sie auch heute nicht die Kraft finden würde, eine Entscheidung zu treffen.

Plötzlich rollte eine schwarze Droschke in ihr Blickfeld, blieb mitten im Torbogen stehen. Neugierig reckte Asta den Kopf. So ein beeindruckendes Gefährt hatte sie hier im Viertel noch nie gesehen.

Die Tür im Fond öffnete sich, und ein junger Mann in einem dunklen Mantel mit Pelzkragen stieg aus. Er war braungebrannt, zog zum Schutz vor dem Schnee den Kopf zwischen die Schultern und schlug hastig den Kragen hoch.

Der Kutscher löste einen beachtlichen Schrankkoffer von der Gepäckablage und stellte ihn auf den Gehsteig. Danach reichte er dem Fahrgast eine braune Reisetasche, lupfte zum Abschied seinen Zylinder und stieg zurück auf den Kutschbock. Nach einem lauten Schnalzen rollte das Gefährt davon.

Unschlüssig stand der junge Mann zwischen den Gepäckstücken und sah sich abschätzend um.

Asta löste sich von der Mauer und ging auf ihn zu. Seitdem er die Droschke verlassen hatte, kam er ihr irgendwie bekannt vor.

»Kann ich Ihnen helfen?«, fragte sie schüchtern.

»Ja, gerne. Würdest du für mich die Reisetasche tragen? Sie ist nicht schwer. Ich nehme den Koffer.«

Er lächelte und reichte Asta die Tasche. Nebeneinander liefen sie durch den Torbogen. Verstohlen musterte sie den Koffer, der genietet, an den Ecken verstärkt und mit bunten Aufklebern übersät war. Einige trugen Aufschriften von bekannten Städten, bei anderen nahm sie an, dass es sich um die Bezeichnungen von Schiffen handelte. Sie buchstabierte die Namen still vor sich hin.

»Wir müssen hier hinein«, sagte der Mann und deutete mit dem Kinn auf den Eingang zum Vorderhaus. Asta stieß die Tür mit der Schuhspitze auf und blockierte sie mit ihrem Körper, bis er mit dem gewaltigen Koffer an ihr vorüber war. Als sie ihm folgte, bemerkte sie zu ihrer Überraschung, dass er im ersten Stock vor einer Wohnungstür stehen geblieben war und läutete. Erschrocken blickte sie auf die große Tasche in ihren Armen. Jetzt wusste sie auch, warum der Mann ihr so bekannt vorgekommen war. Am liebsten hätte sie die Reisetasche auf den Stufen abgestellt und wäre davongerannt.

Als sich die schweren Schritte der Tür näherten, wandte sie sich halb ab, so dass sie vom Körper des Mannes und dem Gepäck verdeckt wurde.

»Sören?«, rief Frau Andersen überrascht und umarmte ihren Sohn. »Junge, dass du schon da bist!«

»Der Kapitän hat ein paar Kohlen mehr aufgelegt. Wollte wohl auch schnell nach Hause«, erwiderte er lachend und tastete nach den Koffergriffen.

»Das ist ja toll. Komm rein.« Sie tat einen Schritt zur Seite, und ihr Sohn verschwand im Flur. Dabei fiel ihr Blick auf Asta, die jetzt ohne Deckung mitten im Treppenhaus vor ihr stand.

»Hallo Asta.« Frau Andersen kam auf sie zu, ihre blauen Augen unter den dichten Augenbrauen betrachteten sie liebevoll.

»Wie geht es dir?«, fragte sie leise, und Asta bekam plötzlich einen Kloß im Hals. Ihr wurden die Knie weich, und eine Mischung aus Zuneigung und Furcht erfasste sie, es war ein Gefühl, das neu für sie war. Gleichzeitig spürte sie, dass sie kurz davor stand, sich bereitwillig diesem Gefühl hinzugeben und sich in die Arme der Frau zu werfen. Doch zu guter Letzt konnte sie sich auf ihren Argwohn verlassen. Das hier war nicht ihre Familie. Das hier war das Vorderhaus.

Asta räusperte sich, als wollte sie auf die Frage eingehen, trat dann aber nur einen schnellen Schritt zurück und hielt der Frau die Reisetasche entgegen. »Ich habe nur Ihrem Sohn beim Tragen geholfen.«

»Ich verstehe.« Frau Andersen lächelte noch immer, und es wirkte nicht falsch und einstudiert, wie manchmal bei Astas Mutter. Nur eine Spur trauriger.

Aber Asta hatte sich im Griff und verzog keine Miene mehr.

»Warte bitte hier«, sagte Frau Andersen und folgte ihrem Sohn in die Wohnung, nur um kurz darauf wieder im Türrahmen zu erscheinen.

»Danke, dass du Sören geholfen hast«, sagte sie und nahm ihr die Tasche ab. Zu ihrem Erstaunen hielt sie plötzlich ein schmales Kuvert in der Hand.

»Das hier sind zwei Theaterkarten für die heutige Abendvorstellung. Wie du siehst, ist unser Junge schon da, und es gibt sicher viel zu erzählen.« Sie lächelte. »Du und Johanne, ihr könntet doch für uns dorthin gehen.«

Ungläubig betrachtete Asta die silberne Prägung des Königlichen Theaters von Kopenhagen auf dem

Papier. Sie hatte keine Ahnung, wie es war, ein Theater zu besuchen.

»Zuerst müsst ihr im Foyer die Eintrittskarten vorzeigen«, hörte sie Frau Andersen sagen, »danach begebt ihr euch auf die Plätze, die auf den Billetts angegeben sind.«

Astas Blick wechselte zwischen dem Kuvert und der Frau hin und her. Schließlich bedankte sie sich mit einem kurzen Nicken bei ihr.

»Gern geschehen, Asta. Und morgen erzählst du mir alles. Abgemacht?«

Nachdem Frau Andersen die Wohnungstür hinter sich geschlossen hatte, blieb Asta noch einen Moment davor stehen, öffnete den Umschlag und zog behutsam die beiden Eintrittskarten heraus. Sie waren aus lindgrünem Papier, rochen noch ein wenig nach Druckerschwärze und waren für die erste Reihe im zweiten Rang bestimmt.

•••

Asta und Johanne nahmen die Pferdebahn, um ins Zentrum von Kopenhagen zu gelangen. Es dunkelte schon, als sie ausstiegen. Der blasse glasige Schein der Gaslaternen lag auf dem Schnee, und aus den kleinen Läden am Boulevard erklang beständig der dünne, schrille Ton der Türglocken.

Bis zum Königlichen Theater am Kongens Nytorv war es nicht mehr weit. Sie mussten nur noch den Platz mit der Statue von König Christian überqueren.

Asta wich einer Pfütze aus, streng darauf bedacht, dass die frisch geputzten Lackschuhe, die vorn an den Zehen ein wenig drückten, keine Flecken bekamen. Denn sie und Johanne hatten viel Mühe darauf verwendet, die blauen Baumwollkleider sorgfältig zu bügeln und sich zu frisieren, erfüllt von der Vorfreude auf Henrik Ibsens »Frau Inger auf Östraat«.

Ihr Atem stieg in kleinen weißen Wölkchen auf, aber Asta spürte die Kälte kaum. Sie war viel zu aufgeregt. Trotz der vorgerückten Stunde waren die Straßen belebt. Unzählige Leute begegneten ihnen, manche blieben vor den Auslagen stehen, andere trafen sich zufällig, sprachen kurz miteinander, bevor jeder in seine Richtung weiterging.

Vor dem Theater herrschte bereits dichtes Gedränge. Pferdekutschen warteten in langer Reihe auf dem Kopfsteinpflaster, bis sie vor dem Eingang vorfahren konnten.

Asta blieb stehen und staunte mit offenem Mund.

Soeben verließ eine modisch gekleidete Dame ihre Droschke. Sie war eingehüllt in eine weiße Pelzrobe, die bis hinab zu den Knöcheln reichte. Wenn sie elegant auf dem Trittbrett ein Bein ausstellte, zeigte sich darunter ein Seidenkleid, das im Abendlicht schimmerte und ihren Körper verheißungsvoll umspielte. Asta sah, wie diese Frau den ihr dargebotenen Arm eines eleganten Begleiters nahm, dabei lächelnd den Kopf zurücklegte und die Treppe zum Portal hinauf schritt, als wäre sie eine Göttin, die nun in ihr angestammtes Reich zurückkehrte.

Während sie ihre Augen nicht von der Frau abwenden konnte, nahm Johanne ihren Arm. »Asta, wir müssen jetzt hinein«, sagte sie und zog sie ungeduldig hinter sich her.

Ein Mann in Livree öffnete ihnen die Tür.

Erst als sie eine weit geschwungene Marmortreppe bis kurz unters Dach hinaufgestiegen waren und sich auf ihren Plätzen im zweiten Rang befanden, wagte Asta wieder zu atmen. Sie beugte sich vor, krallte sich dabei an der Brüstung fest und riskierte einen Blick in den Zuschauerraum.

Das Theater war gut gefüllt, ringsum erspähte sie erwartungsvolle Gesichter. Es war für sie berauschend, in das Stimmengewirr unten im Parkett hineinzulauschen. Die Menschen zu sehen, die sich begrüßten, miteinander plauderten, um nach dem dritten Gong würdig auf den roten Samtstühlen Platz zu nehmen.

Ihr Blick wanderte über die rotgoldenen Stofftapeten zur Kuppel hinauf, von der majestätisch ein Kristallkronleuchter hing, dessen Licht in diesem Moment erlosch. Der Vorhang hob sich. Gaslichter flammten auf, und Frau Inger trat vors Publikum. Applaus brandete auf.

Begeistert verfolgte Asta die Aufführung. Johanne reichte ihr ein Opernglas, und sie vergaß, es ihr zurückzugeben, so gebannt war sie von jeder Regung im Gesicht der Akteurin.

»Gefällt es dir?«, raunte Johanne.

Asta fehlten die Worte, um zu beschreiben, was in ihr vorging. Sie suchte im Dunkeln die Hand ihrer Schwester und umschloss sie mit festem Griff. Wie schön und traurig waren die großen, schmerzvollen Gesten, die Hingabe der Frau auf der Bühne, deren ergreifende Darbietung sie ganz mit einem tiefen Mitleid erfüllte. Ohne dass sie es bemerkte, rannen ihr die Tränen über die Wangen.

Als der Vorhang nach dem letzten Akt fiel und die Leute sich erhoben, um ihre Kleidung zu richten, und sich anschickten, das Theater zu verlassen, blieb Asta wie betäubt auf ihrem Platz sitzen.

Nun wusste sie es. Sie wusste, dass sie jetzt ein Ziel hatte.

Diese Erkenntnis löste in ihr eine solche Erregung aus, dass sie am ganzen Leib zu zittern begann und ihr schwindelig wurde. Sie nahm kaum wahr, wie Johanne neben ihr aufstand und sie still von der Seite betrachtete.

»Asta«, sagte sie unvermittelt. »Mehr gibt es heute nicht.«

Wie im Traum drehte sie sich zu ihrer Schwester um.

»Ich werde Schauspielerin, Johanne«, sagte Asta mit fester Stimme, und sie wunderte sich, dass ihre Worte nicht schwärmerisch klangen, sondern bestimmt, so wie die einer Erwachsenen, die eine unumstößliche Wahrheit formuliert.

»Ich weiß«, erwiderte Johanne ruhig und berührte sie sanft an der Schulter. »Ich kann dir nicht sagen, warum, aber ich bin davon überzeugt, dass alle besonderen Eigenschaften, die für diesen Beruf notwendig sind, in dir schlummern.«

Zuerst glaubte Asta, ihre Schwester wollte sie necken. Aber in ihrem Gesicht entdeckte sie keine Spur von Ironie. Eher Achtung, Nähe und Zuneigung.

»Ich meine das ernst«, sagte Asta nachdrücklich.

»Ich auch, Schwesterherz«, erwiderte Johanne.

• 1 •
Berlin, 1934

Die Lilien dufteten stark und süß. Asta Nielsen trat mit einem Arm voller Blumen, die an den Stängeln wippten, hinter den Vorhang. Es sah aus, als schwebte ihr Gesicht über den zarten Blütenköpfen.

Ihre zahllosen Verehrer kannten ihre Vorliebe für weiße Lilien und kauften sie bei den Blumenhändlern am Kurfürstendamm rund um das Theater.

Sie ließ sich von Gudrun, ihrer Ankleidedame, in die Garderobe begleiten, dicht gefolgt von einem Pulk Presseleuten, die sich hinter ihr im Korridor eng aneinander drängten und ihr Fragen stellten.

»Frau Nielsen, was sind Ihre Pläne nach der Sommerpause ...«, rief einer aus dem Hintergrund, ein anderer fragte: »Wann gibt es einen neuen Film?«

Um sie herum explodierten grelle Lichtblitze, und die Glasscherben der abgebrannten Birnen bedeckten bald den Boden und knirschten unter den Sohlen der Männer.

Erschöpft betrat Asta den halbdunklen Raum, hielt inne und vernahm erleichtert, wie Gudrun hinter ihnen energisch die Tür schloss. Es dauerte eine Weile, dann entfernten sich hastig die Schritte, und der Lärm verebbte.

Die Garderobiere nahm ihr die Blumen ab, gab sie in eine Vase und stellte sie auf den Tisch in der Mitte des Raums zu den anderen Sträußen.

Asta wartete geduldig, bis Gudrun wieder neben sie trat und geschickt begann, mit einer liebevollen, geradezu mühelos wirkenden Beharrlichkeit die Klammern in ihrem Haar zu lösen und das Hütchen von ihrem Kopf zu nehmen. Ohne Eile drapierte sie es in eine Schachtel und kam zurück, um am Rücken den Reißverschluss ihres Bühnenkleides zu öffnen. Keine der beiden Frauen verlor dabei ein Wort. Asta mochte die stumme, eingespielte Choreographie des Entkleidens. Sie gab ihr die Möglichkeit, wieder ein Gespür für die Wirklichkeit zu bekommen, die Rolle, die sie auf der Bühne spielte, wie eine fremde Haut abzustreifen.

Der Stoff raschelte, als Asta aus dem Kleid stieg und einen Schritt zur Seite tat. Dabei fiel ihr Blick auf den großen Ankleidespiegel, und das, was sie sah, gefiel ihr. Sie war zweiundfünfzig, gerade mal zweiundfünfzig, und immer noch war sie schlank und beinahe unnatürlich gesund. Ihre Schenkel straff und fest, und die Haut sah frisch und rosig aus. Sie fühlte sich noch genauso gut wie damals in Dänemark, als sie mit einundzwanzig Jahren im Dagmar-Theater in Kopenhagen debütiert hatte.

Gudrun hielt ihr den Bademantel auf, und Asta schlüpfte hinein. Anschließend setzte sie sich an den Schminktisch, der von einer Reihe kleiner Lämpchen erhellt wurde, und zog das Kästchen mit der Abschminkwatte zu sich heran.

Es klopfte.

Sie hob fragend den Kopf. »Gudrun, könnten Sie bitte nachsehen?«

Die Ankleidedame ging zur Tür und öffnete sie einen Spalt. Dann drehte sie sich zu ihr um, und Asta sah die Ratlosigkeit auf ihrem Gesicht. »Frau Nielsen, ich ...«

Aber in diesem Augenblick wurde die Tür bereits aufgeschoben, und ein Mann betrat die Garderobe. Er trug einen dunklen Mantel über seinem Anzug, den Hut hielt er an der Krempe in der linken Hand. Über einem exakt gebundenen Krawattenknoten erkannte Asta sein energisches Kinn, darüber ein sinnlicher Mund und grüne Augen, die jetzt aufmerksam auf sie gerichtet waren. Das immer noch volle dunkle Haar, von ersten Silberfäden durchzogen, hatte er elegant zurückgekämmt.

»Hallo Asjenka.«

Asta hielt den Atem an, ihr Herz pochte plötzlich so laut, dass sie glaubte, er könnte es hören. Vor ihr stand Grigori Chmara.

Sie hatte ihn vor zehn Jahren auf einer Gesellschaft ihres Freundes Georg Brandes getroffen. Die russischen Emigranten standen damals hoch im Kurs in Berlin. Überall öffneten russische Lokale, Balalaikaklänge erfüllten die Luft, und bärtige Kosaken geleiteten die Gäste, die in Scharen in die Restaurants strömten, an die Tische, Patronengurte um die Hüften geschlungen.

In ihrer Erinnerung hockte Grischa auf der breiten Lehne eines alten, wuchtigen Sofas. Die Ärmel seines Hemdes hochgekrempelt, spielte er auf einer perlmutteingelegten Gitarre. Er sah gut aus, war überaus charmant, sogar amüsant, wenn er nicht mit einer den Russen eigenen Verbissenheit über Dostojewski philosophierte; und was noch wichtiger war, er war durch und durch ein Theatermensch, genauso wie sie getrieben von dem Verlangen nach Kunst und Schönheit. Unverhofft war er damals ihr Lebens- und Filmpartner geworden.

Dann hatte er sie verlassen.

»Du sagst gar nichts«, bemerkte Grigori.

Asta atmete langsam aus. »Was soll ich denn sagen? Nach fast einem Jahr«, fragte sie betont gleichgültig, während sich ihre Finger fest um ein Watteknäuel schlossen. Noch immer setzte ihr Grigoris Abschied mehr zu, als sie zuzugeben bereit war. Sie hatte die Erklärungen in seinem Brief nur widerwillig hinge- nommen, was sollte sie auch anderes tun.

»Na ja, zum Beispiel könntest du mich fragen, wie es mir geht.

Oder du sagst mir, wie gut ich aussehe ... oder dass du mich nie wiedersehen willst.«

Ihre Blicke trafen sich im Spiegel. »Ich habe nie über ein Wiedersehen nachgedacht«, entgegnete Asta bestimmt und griff nach dem Topf mit der Vase- line. »Das ist ein Unterschied.«

Sie fuhr mit den Fingern in die Masse hinein und verteilte diese auf ihrem Gesicht.

Grigori grinste. »Na wenigstens kennst du mich noch. Wie schön.«

Asta wischte sich die Hände ab. Die Vaseline musste kurz einwirken.

»Im Gegensatz zu dir vergesse ich nicht so schnell jemanden.« Sie schob den Stuhl mit den Kniekehlen zurück und erhob sich. »Willst du etwas trinken?«

Sie wartete die Antwort nicht ab, sondern schritt zum Tisch, nahm die Flasche aus dem Sektkübel und goss sich selbst Champagner ein. »Ich jedenfalls trinke jetzt was.«

Sie nippte am Glas und ging zurück an ihren Platz. »Gudrun?«

Die Ankleidedame kam hinter einem Paravent hervor.

»Ja, Frau Nielsen.«

»Das ist alles für heute. Sie können gehen.«

»Vielen Dank, Frau Nielsen.« Sie nahm das Kleid und die Hutschachtel und verließ mit einem angedeuteten Knicks den Raum.

Asta begann sich mit der Watte die Vaseline von der Stirn zu wischen. »Wo warst du?«, fragte sie ihn.

»In Paris.«

Sie erinnerte sich, dass er dorthin hatte gehen wollen, weil er der Meinung war, dass es seiner Karriere gut tun würde.

Sie legte den verschmierten Wattebausch zur Seite und nahm einen neuen. »Seit wann bist du zurück?«

»Seit ein paar Tagen.«

Sie hielt in der Bewegung inne und musterte ihn. »Für länger?«

Grigori zog einen Stuhl zu sich heran und setzte sich. »Das kommt darauf an ...«

Ihre Blicke trafen sich wieder im Spiegel. »Warum wolltest du mich sehen?«, fragte Asta.

Grigori legte den Hut auf die Tischplatte. »Dafür gibt es zwei Gründe. Ich wollte dich spielen sehen.«

»Und?«

»Du warst großartig. Das Stück ist dir wie auf den Leib geschrieben.«

»Findest du?« Asta fuhr mit der Watte um die Augen herum.

»Und was ist der andere Grund?«

Grigori zögerte. »Der andere Grund ist ... Wir beide sollten morgen Abend zusammen essen gehen.«

Asta setzte die Hand ab. »Essen gehen?«

Sie sah im Spiegel, wie sich Grigori erhob, und spürte, wie er hinter sie trat und ihr die Hände auf die Schultern legte.

Vorsichtig begann er sie zu massieren.

Sie schloss die Augen und legte den Kopf leicht zurück, als lausche sie Musik. Wie vertraut ihr seine Hände nach all der Zeit immer noch waren.

Plötzlich hämmerte es energisch an der Tür. »Grigori!«, ertönte die verärgerte Stimme einer Frau mit unverkennbar russischem Akzent, begleitet von weiterem Klopfen. »Verdammt, wie lange dauert das denn noch?«

Astas Oberkörper schnellte hoch, während Grigori einen langen Schritt zurück tat.

»Raus mit dir!«, zischte Asta und ballte die Fäuste.

Er zögerte und stand jetzt still da. »Asta, ich ...«

Sie nahm das Glas Champagner, drehte sich um und schüttete es ihm ins Gesicht. »Raus hier! Sofort.«

Er starrte sie an, während er ein Taschentuch aus der Manteltasche nestelte und sich das Gesicht trocken tupfte. Dann wandte er sich wortlos ab und nahm seinen Hut.

»Bist du dieses Jahr wieder auf Hiddensee?«, fragte er unvermittelt, als er schon die Tür erreicht hatte.

Asta funkelte ihn an. »Wag es ja nicht, dort aufzukreuzen!«

Abwehrend hob er die Hände. »Nein. Keine Sorge.« Er setzte den Hut auf. »Ich dachte nur an den letzten Sommer, den wir dort ...«

Er brach ab und legte die Hand auf die Klinke.

Plötzlich war alles wieder da. Damals war Asta überzeugt gewesen, dass die letzten zehn Jahre mit Grigori die bedeutendsten und erfülltesten ihres Lebens waren, aber als sie genauer zurückschaute, stellte sie mit Verblüffung fest, dass sie einen Teil dieser »besten Jahre« damit zugebracht hatte, unglücklich zu sein. Hatte sie ihr Lebensglück für die Schauspielerei geopfert? Alles änderte sich so plötzlich. Neue Regisseure kamen, wollten nur mit ihr, dem Filmstar, drehen. Während ihr Stern immer heller strahlte, war seiner verloschen. Andauernd kam es deshalb zum Streit, was am Ende zum Zerwürfnis führte.

»Auf Wiedersehn, Asjenka,« sagte er leise und ging.

2

Stralsund, 1934

Es war die Farbe des Meeres, die ihr verriet, wie weit sie noch von Hiddensee entfernt war. In Stralsund, wo die mächtigen Speicherhäuser aus rotem Backstein lange Schatten auf das Hafenbecken warfen, erschien Asta das Wasser unergründlich dunkel, als hätte jemand unbemerkt schwarze Tusche hinzugefügt.

Jetzt stand sie auf dem Vorderdeck des Dampfers »Swanti« und schlang die blaue Strickjacke fester um ihren Körper.

Es war noch früh an diesem dritten Juni, und eine kühle Morgenbrise strich über die erwachenden Kais. Sie wirbelte Reste einer Getreidelieferung empor, und Astas Blick folgte den goldenen Spelzen und Hülsen, die ungehindert über das vom Nachttau feuchte Straßenpflaster wehten, bis zwei klobige Holzkisten den Weg versperrten, die noch an Deck verladen werden sollten.

Sie zog den Hut tiefer in die Stirn, so dass er die Augen und einen Teil der Nase beschattete.

Johanne wird wohl in diesem Moment innen im umbauten Heck des Dampfers an einem Tisch sitzen, aus dem Fenster sehen und an einer Tasse Tee nippen, dachte Asta und ließ die Perlen der langen Kette durch ihre Finger gleiten. Kurz überlegte sie, ihrer Schwester Gesellschaft zu leisten, doch wieder verspürte sie den dringlichen Wunsch, die Zeit der Überfahrt allein zu verbringen, abseits der anderen Passagiere, die respektvoll zu ihr herübersahen oder einander dezent auf die Anwesenheit der berühmten Filmdiva aufmerksam machten.

Sie dachte an den Brief, den sie zwei Tage vor ihrer Abreise erhalten hatte und der jetzt in ihrem Koffer lag. Sie hatte sich vorgenommen, ihm keine weitere Beachtung zu schenken.

Der lärmende Knall einer Fehlzündung riss sie aus ihren Gedanken. Asta drehte sich um und sah, wie sich auf dem Pier mit stotterndem Motor ein Lastwagen dem Schiff näherte und neben dem Fallreep stehen blieb.

Interessiert trat sie näher an die Reling. Dabei warf sie einen schnellen Blick auf ihre Armbanduhr und stellte fest, dass inzwischen nicht nur all ihr Gepäck verladen, sondern auch die Abfahrtszeit bereits um eine Viertelstunde überschritten war.

Jetzt öffnete sich mit Schwung die Beifahrertür, und ein Mann kletterte aus dem Fahrerhaus. Er war mittelgroß und hatte ausladende Schultern. Schnell und effizient, aber in den Bewegungen sparsam, schickte er sich an, das Fahrzeug zu entladen. Der Mann war mit einer schwarzen Wollhose bekleidet, in der ein hell gestreiftes Oberhemd steckte, über das er eine dunkle Weste gezogen hatte. Auf dem Kopf trug er eine blaue Schirmmütze.

Später konnte Asta sich nicht erinnern, dass sie

zum Fallreep vorgegangen war. Es geschah einfach, sie stand neben der Aussparung in der Bordwand und blickte zum Lastwagen hinüber, wo der Mann jetzt eine Seitenwand der Ladefläche löste, während der Fahrer die Abdeckung des Motors öffnete. Sie sah, wie der Mann mit der Weste zwei gewaltige chromglänzende Metallkanister nacheinander zu sich heranzog. Seine Hände umschlossen mit festem Griff die Henkel, anschließend trug er die schweren Behälter mit sicherem Schritt an Bord des Dampfers.

»Guten Morgen«, begrüßte er sie.

Plötzlich verspürte Asta den Wunsch, sich von ihren Gedanken abzulenken, indem sie den Fremden mit der Schirmmütze ansprach.

»Haben Sie Schwierigkeiten?«, fragte sie mit einem schnellen Seitenblick auf den Fahrer.

»Wie man es nimmt, und Sie?«, erwiderte er im Vorbeigehen, dabei sah er sich nach einem geeigneten Lagerplatz auf dem Zwischendeck um.

»Nein, keine.« Sie schob ihren Hut aus der Stirn. »Ich bin auf dem Weg nach Hiddensee.«

»Dann haben Sie den richtigen Dampfer erwischt«, sagte er und wuchtete die Behältnisse auf die Holzkisten. Jetzt erkannte sie, dass es Farbe war.

»Das ist keine gute Idee«, gab sie zu bedenken. »In den Kisten befindet sich mein gesamtes Geschirr und Porzellan.«

Wortlos hob er die Kanister herunter und stellte sie seitlich daneben ab.

»Sie bleiben länger?«, fragte er währenddessen.

»Ja, ich habe ein Haus auf der Insel. Ich verbringe

den Sommer dort. Der Pastor wird mich in Vitte abholen.«

Er nickte stumm. Sie bemerkte den festen Blick seiner Augen, die von ungewöhnlich hellem Blau waren in dem braun gebrannten Gesicht.

»Sind Sie so bekannt hier? Man hat den Dampfer für Sie warten lassen«, bemerkte sie lächelnd.

»Man kennt sich«, antwortete er, und sein Tonfall klang ruhig und leicht gelangweilt, als sei er derartiges Entgegenkommen gewöhnt. Dann drehte er sich um und schickte sich an, wieder an Land zu gehen.

»Fahren Sie nicht mit?«, fragte Asta erstaunt.

»Nein, ich muss weiter.«

Sie spürte etwas Ähnliches wie Enttäuschung. »Und Ihre Farbe?«

»Bekommt der Kollwitz, Willi. Der Pastor kennt ihn.«

Er hatte das Ende des Fallreeps fast erreicht. Da beugte sie sich leicht vor und hob zögernd die Hand. »Ich bin Asta Nielsen.«

»Kai Henning«, antwortete er unbeeindruckt über die Schulter zurück und öffnete die Beifahrertür.

3

Hiddensee, 1934

Ganz in der Nähe ertönte jetzt das Signalhorn. Über Astas Kopf begannen Möwen zu kreisen, bereit, den Dampfer bei seiner Fahrt hinaus aufs Meer zu begleiten.

Zwei Hafenarbeiter lösten geschickt die Tauenden von den Pollern, während das monotone Stampfen der Kolben einsetzte. Asta spürte das ungeduldige Zittern, das den Schiffsrumpf durchlief, als die »Swanti« sich stetig von der Hafenmauer entfernte. Sie ging die wenigen Schritte zurück zum Bug und schaute über die Reling hinweg auf den Horizont, wo der milchig blaue Himmel und das Meer zu verschmelzen schienen.

Der Dampfer ließ die schützende Mole hinter sich und steuerte in den Strelasund hinaus, einem zirka zwei Kilometer breiten Meeresarm, der die Insel Rügen von Stralsund und dem Festland trennte.

Asta setzte sich auf eine schmale Bank, vor der ein Tisch mit Schrauben auf den Planken des Decks befestigt war. Sie zog den Hut vom Kopf, legte ihn neben sich und fuhr mit den Fingern durch das kurz geschnittene, dichte schwarze Haar, das sich nun in der salzigen Luft zu kräuseln begann.

Ein Zeesenboot kam ihnen backbord mit geblähten roten Segeln entgegen. Der Kahn lag tief im Wasser, und schwer schnitt der Kiel durch die himmelblau schimmernden Wellen.

Die Fischer waren vermutlich in der letzten Nacht stundenlang in der Meeresströmung gedriftet, das sackförmige Netz dicht über den Grund hinter sich herziehend. Nun dösten die Männer erschöpft und lehnten mit ihren Rücken an den Masten, während der Steuermann Kurs auf den Heimathafen hielt.

Astas Blick folgte dem Zeesenboot. Unzählige glitzernde Sonnensprenkel tanzten hinter dem Heck auf einer sanft sich wiegenden, silbrig leuchtenden Spur.

»Entschuldigen Sie bitte, Frau Nielsen?«

Sie unterbrach ihre Beobachtungen und wandte sich um.

»Ja, bitte?«

Vor ihr stand ein Stewart im weißen Jackett und deutete eine leichte Verbeugung an. Die blonden Haare flatterten im Wind. »Ihre Schwester schickt mich. Sie möchte wissen, ob es Ihnen hier draußen gut geht oder ob Sie etwas brauchen«, erkundigte er sich pflichtbewusst, wobei er sich bemühte, sie nicht anzustarren.

Ein Schmunzeln stahl sich in ihre Mundwinkel. »Ja, es geht mir gut. Sagen Sie ihr das.«

Der Stewart wirkte unschlüssig. »Darf ich Ihnen vielleicht etwas bringen, einen Grog oder ...« Sein Blick streifte die Lehne der Sitzbank, auf der sie saß. »Eine Decke?«

Kurz überlegte sie. »Dann lieber einen Grog.«

Der Stewart nickte beflissen. »Kommt sofort, gnädige Frau.«

Asta lehnte sich zurück und widmete sich wieder der Landschaft um sie herum. Soeben passierten sie die kleine Insel Heuwiese, auf der zahlreiche Kühe weideten. Einige der schwarzweißen Tiere standen in einer schlammigen Furt bis zur Brust im Wasser und glotzen teilnahmslos zum Schiff herüber.

Abermals klappte die Tür. Der Stewart kam zurück und stellte routiniert ein silbernes Tablett mit einem dampfenden Glas neben ihr auf dem Tisch ab.

»Danke«, sagte sie höflich und wartete, bis der Mann gegangen war. Dann umfasste sie das hohe Glas mit ihren schlanken Händen, erhob sich und stellte sich an die Reling. Als sie es an die Lippen führte, roch sie das würzige Aroma des Rums, der sich nach einigen Schlucken mit wohltuender Wärme in ihrem Magen ausbreitete. Ein Kribbeln durchströmte sie. Was für eine Freude, an einem solchen Morgen am Leben zu sein. Sie kam sich vor wie ein aufsässiges Kind, das beschlossen hatte, all das Belastende einfach über Bord zu werfen. Sie dachte an die zahlreichen Freunde, die am Anleger auf sie warten, sie wie immer vorfreudig empfangen würden. Noch einmal blickte sie an sich herab und überprüfte die sorgfältig ausgewählte Garderobe. Das duftige weiße Ensemble mit der langen Perlenkette wurde von der grobgestrickten dunkelblauen Jacke effektvoll kontrastiert. Es war elegant und trotzdem sehr bequem.

Zufrieden trank sie den Grog und kniff dabei die Augen zusammen. Neugierig reckte sie den Kopf.

Nein, sie hatte sich nicht getäuscht. Erneut wandelte sich vor ihren Augen die Farbe der Ostsee, diesmal schimmerte die Wasserfläche in einem wunderschönen, einladenden Türkis.

Sie spürte, wie ihre Handflächen feucht wurden und sich eine erwartungsvolle Unruhe in ihr ausbreitete.

Der Dampfer erreichte soeben das südliche Ende von Hiddensee, wo sich ein filigraner Sandhaken weit hinaus ins Meer erstreckte, der fortwährend vom Wirken der Stürme umgestaltet wurde.

Es war kein fester Boden. Eher eine überdimensionierte Sandbank, teilweise vom Flachwasser überspült, durch das die Strahlen der Sonne mühelos den Meeresboden erreichten und nun von ihm reflektiert wurden, was dem Meer diese einzigartige lichtdurchwebte Farbigkeit verlieh.

Sie merkte, wie sie sich plötzlich leicht fühlte, der Zauber des Moments in ihr zu wirken begann.

Jetzt dauert es nicht mehr lange, dachte sie erfreut, bis ich mein Haus der Winde, mein »Karusel« wiedersehe. Sicher sehnt es sich schon nach seinen Sommergästen.

Mit einem letzten Blick auf das Spiegelbild im Bullauge der Kabinentür vergewisserte sie sich der Makellosigkeit ihrer Erscheinung.

4

Sobald die Küstenlinie von Hiddensee als flacher gelbgrüner Streifen sichtbar wurde, füllte sich wie auf ein unsichtbares Zeichen hin das Deck der »Swanti« mit Passagieren, die alle erwartungsvoll zum Ufer hinüberschauten.

Auch Johanne hatte ihren Platz hinter dem Fenster verlassen und stand jetzt neben Asta, als der Hafen in Sicht kam. »Unfassbar! Schau doch nur, wie voll die Landungsbrücke ist.«

Beim Anblick der wartenden Menschenmenge fiel Asta wieder ein, wie bedeutend die tagtägliche Ankunft des Dampfers für die kleine Insel war. Ein ausgesprochen wichtiges gesellschaftliches Ereignis, zu dem Einheimische wie Feriengäste gleichermaßen am Hafen erschienen. Hoteldiener und Privatvermieter fanden sich ein, um Neuankömmlinge abzuholen und ihr Gepäck mit Schub- oder Eselskarren in die Unterkunft zu transportieren. Die Gäste, darunter so mancher Prominente, kamen, weil das Eintreffen des Schiffes die Tagesroutine wohltuend unterbrach und die Landungsbrücke sich für kurze Zeit in einen Ort verwandelte, an dem es was zu sehen gab und an dem man selbst gesehen wurde.

Die »Swanti« ging mit wühlenden Schrauben am Bollwerk längsseits, ihr stählerner Rumpf rieb an den Holzpfählen, bevor er zur Ruhe kam. Zwei Matrosen griffen nach dem Fallreep und schoben es mitten hinein in das aufgeregte Durcheinander.

»Frau Nielsen! Hier sind wir!«, erschallte quer über den Anleger die kräftige Stimme von Pastor Gustavs.

Zahlreiche Köpfe flogen herum und schauten zum Dampfer. Hände klatschten begeistert, als man den berühmten Filmstar erkannte. Hüte wurden freudig geschwenkt. Asta und Johanne schritten von Bord. Während die Menschen eine Gasse bildeten, durch die Gustavs, ein resoluter weißhaariger Mann um die sechzig, mit strahlendem Gesicht und in Begleitung einer zweiten Person, auf Asta zukam, hob ein Raunen an. Sie legte lächelnd den Kopf schräg, als sie in dem Mann neben dem Pastor ihren lieben Freund und Kollegen Otto Gebühr erkannte. Auch die Umstehenden hatten den Schauspieler längst bemerkt, der in der Hauptrolle des Ufa-Vierteilers »Friedrich der Große« berühmt geworden war.

Jetzt jedoch trug er keinen Uniformrock und Stiefel, sondern eine leichte Baumwollhose, einen hellen Pullover, darüber einen gemusterten Schal und Segelschuhe. Das scharf geschnittene Gesicht mit der auffallenden Nase lag im Schatten eines breitkrempigen Panamahutes, den er sich jetzt zur Begrüßung vom Kopf riss.

Asta lief ihnen einige Schritte entgegen.

»Willkommen auf Hiddensee!« Gustavs überreichte ihr einen Strauß Pfingstrosen, ihrer Schwester schüttelte er herzlich die Hand.

»Danke sehr.« Bewegt betrachtete Asta die leuchtend rosa Blütenköpfe. Sie wusste, dass die Frau des Pastors hinter dem Pfarrhaus hingebungsvoll einen Bauerngarten bewirtschaftete, der ihr ganzer Stolz war und der nicht nur reichen Ertrag an Obst und Gemüse hervorbrachte, sondern auch solche prachtvollen Pflanzen.

»Die Blumen sind wunderschön. Sie werden auf der Veranda einen Ehrenplatz bekommen.« Flüchtig streifte sie den Unterarm des Pastors. »Ich hoffe, Ihrer Frau geht es gut. Bitte grüßen Sie Helene von mir. Ich denke, dass sich im Laufe der nächsten Tage eine Gelegenheit ergeben wird, sie zu besuchen.«

»Unbedingt«, erwiderte Gustavs und hob den Zeigefinger, als würde er sie spielerisch ermahnen wollen, ihr Vorhaben auch nicht zu vergessen. »Und Ihre Grüße richte ich selbstverständlich gern aus.«

Er trat einen Schritt zur Seite und gab den Weg für Otto frei.

»Asta, Willkommenste!« Der Schauspieler umarmte sie und küsste sie auf beide Wangen. »Ich freue mich so, dich wohlauf zu sehen. Schön, dass ihr hier seid.« Er bedachte Johanne mit einem flüchtigen Lächeln. »Ich hab dir Kringel vom Bäcker Schwartz mitgebracht.« Er reichte ihr eine rote Blechdose.

»Kringel? Das ist wunderbar. Jetzt fehlt uns nur noch ein ordentlicher Mokka«, erwiderte Asta und reichte die Dose an Johanne weiter. Die nahm sie entgegen und nickte zustimmend.

Otto beugte sich leicht vor. »Dann lasst uns keine Zeit verlieren«, erklärte er verschmitzt. »Oder wartest du noch auf ...?«

Asta kräuselte die Lippen, ein Schatten huschte über ihr Gesicht. Otto erriet, was das bedeutete, und reichte ihr seinen Arm, als er das Thema wechselte. »Du kannst dir nicht vorstellen, wie sehr mir unser gemeinsames Kaffeekränzchen gefehlt hat.«

Neben ihnen räusperte sich der Pastor kaum vernehmlich.

»Dann sollten wir gehen«, sagte Gustavs mit einer gewissen Ernsthaftigkeit in der Stimme, »und den Kutscher nicht länger warten lassen.«

Johanne hakte sich beim Pfarrer unter. Plötzlich hielt sie in der Bewegung inne. »Nehmen wir unser Gepäck nicht mit?«

»Das wird später mit dem Leiterwagen gebracht«, antwortete Gustavs. »Die Kisten laden sie zuletzt aus.«

Da fiel Asta der Auftrag des Fremden wieder ein.

»Ach, Herr Pastor, in Stralsund hat mich ein Mann gebeten, zwei Kanister mit Farbe abzugeben.« Sie zeigte zum Dampfer hinüber und nahm an, dass die Behältnisse noch immer an Deck standen. »Sein Name ist Kai Henning.«

»Er ist Fischer in einer hiesigen Reusenpartie.«

»Ja, mag sein. Er wollte, dass ein Willi Kollwitz sie bekommt.«

»Der Hafenmeister, ich verstehe.« Gustavs blickte sich um und deutete hinüber zu einem geteerten Holzschuppen, dessen einzige Tür verschlossen war. »Er scheint im Moment nicht da zu sein. Ich werde die Übergabe auf dem Rückweg veranlassen. Mein Wort drauf. Doch jetzt bringen wir Sie erst einmal in Ihr Feriendomizil.«

Beflissen dirigierte er die beiden Frauen und Otto Gebühr zur Kutsche, wo er zuvorkommend die kleine Wagentür öffnete. »Der Weg ist Ihnen ja bekannt«, sagte er, während er Asta und Johanne in den Landauer half. »Und obwohl es nicht weit ist, denke ich, ist diese Art der Fortbewegung erheblich angenehmer.«

Anschließend kletterte er schnaufend zu dem Kutscher auf den Bock.

...

Der Haflinger fiel in einen leichten Trab, seine Muskeln spielten unter dem bernsteinfarbenen Fell. Gemächlich rollte die Kutsche die Dorfstraße hinab. Auf dem unbefestigten Weg brannte die Sonne herab, und Staub wallte hinter dem Gefährt auf.

»Was meinst du, was wir mit dem Baum durchmachen, den wir für dich besorgt haben! Also ich sage dir, bei uns hinten im Garten ...«, brach es aus Otto heraus.

Asta erschrak bei diesen Worten. Vor ihren Augen entstand das Bild eines Ungetüms, und sie musterte Otto forschend. Sie hatte sich von ihren Freunden ein Bäumchen gewünscht, das sie vor ihr Sommerhaus pflanzen wollte, und nun überlegte sie, ob das eine gute Idee gewesen war.

Indessen berichtete Otto in leichtem Plauderton weiter von den neueren Ereignissen auf der Insel, während sie an niedrigen, weiß gekalkten und mit Schilf gedeckten Fischerkaten vorüberfuhren. Frauen steckten ihre Köpfe aus den kleinen Fenstern, Männer lüfteten zum Gruß die Mütze, als sie die Film-

stars erkannten, und Kinder, die spielend am Weges-
rand hockten, sprangen auf, riefen ihnen etwas auf
Platt zu, was sie nicht verstanden, und winkten ihnen
nach.

Ein kleiner, struppiger Dorfhund schoss aus einem
Gehöft heraus und lief bellend ein Stück neben dem
Landauer her, bis er sich besann und umkehrte.

Am Norderende von Vitte erhob sich hinter ausladenden Wacholderbüschen die Silhouette der alten Mühle, die im gleißenden Licht dem Betrachter
einen perfekten Scherenschnitt bot.

Sie erreichten den Ortsrand, die letzten Häuser
blieben in einer Staubwolke zurück, und still breitete sich das Land vor ihnen aus. Nur das Zirpen der
Grillen auf den Wiesen war zu hören, die sich auf
salziger Erde bis hinunter zum Bodden erstreckten.
Dahinter lag silbern schimmernd das Meer.

»Sieh doch nur, dieser unfassbar hohe und blaue
Himmel.« Verzückt breitete Asta die Arme aus und
rutschte auf die Kante der gesteppten Lederbank vor.
Dann deutete sie aufgeregt über Ottos Schulter hinweg auf ein Häuschen in der Ferne, das allein und
verwunschen in der flimmernd goldenen Mittagsluft über der Tiefebene zu schweben schien. »Da, unser Karusel! Siehst du?« Strahlend sah Asta zu ihrer
Schwester, während sie sich rasch mit den Fingerkuppen eine Träne aus dem Augenwinkel wischte.

Johanne ließ sich von Astas Begeisterung anstecken und rutschte ebenfalls auf der Bank nach vorn.

»Und schau mal dort der Dornbusch mit dem
Leuchtturm. Alles noch genauso bezaubernd, wie
wir es im letzten Jahr verlassen haben.«

Wenig später bog die Kutsche vom Hauptweg in einen schmalen, kaum sichtbaren Pfad ein, dem sie bis auf Höhe eines Häuschens mit ungewöhnlichem Aussehen folgte, wo sie schließlich zum Stehen kam. Auf den ersten Blick schien das Gebäude zur ländlichen Umgebung Hiddensees in völligem Gegensatz zu stehen, aber das täuschte, es passte genau hierher. Über einem rautenförmigen Grundriss, bei dem zwei der vier Hausecken gerundet waren, erhob sich ein niedriges, verputztes, mit breiten blauen Streifen horizontal bemaltes Erdgeschoss, das durch ein hohes Zeltdach mit roter Dachziegeleindeckung abgeschlossen wurde. Zahlreiche Fenster gliederten im Parterre die Fassade, die wie darüber mehrere Dachgauben und ein Balkon hervorragende Ausblicke auf die nahe Ostsee boten.

Das Pferd schnaubte und stampfte mit dem Huf auf. Asta, die es vor Ungeduld kaum aushielt, wartete nicht, bis der Pastor vom Kutschbock geklettert war, sondern öffnete selbst den Verschlag und stieg aus. Otto folgte ihr und reichte Johanne, die nach ihm kam, die Hand.

Indessen bedankte sich Pastor Gustavs bei dem Kutscher, zahlte das vereinbarte Entgelt und folgte den anderen.

»Hast du den Schlüssel?«, fragte Johanne.

»Na, klar. Was denkst du denn?« Asta reichte ihr den Blumenstrauß, kramte in ihrer Handtasche und hielt den Schlüssel kurz darauf triumphierend hoch. Sie drehte sich um und stieg die zwei Stufen zur Eingangstür hinauf. Kurz hob sie den Blick. Im Norden war es üblich, dass die Gebäude Namen trugen, und als sie zum ersten Mal dieses Häuschen gesehen hatte, hatten die beiden abgerundeten Hausecken sie an ein Karussell erinnert. Gemischt aus Dänisch und Deutsch: Karusel. Über der Tür hatte sie diesen Namen mit Muscheln anbringen lassen.

Lautlos schwang die Haustür auf. Asta betrat den winzigen Vorraum und hielt den Atem an. Sie stand im Halbdunkel. Die Luft war schwer und roch nach Strandgut und Meer. Unter ihren Schuhsohlen rieb Sand wie Schleifpapier, den die Stürme im letzten Halbjahr durch den Spalt unter der Tür ins Haus geweht hatten.

Sie hörte, wie Johanne draußen die beiden Männer bat, einen Moment zu warten und ein wenig zur Seite zu treten. Sicher ahnte ihre Schwester, was Asta vorhatte. Das, was jetzt folgte, war für sie ein beinahe liebgewordenes Ritual nach ihrer Ankunft. Sie nahm den Hut ab und hängte ihn an einen Garderobenhaken. Danach griff sie sich den Reisigbesen, der bereits hinter der Tür stand, und fegte mit weit ausholenden Schwüngen den Sand hinaus auf die Stufen. Wohlwissend, dass er hier ohnehin allgegenwärtig war und dass sie ihm, egal, wie oft sie auch den Versuch unternahm, niemals würde Einhalt gebieten können. Doch es gab ihr das Gefühl, nach Hause zu kommen.

Als Asta fertig war, blieb sie auf den Besenstiel gestützt im Türrahmen stehen.

»So, Männer, Johanne und ich werden jetzt Kaffeewasser aufsetzen, dabei das Häuschen ein wenig bewohnbarer machen, und für die Kringel finden wir sicher eine schöne Schale.«

»Und was können wir inzwischen tun?«, fragte Otto Gebühr.

»Es wäre eine große Hilfe, wenn du mit Pastor Gustavs die Hollywoodschaukel im Garten aufbauen könntest. Sie steht auf der Veranda. Aber wartet kurz, ich muss euch erst die hintere Tür aufschließen.«

Asta drehte sich um, lehnte den Reisigbesen im Vorzimmer neben zwei Paar Gummistiefel an die Wand und öffnete die Verbindungstür zur Diele. Von hier aus konnte sie alle Zimmer im Erdgeschoss betreten. Links von ihr lag die Küche, dahinter das Speisezimmer. Durch eine breite Flügeltür gelangte man von dort ins Wohnzimmer, an das sich eine verglaste Holzveranda anschloss. Eilig durchschritt sie den Korridor, betrat die Veranda und hielt inne. Gelber Sonnenschein fiel in der kleinen Wohnstube auf die mit weißen Laken abgedeckten Möbel. Asta erkannte all diese Dinge, zu denen ihr aber durch die lange Abwesenheit noch der Bezug fehlte. Ihr Blick fiel auf die gemusterten Tapeten, wo die Stellen heller hervortraten, an denen die Fotos von ihr und Grischa gehangen hatten. Schnell wandte sie sich ab.

Auf der Veranda nahm sie den Geruch von Holz wahr und ein klein wenig auch den von Maschinenfett, denn sie hatten die Federn der Hollywoodschaukel damit eingeschmiert.

Wie still und unverändert das alles hier auf uns gewartet hat, dachte sie und schob sich an dem Stoffbezug der Schaukel vorbei Richtung Tür, um sie auf zuschließen.

»Ah, da ist ja das Ungetüm«, stellte Otto fest. »Wo willst du sie aufgestellt haben?«

Asta, die wegen der Enge ein paar Schritte zurückgewichen war, zeigte unbestimmt nach draußen. »Am liebsten dorthin, wo sie auch im letzten Sommer stand. Seitlich vor der Treppe, hinter der Windschutzmauer. Aber denkt daran, das sind zwei Teile. Das Gestell mit dem Dach und die Schaukel, die daran aufgehängt wird.«

»In Ordnung«, erwiderte der Schauspieler. »Verlass dich auf uns.«

Während sich die beiden Männer beratschlagten, wie sich jedes Teil am besten anpacken ließ, ging Asta ins Wohnzimmer hinüber, um dort eine der Abdeckungen anzulupfen. Sofort tanzten unzählige Staubkörner golden im Sonnenlicht, das ungehindert durch die drei Fenster flutete. Asta musste niesen und hielt sich die Hand vor die Nase. Unter dem Tuch befand sich der runde Korbtisch mit den drei Stühlen. Flugs zog sie die Abdeckung herunter und legte das Leinen zusammen. »Otto? Seid bitte so gut, diese hier auch.«

Anschließend lief sie zurück in den Korridor und blickte sich um. Dabei spürte sie den kräftigen Windzug, der durch das Haus strich, auf ihrem erhitzten Gesicht. Ihre Schwester musste inzwischen die Fenster geöffnet haben. Asta warf einen Blick in die Küche.

»Johanne?«

Die Küche war leer. Es war das einzige Zimmer, das mit hellem Holz bis unter die Decke getäfelt war. Das Fenster befand sich direkt über der Spüle, an die sich eine Arbeitsfläche und ein vierteiliger Campingkocher anschlossen.

An der Wand darüber war ein Bord befestigt. Dort befand sich ihre Sammlung von bunten Tellern, die versetzt hineingestapelt waren. An eisernen Haken hingen Pfannen und Töpfe. Obenauf reihten sich glasierte Steingutkannen, in denen sich ein vierarmiger Kerzenleuchter spiegelte.

Asta sah, dass Johanne bereits den Wasserkessel aufgesetzt hatte. Auf dem Tisch standen eine weiße Vase mit den Blumen und daneben die Kaffeemühle. Es roch verführerisch nach frisch gemahlenen Bohnen. Rechts von ihr befanden sich die Vorratskammer und die Toilette, und vor ihr führte eine Treppe zu den Räumen ins Obergeschoss, die einzig zum Schlafen dienten. Sie liebte es, in dem Zimmer mit dem Balkon aufzuwachen und vom Bett aus den phantastischen Ausblick zu genießen. Das hier war tatsächlich ihr Sommerhaus. Sie wollte nirgendwo anders ein.

Asta wandte sich der Treppe zu, stieg ins obere Stockwerk hinauf und sah ihre Schwester auf dem Balkon stehen. Ihr halblanger dunkelblonder Haarschopf schien in der Sonne zu glühen.

»Ach, hier steckst du«, sagte Asta, legte das Laken in den Wäschekorb und trat neben sie.

»Ich kann nicht glauben, dass ich wieder hier bin«, antwortete Johanne, und ihre grauen Augen, aus denen sie Asta dankbar ansah, füllten sich mit Tränen. »Ich war wirklich in Sorge, dass ich ...« Sie brach ab.

Asta schluckte. Als sie noch Kinder waren, wurde Johanne von schweren fieberhaften Rheumaschüben gequält. Damals war es nur der aufopferungsvollen Fürsorge eines Dr. Brandberger zu verdanken gewesen, dass sie überlebte. Aber Johanne war nie wieder richtig gesund geworden.

»Jetzt hör aber auf!«, erwiderte Asta betroffen und wandte sich ab. Dabei sah sie auf Otto und den Pastor hinab, die gerade die drei Stühle um den Tisch vor der Hollywoodschaukel platzierten. Sie liebte Johanne, aber wenn sie an ihre Schwester dachte, dann spürte sie manchmal einen kalten Hauch aus ihrer Vergangenheit, eine wuchernde Furcht. Sie versuchte, dieses Gefühl zu unterdrücken, aber es wollte keine Ruhe geben.

»Weißt du, was? Ich trinke jetzt meinen ersten Mokka«, sagte Asta bestimmt und blickte zu Johanne. »Du kannst dir von mir aus weiter Sorgen machen.«

Die Schwester lächelte matt. »Ich habe mir gedacht, wir könnten für die Kringel die weißblaue Schale nehmen. Was meinst du?«

Asta atmete durch. »Die ist perfekt«, antwortete sie und gab Johanne einen Kuss auf die Wange.

•••

Als Asta, das Tablett mit vier dampfenden Kaffeetassen balancierend, im Garten erschien, erhoben sich beide Männer gleichzeitig von den Stühlen, um es ihr abzunehmen. Asta stellte das Tablett auf dem Tisch ab und schob jedem eine Tasse hin. Johanne folgte dichtauf mit den Kringeln und der Vase mit den Pfingstrosen.

Erleichtert sanken sie in die Polster der Hollywoodschaukel. Asta streifte sich die Schuhe von den Füßen. Das Gras kitzelte angenehm an den nackten Fußsohlen.

Otto knabberte bereits an einem Kringel. »Und habt ihr schon Pläne für eure Ferien?«, fragte er kauend über den Tisch hinweg.

Asta lehnte sich zurück. Kurz blendete sie die Sonne, die hoch am Himmel stand wie Messing.

»Was für Pläne?« Sie lachte auf. »Otto, wir sind gerade erst angekommen, und wir sind hier, um uns zu erholen«, sagte sie, und sie mochte die Leichtigkeit ihres Tonfalls, den heiteren Klang. Erst einmal wollte sie sich keine Gedanken machen. Über nichts!

Otto zuckte mit den Achseln. »Ich frag ja nur«, begann er zögerlich, »weil ich mein Segelboot flott gemacht habe, und ich dachte, wir könnten in den nächsten Tagen gemeinsam zu einem Törn um die Insel aufbrechen.«

»Ja, das klingt gut. Warum nicht?«, entgegnete Asta.

Dann schwiegen sie. Pastor Gustavs stellte seine Tasse ab und wandte sich an die beiden Frauen. Sein Wesen strahlte etwas Geduldiges und Achtsames aus. »Gestatten Sie mir, dass ich noch einen Punkt anspreche, der mir am Herzen liegt. Wie Sie wissen, gehören einige Abende auf der Insel der Geselligkeit. Ich würde mich sehr freuen, wenn Sie es einrichten könnten, in diesem Sommer bei einem unserer Konzerte zu Gast zu sein.«

Asta nippte an ihrer Tasse. Sie wusste, dass in den Hotels gelegentlich Vorträge angeboten wurden, meist von Gelehrten, die dort zu Gast waren. Die Konzerte, die Gustavs erwähnte, fanden hingegen in seiner Kirche in Kloster statt. Es gelang dem Pastor immer wieder, die auf der Insel weilenden Musiker und Sängerinnen zu einem Auftritt zu bewegen.

Asta wollte gerade antworten, aber Johanne kam ihr zuvor. »Ihre Einladung nehmen wir gern an, Herr Pastor. Vielleicht können Sie uns wie im letzten Jahr über den Küster eine Nachricht zukommen lassen, wann die Konzerte stattfinden.«

»Das werde ich. Sie bereiten mir damit eine große Freude.«

Aus der ungemähten Wiese vor dem Haus stiegen Lerchen auf und füllten die Luft mit lautem Gezwitscher.

Asta ließ die Tasse sinken. Sie dachte an die vergangenen Wochen. Wann hörte man im Lärm und Gewühl einer Großstadt wie Berlin schon die Vögel singen? Sie fühlte sich augenblicklich erleichtert, als glitten Gewichte von ihren Schultern. Ja, hier, außerhalb der Welt, würde sie niemand bedrängen.

5

In ihrem Traum hatte Asta die Arme weit ausgebreitet. Sie flog durch die Luft, unter ihr glitzerte weit das Meer, und sie sah eine langgestreckte Insel in der Form eines Seepferdchens.

Ein warmer Wind strich über ihr Gesicht, fuhr ihr in die Kleidung, und sie fühlte sich leicht und frei. Plötzlich hörte sie mitten im Flug neben sich Joachim Ringelnatz sagen: »Aus meiner tiefsten Seele zieht, mit Nasenflügelbeben, ein ungeheurer Appetit, nach Frühstück und nach Leben.«

Aber noch während sie sich suchend nach ihm umsah, verlor sie an Höhe und fand sich unerwartet an einem runden Kneipentisch wieder. Das Lokal war verraucht, und in der Ecke vor dem Tresen hockte ein bärtiger Mann in einem blauweiß gestreiften Matrosenhemd und spielte Akkordeon. Die Musik war jedoch auf seltsame Weise leise und so verzerrt, dass es ihr schwerfiel, überhaupt das Stück zu erkennen. Erstaunt lief sie um den Tisch herum und blickte in die Gesichter von Grigori Chmara, Otto Gebühr, Joachim Ringelnatz und Hans Albers. Otto mischte gerade einen Stapel Spielkarten, während die anderen drei fröhlich mit ihren Bierflaschen anstießen.

»Das ist wieder typisch«, maulte Otto. »Ich muss arbeiten, und ihr sauft.«

Sie setzte sich auf den einzigen freien Platz. Inzwischen teilte Otto die Skatkarten aus, gleichzeitig knallten die drei Männer die leeren Flaschen auf den Tisch. Grigori versuchte, ein Rülpsen zu unterdrücken. Demonstrativ schaute Hans Albers zuerst in den Flaschenhals, dann auffordernd in die Runde. »Als Moses an die Berge klopfte«, begann er mit seiner rauchigen Stimme zu deklamieren, »gleich Wasser aus dem Felsen tropfte. Doch viel größer ist das Wunder hier, man ruft nur ...« Er unterbrach sich für einen Moment, damit die anderen mit einstimmen konnten, und lautstark schallte der Rest des Trinkspruchs durch den Raum. »Wirt! Und schon kommt Bier.«

Dienstbeflissen kam der Kellner herbeigeeilt. Auch Asta wurde eine Flasche Bier hingestellt, Ringelnatz und der blonde Hans bekamen noch ein Weinglas dazu, bis zum Rand gefüllt mit Korn. Ernst hob Ringelnatz sein Glas bis auf Augenhöhe.

»Ein Schuft, wer mehr stirbt, als er sterben muss! Aber muss es sein, dann nicht schüchtern. Ersaufen ist auch ein Genuss! Und vielleicht wird man dann nie mehr nüchtern.«

Er leerte das Glas mit einem Zug. Die Männer tranken, dann sortierte jeder sein Blatt.

Plötzlich stieg weißer Rauch aus Astas Flasche. Zuerst nahm ihn keiner wahr, bis er sich zu einer Wolke über dem Tisch zusammenballte.

»Beim Klabautermann«, rief Hans Albers aus und schlug mit der Faust auf den Tisch. Jetzt starrten alle auf den wabernden Nebel, aus dem sich langsam das würdige Antlitz von Gerhart Hauptmann schälte. Wie ein Geist mit durchdringenden Augen, kräftiger Nase und wild zerzausten Haaren schwebte er vor ihren Gesichtern. Zuerst wandte er sich an Asta.

»Guten Tag, Frau Nielsen«, sprach er mit dröhnender Stimme. »Haben Sie es sich überlegt, meine Rose Bernd zu spielen?« Doch sie kam nicht dazu, ihm zu erklären, dass er das Mädchen in seinem Stück als kräftiges Bauernmädchen mit blonden Zöpfen beschrieben hatte und es für sie nicht in Frage kam, denn schon hatte sich der Dichtergeist von ihr abgewendet und sprach jetzt zu Ringelnatz. Pathetisch tönte er: »Hören Sie, mein Freund, Kunst ist Religion!« Nach dieser tiefgründigen Ansage begegnete ihm erstmal andächtiges Staunen. Selbst der Akkordeonspieler hielt es für angemessen, sein beinahe lautloses Spiel zu unterbrechen. So lange, ja, bis Grischa in die Stille hinein schallend anfing zu lachen, er konnte sich gar nicht mehr beruhigen, und sein Brustkorb bebte.

»Was für ein Blödsinn«, rief er aus. »Kunst ist Prostitution!« Er hustete und schlug mit der flachen Hand auf den Tisch.

Asta schaute sich befremdet um, weil alle im Raum sie anstarrten.

Der Dichtergeist verzog angewidert das Gesicht. »Prostitution ist Sünde«, brabbelte er. Doch die Worte waren bereits schwer zu verstehen, denn zur Überraschung aller begann er sich nun aufzulösen, durchsichtig zu werden, und am Ende blieben nur ein paar Nebeltropfen, die in die Bierlachen auf dem Tisch fielen.

»Ach was«, Otto erhob sich. »Sünde ist nur ein mythologischer Begriff für schlechte Geschäfte.«

Albers schaute sie aus seinen blauen Augen der Reihe nach an. »Genug philosophiert, Kinnings. Mir dröhnt schon der Schädel. Gibt's denn hier keine ordentlichen Weiber? Und wo zum Deibel bleibt die Musik?«

Noch ehe der blonde Hans ausgesprochen hatte, flogen die Türen auf, gleißendes Licht erfüllte den Raum und die Kneipe wandelte sich vor Astas Augen zu einem Ballsaal mit Orchester, tanzenden Paaren und verspiegelten Wänden. Ehe sie sich versah, stand Hans Albers im Frack und Zylinder auf der Bühne, und das Orchester stimmte »Auf der Reeperbahn nachts um halb eins« an.

Ringelnatz stürmte auf sie zu, packte sie am Unterarm und zog sie ausgelassen auf die Tanzfläche, wo er sie im Walzertakt herumwirbelte. Es wirkte, als ob ein Grashüpfer mit einer Biene tanzte. Er beherrschte die Schrittfolge nicht und machte eigenwillige Hopser um sie herum. Eine selbst gebastelte Papierblüte wippte in seinem Knopfloch, und Asta starrte auf die freche Nase einer Fellmaus, die aus seiner Brusttasche lugte.

Alles begann sich immer schneller zu drehen. Sie wusste nicht mehr, wie lange sie mit Ringel getanzt hatte, als Grigori Chmara ihr auffordernd den Arm reichte. Sie bemerkte, dass sie mit ihm zu einem weißen Altar schritt, über dem ein Holzengel schwebte, sie sah, wie die anderen Paare eine Gasse bildeten,

sich stumm vor ihr verneigten. Ein Geistlicher seg-
nete das Paar, und sie gaben sich feierlich das Ja-
Wort. Seitlich begleitete sie eine Kamera, als sie mit
hoch erhobenem Haupt, einer Königin gleich, in die
Mitte des Saales schritt, wo ihr von einer Zofe der
Mantel aus weißem Hermelin von den Schultern genommen wurde, bevor sie sich in den dargebotenen
Arm von Grigori legte. Sie schwebte in der Musik,
spürte seinen kräftigen Körper, das Spiel der Muskeln
unter der Haut, den vertrauten Rhythmus der Bewegungen. Über seine Schulter hinweg sah sie Ringelnatz am Rand der Tanzfläche, der einen verblüh-
ten Löwenzahn aus der Tasche holte, und sie ahnte,
wenn er die Blüte an die Lippen führte, um sie aus-
zupusten, würde sich die Szene auflösen, dieser Tanz
für immer zu Ende gehen.

Ringelnatz holte tief Luft, und die kleinen Blü-
tenschirme, die sich lösten und hoch hinauf unter
die Decke des Ballsaales stiegen, wandelten sich zu
einem silbrig funkelnden Sternenmeer.

Verblüfft stellte Asta fest, dass sie sich nun auf
einem doppelstöckigen Karussell mitten auf dem
Kurfürstendamm wiederfand. Unzählige Glühbirnen warfen einen weißen Lichtkreis in die Dunkelheit, ließen Goldverzierungen auf den Säulen matt
schimmern. Das Gefährt erschien ihr wie ein sich
drehender Tempel, in dem eine unbekannte Gott-
heit auf dem Grund des Ozeans gepriesen wurde.
Meerjungfrauen, barbusig, mit grünen Fischschwän-
zen, hielten das Karusselldach, das mit maritimen
Motiven aus aller Welt bemalt war. Die Musik spielte,
und Hans Albers stimmte sein wohl bekanntestes

Lied »La Paloma« an, worauf Ringelnatz, in seine Matrosenuniform gekleidet, verzückt ausrief: »Das beste Musikstück auf der ganzen Welt!«

Die beiden Männer ritten eine Reihe vor Asta auf zwei Holzfiguren, Albers auf einem graublauen Esel und Ringelnatz auf einem rosaroten, frech grinsenden Schwein, sie sangen jetzt aus voller Kehle und hielten sich dabei mit beiden Händen an den gedrechselten Stangen fest.

»Ein Wind weht von Süd und zieht mich hinaus auf See ...«

Asta thronte auf dem Rücken eines weißen Tigers, der sich in eleganten weiten Schwüngen auf und ab bewegte. Suchend blickte sie sich um.

Völlig unerwartet entdeckte sie Johanne. Sie saß auf einem Holzpferd, die Schwester winkte ihr zu, und schräg dahinter hockte Grischa auf einem massigen schwarzen Bären. Er hatte sich von ihr abgewandt und unterhielt sich mit einer jungen blonden Frau, die auf dem Rücken eines Einhorns ritt.

»Mich trägt die Sehnsucht fort in die blaue Ferne. Unter mir Meer und über mir Nacht und Sterne ...«, klang das Lied in ihr nach.

Astas Blick schwenkte weiter, und sie bemerkte noch einen Fahrgast. Es war ein Mann, der ihr unbestimmt bekannt vorkam. Obwohl ein Teil von ihm durch eine Säule verdeckt wurde und sie sein Gesicht nicht erkennen konnte, wusste sie, dass er ihr gefallen würde.

»Vor mir die Welt, so treibt mich der Wind des Lebens. Wein nicht, mein Kind, die Tränen, die sind vergebens.«

Sie beugte sich etwas weiter vor, streckte sich über den Kopf des Tigers, vielleicht konnte sie noch mehr von dem geheimnisvollen Fremden erkennen, als plötzlich schrill die Laute aus einer Trillerpfeife an ihr Ohr drangen. Sie hielt die Luft an, richtete sich auf, ihre Augen versuchten vergeblich, die Dunkelheit zu durchdringen, als sie überall außerhalb des sichtbaren Lichtkreises Füße trampeln hörte. Sie waren umzingelt.

Der kalte Schweiß brach ihr aus, und panisch drehte sie sich zu Johanne und Grischa um. Dabei verlor sie den Halt und rutschte vom glatten Rücken des Tigers. Mit offenem Mund, lautlos schreiend, fiel sie und stürzte in bodenlose Tiefe.

•••

Asta riss die Augen auf und krallte die Hände ins Laken. Ihre Brust hob und senkte sich, und es dauerte einige Herzschläge, bis sie begriff, dass sie im Karusel in ihrem Bett lag.

Sie drehte den Kopf und schaute hinüber zum Balkon.

In der Ferne hörte sie das Meer rauschen und erspähte den schreienden Möwenschatten, der in diesem Augenblick die blaue Himmelskuppel vor ihrem Fenster zerschnitt.

Ihr Atem beruhigte sich langsam.

6

Johanne saß am nächsten Morgen mit einer Tasse Kakao auf der Hollywoodschaukel, die Knie vor der Brust angewinkelt, und beobachtete Asta, die mit einem schwarzweißen Kätzchen spielte, das sich neuerdings hier einfand.

Plötzlich erhob sich Asta und lauschte. Schon aus der Ferne hörte sie den Briefträger, weil der Anhänger hinter dem Fahrrad wild und unbändig scheppernd über den unbefestigten Feldweg holperte.

Der Mann hatte das Haus erreicht und löste die abgewetzte schwarze Ledertasche vom Gepäckträger, schulterte sie und trat mit schwerem Schritt vor sie.

»Guten Tag«, grüßte er. »Heute ist etwas für Sie dabei.« Er sprach in einem leisen, vertraulichen Tonfall, als könnte damit jedweder Irrtum ausgeschlossen werden, dass die Zustellung für jemand anderen bestimmt sein könnte.

Dieser Eindruck wurde noch durch die konzentrierte Art verstärkt, mit welcher der hagere Mann in der knisternden grauen Uniform den Inhalt seiner Tragetasche sichtete, bis er einen Brief herauszog und ihn, die Anschrift mit einem wissenden Lächeln prüfend, an sie weitergab. Dann verabschiedete er sich höflich mit einer Verbeugung.

Sie beobachteten, wie er noch das kurze Stück zum Nachbarn hinüberging, bevor er sich wieder aufs Fahrrad setzen würde, um die Postrunde fortzusetzen.

»Von wem ist der Brief?«, fragte Johanne neugierig.

Asta drehte den Umschlag um, so dass sie jetzt den Absender erkennen konnte. »Von Joachim«, sagte sie erfreut, und für einen Moment hätte sie hochspringen und jubeln mögen. Doch sie setzte sich und griff rasch nach einem Messer, das noch vom Frühstück auf dem Tisch lag, glitt mit der Spitze unter den Falz und schnitt das Kuvert auf. Sie zog ein einzelnes eng beschriebenes Blatt Papier heraus und faltete es auseinander. Asta vermutete, dass die Seite, auf der jetzt drängende Wortreihen in blauer Tinte notiert waren, einst zu einem Schreibblock gehört hatte.

Während Asta las, rührte sich Johanne nicht. Wenn der Brief von Joachim Ringelnatz war, würde ihre Schwester hinterher gewiss mit ihr über die Nachricht sprechen.

Astas Augen flogen über die Zeilen. Beim Lesen verwandelte sich ihr anfängliches Hochgefühl in eine derart heftige Beklemmung, dass sie aufstehen und umhergehen musste, bis sie sicher war, wieder frei atmen zu können. Langsam ließ sie den Brief sinken.

»Er ist seit einer Woche in der Lungenheilstätte Sommerfeld. O Johanne, sie haben ihn in der Frauenabteilung untergebracht.«

»In der Frauenabteilung?«

»Ja, er schreibt: ›Hier liegen Hunderte der schönsten Frauen, und ich bin der einzige Mann. Du kannst dir denken, was das für Arbeit erfordert! Ist es da ein Wunder, wenn ich nur noch hundertdrei Pfund wiege?‹«

»Typisch Ringel«, bemerkte ihre Schwester.

»Johanne«, erwiderte Asta, und es klang schärfer, als sie es beabsichtigt hatte. »Etwas über fünfzig Kilo, das ist selbst für einen Mann von seiner Statur nicht viel«, sagte sie besorgt.

»Schon gut, Asta. Hat er den Pyjama erhalten?«

»Ja, ja. Er findet ihn bezaubernd. Ach, er meinte nur, ich hätte meine Beine darin lassen können.« Jetzt lächelte sie traurig, bevor sie weitersprach. »Muschelkalk ist bei ihm, und sie hoffen, dass er rasch wieder zu Kräften kommt, damit sie uns besuchen können. ›Unser Herz ist voll Liebe zu dir‹, schreibt er noch, und sie richten dir Grüße aus.«

»Danke.«

Sie faltete das Blatt sorgfältig in den Kniffen zusammen und steckte es zurück ins Kuvert. Genau genommen hatte Ringelnatz, soweit sich Asta entsinnen konnte, nie etwas von einer Kehlkopferkrankung gesagt. Selbst im Sommer des letzten Jahres, als sie im kleinen Kreis seinen fünfzigsten Geburtstag im Hotel Eden gefeiert hatten, hatte er nicht den Eindruck erweckt, unpässlich zu sein. Er machte Späße und schien unverwüstlich. Sie vermutete aber, dass die Krankheit schon länger in ihm geschlummert hatte und durch die Willkür, die er so plötzlich erfahren musste, zum Ausbruch kam. Denn wirklich krank war er erst geworden, nachdem die Nazis ihm

Auftrittsverbot in Deutschland erteilt hatten. Mit viel Mühe war es ihm im Frühjahr gelungen, zwei Auftritte in der Schweiz zu ergattern. Um das Geld für die Pension zu sparen, hatten er und seine Frau Muschelkalk neben dem lauwarmen Kanonenofen in der Bahnhofshalle übernachtet.

Asta krampfte sich das Herz zusammen, wenn sie daran dachte, und sie versuchte, ihre Erschütterung vor Johanne zu verbergen.

Nach einiger Zeit des Umhergehens blieb sie stehen. »Ich muss noch mal weg«, brachte sie hervor und wandte sich dem Haus zu.

»Hast du was vergessen?«

»Alles bestens. Bin gleich wieder da.«

Sie durchquerte die Veranda und lief über den Flur. Sie kam an der Küche vorbei, wo sie Wasser in einem Topf kochen hörte, und legte die Hand auf die Klinke.

Sie hatte nichts vergessen; sie musste allein sein, und wenn es nur ein paar Minuten waren.

•••

Asta spazierte zum Strand. Sie hielt die Sandalen in der Hand, ihre Füße mahlten durch den weichen Sand. Es roch nach Harz und warmer Erde. Das Meer sah heute unter dem wolkigen weißen Himmel azurblau aus, gekrönt von schneeweißen Kämmen. Eine Möwe folgte klagend dem Glanz der Wellen.

Aber dafür hatte Asta jetzt keinen Blick. Sie setzte sich in eine leere Strandburg, einen Wall aus Sand, der eine kreisrunde Fläche umschloss. Sie hatte die Arme um die Schultern geschlungen, als wäre ihr kalt. Sie sah Joachim Ringelnatz vor sich, wie sie ihm zum ersten Mal in Berlin begegnet war. Ihr Filmpartner Paul Wegener hatte ihr von einem Kollegen vorgeschwärmt, der im Kellertheater des Schauspielhauses am Gendarmenmarkt auftrat und der seiner Meinung nach schlichtweg genial war.

Asta rieb sich mit den flachen Händen über das Gesicht. Alles stand mit einem Mal wieder so unmittelbar vor ihr.

Paul hatte sie an diesem Abend mit dem Wagen abgeholt. Es regnete, und die unzähligen Lichter der Stadt tanzten auf den dunklen Pfützen am Rinnstein. Gemeinsam waren sie die Treppen zum »Kleinen Theater« hinabgestiegen, und sie war erstaunt über die Ausstattung des Raumes. Die Wände bestanden aus poliertem Stein und erinnerten an ein griechisches Theater, zumal Statuen und Köpfe antiker Dichter und Philosophen sie schmückten. Ein schwerer roter Vorhang trennte die Bühne vom Zuschauerraum.

Sie wusste noch, wie ungewöhnlich sie das antik anmutende Interieur des Theaters gefunden hatte, vor allem weil hier hauptsächlich Schauspiel und Kabarett auf dem Plan standen.

Aber Paul erklärte ihr, dass der ursprüngliche Geist des Theaters die Parodie sei, und die Pflicht der Komödie war es daher, das Verhalten der Menschen zu verändern, indem man sie unterhielt. Aus seiner Sicht war es deshalb völlig passend, wie der Raum beschaffen sei.

Asta musste zugeben, der folgende Auftritt von Ringelnatz gab ihm recht. In dem Moment, als er die Bühne betrat, richteten sich alle Blicke auf ihn. Er wusste wohl, dass sie im Publikum saß, denn auf seiner nackten Brust schimmerte ein mit blauer Farbe gemaltes Herz, das von einem Pfeil durchbohrt war und unter dem *Asta* stand.

Sie verstand den stummen Gruß und war bereit, Ringelnatz zu folgen, wohin er sie auf der Bühne auch mitnahm.

Der Mann hatte in seinem Leben fast alles gemacht, aber am meisten war er wohl zur See gefahren. Seine berühmteste Gedichtsammlung war »Kuttel Daddeldu«. Sie handelte von einem Matrosen, der in jedem Hafen der Welt ein Mädchen hatte und zu Hause eine feste Braut, der er von seinen Reisen die unmöglichsten Raritäten mitbrachte.

Asta musste nun am Strand unwillkürlich an das kleine Kästchen denken, in dem sie seine Geschenke aufbewahrte. Ein getrocknetes Seepferdchen, ein paar verliebte Hühner aus Elfenbein, weiß Gott, wo er die Sachen immer auftrieb.

Er war damals im Matrosenanzug aufgetreten. Ein volles Glas in der Hand, schlenderte er über die Bühne, rezitierte mit einem sonderbar singenden Rhythmus seine überragenden Gedichte, untermalt von knappen, aber bezeichnenden Bewegungen der knochigen Hände. Es war seltsam. Aus der Ferne wirkte sein Gesicht zerfurcht, beherrscht von einer mächtigen Nase, die umso gewaltiger wirkte, weil das Kinn bleich und der Mund eingefallen waren. Stand er aber vor einem, wich alles in seinem Antlitz hinter einem Paar großer dunkelblauer Augen zurück.

Heute war Asta Paul dankbar, dass er sie damals zur Vorstellung mitgenommen hatte. Sie hatte in Ringelnatz einen Seelenverwandten gefunden, einen Menschen, der ihre Ansichten teilte und, was den Humor und Intellekt betraf, wie eine Blaupause zu ihr passte. Rasch hatte sie auch seine Frau Leonharda kennengelernt. Den ungewöhnlichen Kosenamen Muschelkalk verdankte sie Ringelnatz, aber Asta hatte nie herausbekommen, warum das so war. Vor fünf Jahren hatten sie zum ersten Mal alle gemeinsam ihre Ferien auf Hiddensee verbracht.

Ein schmales Lächeln glitt über Astas Gesicht. Wo Ringelnatz war, war man nie sicher. Er war ein ewiger Spaßvogel, ein Lausbube, und er hatte sich in jenem Sommer vorgenommen, eine große Menge Bernstein zu sammeln. Doch obwohl er wie verrückt danach suchte, fand er im Spülsaum nie welchen. Deshalb kam er eines Tages auf die glorreiche Idee, ein Schild am Strand aufzustellen, wo in Großbuchstaben stand: *Bernstein am Strand verloren. Bitte Ringelnatz zurückgeben!*

Asta grub ihre Zehen in den Sand und spürte die Kühle darunter.

Joachim fehlte ihr wie ein guter Freund, dessen Abwesenheit man erst schmerzlich bemerkte, wenn er fort war. Sie hatte ihn gern um sich herum und erinnerte sich daran, wie er den Dreiakter »Die Flasche« für sie geschrieben hatte. Sie sollte die Petra und Grigori den Grischa spielen. Daraus würde nun nichts mehr werden.

Durch Ringelnatz bekam sie immer das Gefühl, das eigene Leben wäre plötzlich ein wenig leichter geworden. Es schien unmerklich seinen Takt zu ändern, Sorgen und Nöte, die ihr so wichtig vorkamen, traten in den Hintergrund, wo sie nur noch eine untergeordnete Rolle spielten.

Ja, sie konnte sich ausmalen, wie die Tage verlaufen würden, wären er und Muschelkalk auch in diesem Sommer erst einmal hier.

Sand rutschte vom Rand in den Trichter hinein, wo sie saß. Die Schritte hatte sie nicht gehört.

»Ach, hier bist du«, stellte Johanne fest.

»Ja, hier bin ich«, sagte Asta, hob den Kopf und sah, dass ihre Schwester die Augen mit der Hand beschattet hatte.

»Geht es dir gut?«, fragte sie zögernd. »Ich hatte schon Sorge, dir wäre etwas zugestoßen.«

»Johanne. Das ist Hiddensee, eine kleine Insel. Was in aller Welt soll mir hier schon zustoßen?«

»Weiß nicht.« Die Schwester rutschte neben sie und glättete ihr blaues Kattunkleid. »Ich frag dich ja nur, du verhältst dich, seitdem wir angekommen sind, irgendwie sonderbar.«

»Ich verhalte mich nicht *sonderbar.*« Astas Blick glitt über den Rand der Burg. Eine Windböe fegte heran und trieb losen Sand gegen den Fuß der Düne. Sie nahm eine kleine weiße Muschel und strich die Körner von der warmen, leicht geriffelten Oberfläche.

»Weißt du, ich hatte mich so auf die Ferien gefreut. Aber ...« Asta setzte ab. Sie fühlte sich mit einem Mal fehl am Platz. »Ich frage mich, ob es ein Irrtum war, in diesem Sommer hierher zu kommen.«

»Wie meinst du das denn?« Forschend sah Johanne sie an. »Bedrückt dich etwas?«

Seit jeher war es die Stärke ihrer Schwester, genau das zu tun und zu sagen, was man von ihr erwartete. Johanne hatte eine treue, vermittelnde Art.

Asta wollte dem ersten Impuls folgen und die Frage mit einer Handbewegung abtun, entschied sich dann aber anders.

»Na ja, mir fehlen meine Freunde, und ich mache mir Sorgen um Ringel. Es geht ihm augenscheinlich schlecht, er schreibt ja selbst, wie abgemagert er ist. Anscheinend bestand eine solche medizinische Dringlichkeit, dass sie ihn in der Frauenabteilung untergebracht haben.« Asta schluckte trocken. »Johanne, was ist, wenn er ...« Einen Moment lang konnte sie nicht weitersprechen. »Können wir nicht irgendetwas für ihn tun? Was meinst du? Sie sollen herkommen, unbedingt! Ich bin überzeugt, die Luft hier oben würde ihm gut tun.« Sie musterte Johanne. »Schau dich an, du bist herzkrank, aber das raue Inselklima bekommt dir immer wunderbar.«

Johanne stieß ihr übermütig den Ellenbogen in die Seite.

»Wenn wir im Karusel sind, werde ich sofort Muschelkalk schreiben«, überlegte Asta laut. »Sobald Joachim wieder reisen kann, sollen sie auf alle Fälle für ein paar Wochen zu uns kommen.«

»Das ist eine gute Idee«, pflichtete Johanne ihr aufmunternd bei. »Dann kommt Leben in die Bude.«

»O ja.« Asta gefiel der Gedanke, diese beiden lieben Menschen für einige Zeit um sich zu haben.

»Aber du musst bedenken«, schränkte Johanne ein, »dass Ringel in seinem Zustand nicht ständig die steilen Stufen hinauf zum Gästezimmer steigen kann.«

Asta sah sie verblüfft an. Sie freute sich so darauf, mit den Freunden das Karusel zu teilen, aber daran hatte sie nicht gedacht. Bad und Toilette waren im Erdgeschoss, oben gab es nur eine Waschschüssel, eine Kanne voll Wasser und zur Not einen himmelblauen Nachttopf unter dem Bett.

Sie legte nachdenklich die Hände aneinander und führte sich den Grundriss ihres Hauses vor Augen, ging durch alle Zimmer. Sie fasste einen Entschluss.

»Johanne, wir nehmen das Speisezimmer. Es ist das größte von den dreien, und man kann bei Bedarf die Türen schließen. Wer braucht schon einen Essplatz drinnen? Bei dem schönen Wetter sitzen wir sowieso die meiste Zeit draußen.« Astas Ideen nahmen Fahrt auf. »Den Tisch tragen wir hinüber ins Wohnzimmer, die Stühle auch. Die Tischwäsche aus der Kommode bringen wir hoch in mein Zimmer. Dann haben die beiden ausreichend Platz, um ihre persönlichen Dinge zu verstauen, und sind ungestört.«

»Und wo werden sie schlafen?«

Asta spitzte die Lippen. »Ich werde ihnen ein Bett bauen lassen.«

»Und wie lange dauert so etwas? Ein Bett bauen?«

Asta zuckte mit den Schultern. »Keine Ahnung. Aber der Tischler wird das wissen.«

»Gibt es denn überhaupt einen Tischler auf Hiddensee?«

»Was soll die Fragerei, Johanne? Selbstverständlich wird es einen Tischler auf der Insel geben. Wir müssen ihn nur ausfindig machen.«

Johanne zupfte verlegen an ihrem roten Schal, den sie sich um die Schultern gelegt hatte. »Der Pastor kann dir bestimmt sofort seinen Namen nennen. Wolltest du ihm und seiner Frau nicht sowieso einen Besuch abstatten?«

»Gute Idee!« Asta sprang auf und zog Johanne lachend an den Händen hoch.

»Dann los! Worauf warten wir noch?«, rief sie übermütig, und beide hörten, wie in diesem Moment Astas Magen knurrte. Johanne grinste und deutete auf den Bauch der Schwester. »Was sagst du zu Pellkartoffeln mit Quark? Bevor ich losging, um dich zu suchen, habe ich die gekochten Kartoffeln abgegossen und mit dem Topf ins Bett gestellt. Sie sollten noch warm sein, wenn wir nach Hause kommen.«

»Du bist ein Schatz!«

Asta drückte Johannes Hand, und gemeinsam stiegen sie zum Kamm der Düne hinauf. Dort oben drehte sie sich noch einmal um, ohne die Hand ihrer Schwester loszulassen. Sie schloss für einen Moment die Augen und spürte dem Windhauch nach, der direkt von der See herüberwehte und sich auf ihre erhitzte Haut legte. Er brachte Kunde von all den Verlockungen, die der Sommer auf Hiddensee in den nächsten Wochen für sie bereithalten würde. Den Duft des kühlen Wassers, das Aroma sonnengereifter Äpfel und Birnen, die feine Schärfe des Korns, und in ihr stieg die leise Ahnung von durchtanzten Nächten in der Wiese hinterm Haus auf.

7

Asta und Johanne fuhren mit den Rädern zum Hafen. Sie sprachen nicht viel, sondern konzentrierten sich darauf, mit den Vorderrädern nicht in den weichen Mahlsand zu geraten, der ein zügiges Weiterkommen unmöglich machte und sie nötigen würde abzusteigen. Wäsche hing an langen Leinen zwischen den geduckten Häusern und blähte sich in der leichten Brise. Es war angenehm warm, und alles blitzte und funkelte, als wäre der Tag selbst frisch gewaschen.

Als sie zum Hafen einbogen, querte eine Schar Gänse laut schnatternd ihren Weg, gefolgt von einem barfüßigen Jungen, der sie nicht aus den Augen ließ und mit einer Gerte vor sich her trieb.

Asta und Johanne stiegen von den Rädern und schoben. Über der Wiese lag stechender Teergeruch. Gleich nebenan standen mehrere Fischer tief gebeugt und flickten Netze. Sie sahen nicht auf, als die Frauen vorbeigingen. Über einem kleinen Feuer stand eine verbeulte Metallschüssel mit einer klebrigen, durchscheinenden braunschwarzen Flüssigkeit. Fing sie an Blasen zu werfen, nahm einer der Männer einen Stab und rührte sie sorgfältig um. Mit dem erhitzten Holzteer sollten die reparierten Netze neu imprägniert werden.

Indessen beschäftigten sich andere Fischer mit der Ausrüstung der Boote oder gingen hinüber zum Schuppen, dessen Tor weit offen stand und aus dem erregte Stimmen drangen.

Die Schwestern lenkten ihre Schritte in den Teil des Hafens, wo Holzkähne und Segeljollen an einem Steg vertäut lagen.

Hier stellten sie die Räder ab, setzten sich ins Gras und warteten.

Die Sonne ließ den Beton rund ums Hafenbecken silbern schimmern, genauso wie die Masten der Segelboote. Fahnen und Wimpel flatterten träge im Wind.

Asta entdeckte Otto zuerst, der zügig angeradelt kam. Sein Kopf war rot vor Anstrengung. Als er sie erreichte, sprang er ab und ließ das Fahrrad einfach ins Gras fallen.

»Tut mir unendlich leid«, japste er nach Atem ringend. »Aber aus dem Segeltörn wird heute nichts. Ich muss weiter zum Inselarzt.«

»Was ist denn, Otto?«, fragte Asta erschrocken.

»Hilde ist umgeknickt. Jetzt sitzt das arme Kind völlig allein zu Hause, mit einem Knöchel, der dick wie ein Kürbis angeschwollen ist, und hat furchtbare Schmerzen. Hoffentlich ist nichts gebrochen.«

»Wie ist das denn passiert?«, fragte Asta mitfühlend, doch ihr Tonfall verriet kaum verhüllte Enttäuschung darüber, dass nun aus dem gemeinsamen Ausflug nichts werden würde.

»Beim Ballspielen. Das Kind entwickelt bei jeder

Sache, die sie tut, einen unvorstellbaren Ehrgeiz. Ich möchte nur wissen, von wem sie das hat.«

Asta sah ihn von der Seite an und zog die Nase kraus.

»Nein, nein«, wehrte Otto ab und hob die Hände. »Von mir ganz sicher nicht. Glaube mir, dadurch bleibt dem Kind einiges erspart. Nein, ich vermute, dass sie das wohl eher von ihrer Mutter hat.« Er grinste. »Jedenfalls muss die Arme jetzt still zu Hause sitzen und das Bein hochlegen, was ihr, wie du dir vorstellen kannst, überhaupt nicht behagt.«

Asta stöhnte leise auf. Sie verstand.

»Das ist ja schade«, erklärte Johanne in die aufkeimende Stille hinein und ließ offen, was genau sie meinte, dass Ottos Tochter sich den Knöchel verstaucht hatte oder dass der Segeltörn ausfiel.

Plötzlich hatte Asta eine Idee. »Wir könnten doch auch ohne dich segeln.«

Er sah sie skeptisch an.

»Ich bin schon in Kopenhagen gesegelt, von Christianshafen aus, direkt an der kleinen Meerjungfrau vorbei.«

»Wenn du dir das zutraust ...« Er kratzte sich am Kopf, aber Asta sah auch den Funken Hoffnung in seinen Augen, es ihnen doch noch recht zu machen.

»Selbstverständlich.« Sie stand mit Schwung auf. »Mein Vorschlag an dich, Otto: Wir gehen jetzt zu deinem Boot und machen es zum Auslaufen startklar, dann kannst du gleich wieder los.«

»Einverstanden.«

Das Boot lag am Steg vertäut, in seiner elegant geschwungenen Form ein Ausdruck von Vollkommenheit. Das polierte mahagonifarbene Holz schimmerte, und die Lichtreflektionen der Wellen tanzten auf dem Rumpf. Otto fasste nach dem Seil und zog die Segeljolle näher heran, damit Asta leichter einsteigen konnte. Anschließend sah er mit an, wie sie das Segel setzte. Knatternd straffte sich der Stoff im Wind.

Als sie fertig war, sah sie zu Otto hinüber, der freudig einen Daumen hob und dann umsichtig Johanne ins Boot half. Anschließend löste er die Leinen.

Asta legte ab und setzte sich an die Pinne. Johanne hockte sich in den Bug. Sie winkten Otto noch einmal zu, der bereits wieder davonradelte.

Mühelos steuerte Asta das Boot aus dem Hafen und hielt Kurs auf den Bodden. Als sie das offene Wasser erreichten, füllte eine kräftige Brise das Segel, und sie legten sich in den Wind. Asta wusste, dass die Jolle unter dem Rumpf ein Schwert besaß, was die Abdrift im Wind verhindern würde. Das war auch gut so, denn es gab zahlreiche Untiefen und Sandbänke um die Insel herum, wo die Gefahr groß war, auf Grund zu laufen.

»Ziemlich windig«, rief Johanne und zog ihre Kappe tiefer in die Stirn.

»Entspann dich!«, antwortete Asta beschwingt. »Das ist wunderbares Segelwetter. Mittlere Windstärke und glatte See.«

Kaum hatte sie das ausgesprochen, durchschnitt der Bug eine größere Welle, und weiße Gischt schleuderte über die Bordwand.

Asta lachte und steuerte die Jolle weiter in Richtung Süden, blieb aber immer in Reichweite der Küste.

»Wie weit fahren wir?«, fragte Johanne und lugte neugierig über die Bordwand. Drüben am Ufer reflektierten die Fensterscheiben eines einzelnen Gehöfts das Sonnenlicht.

»Was hältst du davon, wenn wir bis Neuendorf segeln und dann wieder umkehren?«

»Von mir aus. Du bist die Kapitänin. Du hast das Kommando.« »Wieso habe ich das Kommando?«, fragte Asta scherzhaft zurück. »Nur weil ich an der Pinne sitze?«

Aufmerksam schaute sie zum Segel hinauf, das seine blendend weiße Spitze erhaben in den blauen Himmel streckte.

»Hattest du doch schon immer«, antwortete Johanne knapp, aber es klang nicht erbost, eher wie eine Feststellung.

»Wie meinst du das?«

»Du meine Güte, weil mein Auftrag war, auf dich aufzupassen, aber du hast immer deinen Kopf durchgesetzt und mich dadurch in Schwierigkeiten gebracht.«

»Ich konnte doch nichts dafür, dass ich jünger war als du.« Asta lachte und winkte ab.

»Aber du hast aus allem ein Drama gemacht.«

»Na, wenigstens habe ich sie unterhalten, was man von dir nun nicht gerade behaupten kann.«

»Ich gebe meiner Umgebung Beständigkeit«, protestierte Johanne.

Asta beugte sich über die Bordwand und ließ die Gischt durch ihre Finger gleiten. »Wie langweilig. Beständigkeit ist gar nichts, absolut nichts.«

»Aber sie erlaubt es anderen, sich zu entwickeln.«

»Warum hast du dich nicht entwickelt?«, entgegnete Asta jetzt mit einem schärferen Ton in der Stimme.

»Ach, konnte ich das? Du hast doch schon als Kind alle Aufmerksamkeit auf dich gezogen.«

»Wann denn?« Asta war unbehaglich zumute.

»Na, denk doch nur mal an deinen spontanen Ausflug, als du vier Jahre alt warst.« Johannes Wangen zeigten rote Flecken, so aufgeregt war sie. »Du hattest dein Kleid an der Pumpe wieder mal nass gemacht und die grandiose Idee, dass es schneller trocknet, wenn wir auf dem Kutschbock mitfahren. Nur, dass uns der Kutscher dann irgendwo raussetzte, in einem Viertel der Stadt, in dem wir noch nie gewesen waren, in dem wir uns nicht auskannten.« Johanne schloss die oberen Knöpfe ihrer Jacke und stellte den Kragen auf. »Weißt du noch, wie weit das war? Du wurdest auf dem Rückweg müde, also hast du dich einfach auf eine Bank gesetzt und bist eingeschlafen. Was sollte ich da machen? Ich bin nach Hause gelaufen, und das ganze Viertel rannte los, um dich zu suchen. Du hast uns beide in Gefahr gebracht, und ich habe die Dresche bekommen, weil ich nicht auf dich aufgepasst habe. So war es doch immer.«

Asta hielt die Pinne fest umklammert und schaute Johanne gerade ins Gesicht. »Du genießt das, oder?«

»Nein, kein bisschen«, entgegnete Johanne pikiert.

»Doch, du genießt es, deine jüngere Schwester zu maßregeln. Hast du dir jemals vorgestellt, wie es für mich sein muss, immer im Rampenlicht zu stehen?«

»Das habe ich. Viele Male.«

»Aber du hast dich mit deiner Rolle im Hintergrund arrangiert, während ich mich da draußen immer wieder neu erfinden muss.«

Johanne drückte den Rücken durch und verschränkte ihre Arme vor der Brust.

»Mond und Sonne, weißt du noch? So nannte Vater uns. Johanne ist mein Mond und Asta meine Sonne.«

»Du weißt doch, dass ich Vaters Liebling war.«

Johannes Mine verfinsterte sich. »Ja. Wenn eine Schwester alles hat, alles Licht auf sich zieht und strahlt, was bleibt dann für die andere? Ein Leben im Schatten. Neben dir werde ich immer unsichtbar sein und es auch bleiben.«

Asta blickte zu Johanne, die ihr ein mattes Lächeln zuwarf. Sie zuckte abfällig mit den Schultern. Johannes Gesicht glühte, doch sie wusste, wenn sie jetzt weitersprach, würden ihr die Tränen in die Augen schießen, und sie hasste es, von der jüngeren Schwester bloßgestellt zu werden.

»Ich verstehe nicht, warum du immer wieder damit anfängst ...«

Asta brach mitten im Satz ab und richtete ihren Blick starr auf den Horizont.

»Was hast du?«, fragte Johanne irritiert, die den abrupten Stimmungswechsel ihrer Schwester bemerkt hatte.

»Haben die keine Augen im Kopf?«, schimpfte Asta plötzlich los und packte die Pinne fester.

Johanne hob den Kopf und schaute jetzt ebenfalls nach vorn. Ein Segelkutter kam in rasender Fahrt auf sie zu. Weiße Wellen umschäumten den Kiel.

Wenn beide Schiffe ihren Kurs beibehalten, schoss es Asta durch den Kopf, werden wir zweifelsohne kollidieren.

»Wir müssen mehr Fahrt machen«, rief sie Johanne zu. »Halt dich fest, wir gehen hart an den Wind.«

Asta bewegte sanft die Pinne, und das Boot legte sich sofort nach Steuerbord, so dass sich Johanne mit einem leisen Ausruf an der Bordwand festklammerte.

Die Jolle jagte jetzt dahin, und kurz sah es so aus, als könnten sie dem Kutter davonfahren. Asta wollte schon aufatmen, als sie erkannte, dass aus unersichtlichen Gründen plötzlich der andere ebenfalls den Kurs änderte und weiter ungebremst auf sie zukam. Sie rief und gestikulierte, aber anscheinend nahm niemand auf dem Kutter von ihnen Notiz. Asta biss sich auf die Unterlippe. Was sollte sie tun? Noch härter an den Wind gehen? Schon jetzt schwappte Wasser über die Bordwand.

Ihre Finger umkrampften die Pinne. Unaufhaltsam schoss das Boot vorwärts. Sie hoffte, dass es geradeso gut ausgehen könnte.

Dann war der Kutter heran.

Es passierte.

Asta verfolgte die Szene wie in Zeitlupe. Mit dem seitlichen Bug streifte der Kutter jäh das Heck der Jolle, drückte sie erbarmungslos zur Seite, bis sie kenterte. Asta sah, wie ihr Boot kippte, wie sich plötzlich Unmengen Wasser in die Jolle ergossen. Sie hob den Kopf und schaute in das blasse Gesicht ihrer Schwester, starr vor Schreck mit weit aufgerissenen Augen. Dann schlug das Boot um, und sie wurden ins Meer geschleudert.

Asta tauchte unter.

Das Wasser war kalt, voller Schaum, und das Salz brannte in den Augen. Blasenwolken nahmen ihr die Sicht. Sie spürte, wie das lange Kleid begann, den Leib wie ein Korsett einzuschnüren und die Luft aus ihren Lungen zu pressen. In einem jähen entsetzten Aufbegehren ruderte sie kräftig mit den Armen und schoss nach oben. Als ihr Kopf durch die Wasseroberfläche brach, sah sie Johanne keine drei Meter von sich entfernt, wie sie sich verzweifelt an den Mast klammerte.

»Bist du verletzt?«, fragte sie ihre Schwester, während sie zum Heck der Jolle schwamm.

Johanne schüttelte den Kopf. »Nein, und du?«

Asta bekam die Pinne zu greifen. »Alles in Ordnung. Wo sind die Mistkerle hin, die uns gerammt haben?«

»Einfach weitergefahren.«

Asta wischte sich wütend die feuchten Haare aus der Stirn. »Verbrecher!«

Eine leichte Dünung trieb sie die Küste entlang. Das Wasser gluckste unter der Bordwand.

»Was machen wir jetzt?«, fragte Johanne, und Asta hörte die leise Verzagtheit in ihrer Stimme.

Sie überlegte. Das Boot lag auf der Seite, so dass ein Teil des dunklen Rumpfes wie der Rücken einer gewaltigen Kegelrobbe aufragte, während das weiße Segel anmutig im Wasser trieb.

»Wir sollten versuchen, die Jolle aufzurichten.«

»Geht denn das so einfach?«

Asta hörte, wie Johannes Zähne vor Kälte aufeinanderschlugen. Sie gab sich Mühe, Zuversicht in ihre Stimme zu legen.

»Wir müssen uns nur am Rand des Bootes festhalten und es mit unserem Körpergewicht wieder hochziehen.«

Die beiden Frauen strengten sich an und unternahmen einen Versuch, aber der nasse Rumpf des Bootes entglitt ihnen und rutschte in die Ausgangslage zurück.

Eine kleine Pause entstand. »Vielleicht ist es besser, wir warten auf Hilfe«, schlug Johanne vor.

Asta blickte sich um. Dieser Bereich des Boddens wurde stark befahren. Es war nur eine Frage der Zeit, bis man ihre Havarie entdeckte und sie zurück an Land brachte. Sie wischte sich mit der flachen Hand übers Gesicht. Sie hatte plötzlich großen Durst. Das gekenterte Boot trieb unterdessen weiter.

Unvermittelt vernahm Asta ein fürchterliches Knacken. Zuerst dachte sie, die Jolle würde bersten, unter ihnen auseinanderbrechen und sinken. Doch dann bemerkte sie ein armdickes, geteertes Holzstück, das vorüber trieb und auf dessen Oberfläche ein auffälliges Zeichen eingeritzt war. Die Überreste eines Netzes hingen daran und schwebten wie die Tentakel einer Qualle in der offenen See.

Mein Gott, eine Fischreuse, dachte Asta und riss den Kopf herum. Aber es war zu spät. Die Strömung hatte die Jolle bereits mitten hinein in das Geflecht aus Stangen und Netzen getrieben.

Wieder splitterte Holz, Garn riss, und Johanne, deren Füße sich in dunkler Tiefe in den Maschen verhedderten, ergriff Panik. Sie wimmerte ängstlich, versuchte, sich frei zu strampeln, und zog sich weiter den Mast hinauf.

»Halt still!«, ermahnte Asta sie. »Du machst es nur noch schlimmer!«

Auch sie unterließ es, sich zu bewegen. Jetzt, wo der Schreck und die Anstrengung abklangen, bemerkte sie, wie sehr sie zitterte. Die Kälte drang in sie, und sie spürte ein Brennen in Armen, Beinen und in der Brust. Verzweifelt blickte sie sich um, aber sie sah nur Wasser.

8

Der Kessel begann laut zu pfeifen, und Asta zog ihn vom Herd, füllte den Inhalt in eine bauchige Wärmflasche und stellte ihn zur Seite. Danach drehte sie den Verschluss zu, nahm den Bettwärmer und stieg die Stufen zu Johannes Schlafzimmer hinauf.

Seit dem Bootsunfall waren ihre Nerven angespannt wie Gitarrensaiten. Insgeheim machte sie sich Vorwürfe wegen ihrer Leichtsinnigkeit und Sorgen um Johannes Gesundheit.

Sie spürte, wie die Wärme durch die dünne Kupferhaut drang, als sie an die Tür klopfte und sie sachte öffnete.

»Wie geht es dir?«, fragte sie, als sie neben dem Bett stand.

»Eigentlich gut«, antwortete Johanne, die halbaufgerichtet in den Kissen saß. »Die Schmerzen in den Gelenken sind beinahe verschwunden.«

Asta sah ihrer Schwester an, dass sie ihr nichts vorflunkerte.

»Gut«, sagte sie erleichtert. »Aber heute bleibst du noch im Bett. Sicherheitshalber.« Sie stopfte die Wärmflasche unter die Decke. »Hast du noch einen Wunsch?«

Johanne hob ein Buch hoch, das aufgeschlagen neben ihr lag. »Ich habe alles, was ich brauche.«

Asta warf einen schnellen Blick auf den Umschlag, der Autor war ihr unbekannt. Sie setzte sich auf den Bettrand und zeigte auf das Buch. »Ist es gut?«

»Liest sich weg.« Johanne musterte sie. »Du hast dich schick gemacht«, stellte sie sachlich fest.

Asta fasste sich mit einer Hand an den Ohrring. Das tat sie immer, wenn sie verlegen war oder von einer Frage überrascht wurde. »Ich will nur zum Hafen. Wegen der kaputten Reuse mit den Fischern reden.«

»Hmm. Hat sich Otto schon gemeldet?«

»Ja. Noch am selben Tag. Du hast geschlafen. Er hat mit den Leuten gesprochen, die uns an Bord genommen haben, und war sehr besorgt. Hat mich gleich gefragt, ob dir etwas passiert sei.«

»Lieb von ihm.«

»Finde ich auch. Das Boot haben die Fischer am Abend geborgen und nach Vitte geschleppt. Er sagte, das habe ihn drei Flaschen Korn gekostet. Die Jolle hat einen Kratzer am Bug abbekommen. Ich wollte ihm den Korn und den Bootsbauer bezahlen, aber er hat nur gelacht und gemeint, der Korn sei gut angelegt und was den Kratzer angehe, den werde er selbst bei Gelegenheit schleifen und überpolieren.«

Johanne schaute sie fragend an. »Er will nichts dafür haben?«

Asta verzog grinsend das Gesicht. »Unser Otto? Du kennst ihn doch. Demnächst will er bei uns zum Kaffee vorbeikommen. Er wünscht sich einen dicken Streuselkuchen.«

Die beiden Frauen lachten. Asta erhob sich.

»Ich fahre jetzt los.«

»Ja, pass auf dich auf.«

•••

Über dem Hafen lag eine nachmittägliche Stille. Im glatten Wasser spiegelte sich eine einzelne Wolke, und Möwen dösten auf den Dächern. Der Wirt der »Strandhalle«, einer Hafenkneipe am Bollwerk, rollte in Erwartung des abendlichen Gästeansturms ein neues Bierfass heran, und der Hafenmeister sortierte Postsäcke, die mit dem Dampfer ihre Reise aufs Festland antreten sollten.

Der Schuppen der Fischerkompanie war ein lang gestrecktes Gebäude und hatte die Maße einer mittelgroßen Scheune. Er bestand aus soliden ineinander verfugten Brettern, auf deren Oberflächen sich über die Jahrzehnte eine metallisch schimmernde Patina gebildet hatte. Jeweils vier Sprossenfenster waren in den Seitenwänden eingelassen, alle blind vom Schmutz. Unter dem flachen, weit vorspringenden Satteldach stapelten sich Tragekisten für den Transport der Fische, und ein frisch geteertes Reusennetz hing an einer eigens dafür konstruierten Vorrichtung zum Trocknen.

Asta stellte das Fahrrad neben dem zweiflügeligen Holztor an der Stirnseite ab, das geschlossen war. Sie strich ihr helles Leinenkleid, über dem mehrere Perlenketten drapiert waren, glatt, schob die weiße Pelzkappe aus der Stirn und zog die Handtasche vom Lenker. Dann drückte sie einen der Flügel auf und schlüpfte durch den Spalt in den Schuppen. Hinter ihr schloss sich die schwere Tür wieder.

Sie blinzelte in dem schwachen Licht, das durch die kleinen Fensterscheiben fiel. Die Luft hier drin war überraschend trocken, und es roch nach Fisch, Branntwein und Teer.

Asta blickte sich um. Neben der Tür lehnten Holz- und Eisenstangen an der Wand. Davor standen prall mit Netzen gefüllte bauchige Tonnen, deren zerschrammte Ränder von Fischschuppen übersät waren, die wie wertvolle Perlmuttintarsien funkelten. In einem grob gezimmerten Regal links von ihr reihten sich Laternen und Petroleumlampen aneinander. Joppen und Fischerjacken hingen an einem Brett mit langen Nägeln. Darunter wurden Packen von Segeltuch gestapelt, die zum Teil noch eingeschlagen und mit breiten Riemen verschnürt waren.

Asta bewegte sich über den gestampften Sand weiter in den Raum hinein. Plötzlich drang ihr der Geruch von Öl und Diesel in die Nase. Im Zwielicht erkannte sie die Umrisse von Spritkanistern und einen kleinen Öltank. Vor ihr stapelten sich Metalldosen unterschiedlicher Größe, und zusammengerollte Seile und Taue bedeckten den Boden. Asta schob sie mit dem rechten Fuß etwas beiseite. Die Schlingen erinnerten sie an die Kaiserboa, eine Riesenschlange, die in einem ihrer Filme als lebendes Requisit gedient hatte.

Sie blieb stehen. Der hintere Bereich des Schuppens war zweigeteilt. Während die eine Seite einer lang gestreckten Werkbank unzähligen Hölzern, Spanten und Unmengen von Werkzeug vorbehalten war, wurde der andere Teil von einer massiven Bretterwand umschlossen. Sie horchte. Undeutlich drangen Stimmen zu ihr. Leise ging sie näher heran und lugte zwischen zwei Brettern hindurch.

Drei Fischer standen dort um einen kleinen Tisch herum, ein vierter saß auf einem Stuhl und kritzelte mit einem Bleistift Zahlen auf einen Bogen Papier. Als er den Kopf hob, erkannte sie ihn. Es war der Mann, der sie gebeten hatte, die Farbe abzugeben. Wie war noch mal sein Name? Henn... Henning, richtig. Kai Henning. Hatte der Pastor nicht gesagt, er sei ein Mitglied der Reusenpartie? Dann musste sie genau mit ihm reden.

Asta seufzte leise. Sie überlegte, ob sie lieber umkehren und draußen auf ihn warten sollte, vielleicht böte sich später eine Möglichkeit, mit ihm allein zu sprechen.

»Wie groß ist denn der Schaden?«, hörte sie einen der Männer im tiefen Bass fragen. Er war der Älteste in der Runde und lehnte, auf einen Gehstock gestützt, an der Wand. Sein Haar war weiß und voll, ebenso wie sein Bart, der ihm bis auf die Brust reichte.

»Schwer zu sagen, Max. In der Kammer war der Fang von einer Woche. Wir wollten am Abend abfischen.«

»Mmh.«

»Wenn ich mir die Erträge aus den Wochen davor ansehe, haben wir wohl an die fünfundsechzig Wall verloren.«

»Fünfundsechzig? Das ist bannig viel«, sagte ein Zweiter, der die Daumen hinter die Hosenträger klemmte. Er trug das dunkle Haar streng gescheitelt, hatte ebenfalls einen beeindruckenden Vollbart, und eine erloschene Tabakspfeife baumelte ihm im Mundwinkel.

»Da stimme ich Heinrich zu«, sagte Kai Henning und setzte einen Strich unter die Zahlenreihe auf seinem Zettel. »Alles in allem ist uns ein immenser Schaden entstanden.«

Asta schluckte in ihrem Versteck.

»Schiet«, stieß der Mann wütend aus, der mit dem Rücken zu ihr stand. »Gerade jetzt, wo wir gut verkaufen könnten, verlieren wir den ganzen Fang. Möchte mal wissen, wer uns den Schaden bezahlt?«

Asta hielt den Zeitpunkt für gekommen, ihren Lauschposten zu verlassen und sich den Männern zu stellen.

»Genau darüber wollte ich mit Ihnen reden.«

Die Köpfe der Männer fuhren herum. Kai Henning hob den Blick und sah sie abwartend an.

»Mein Name ist Asta Nielsen.« Sie stellte sich an das andere Ende des Tisches. »Ich habe vor, für den entstandenen Schaden aufzukommen, zumindest einen Teil davon«, schränkte sie ein. »Über die tatsächliche Höhe der Summe müssen wir noch reden.«

»Was gibt's da zu reden?«, knurrte der Mann, dessen Gesicht sie vorher nicht hatte erkennen können. Jetzt sah sie, dass er mit Abstand der Jüngste in der Runde war. Rotblonder Flaum bedeckte Wangen und Oberlippe. Wenn er sprach, bildete sich ein Speichelfaden zwischen den Lippen. »Sie bezahlen das!«, stieß er drohend aus.

»Riek!«, ermahnte ihn der Alte.

Die anderen Männer sahen Asta nur stumm an.

Keiner zeigte eine Reaktion. Ein Nachtfalter kreiste über ihren Köpfen, aber niemand beachtete ihn.

»Für den Unfall konnten wir nichts. Ein Kutter tauchte auf und hat meine Schwester und mich gerammt. Das Boot ist umgekippt. Danach wurden wir abgetrieben«, erklärte Asta.

»Solche Trantüten«, explodierte der junge Riek. »Schlickrutscher wie ihr haben uns gerade noch gefehlt. Verdammte Sonntagssegler, schlagen uns die ganze Reuse kurz und klein.«

Asta wurde ärgerlich.

»Nicht in diesem Ton, mein Herr«, sagte sie scharf. »So redet niemand mit mir.«

Sie merkte, wie sich die Stimmung im Raum gegen sie wendete, aber sie machte keine Anstalten zu gehen. Sie wollte die Sache ein für allemal klären. Die Motte flog jetzt unentwegt gegen die hell erleuchtete Lampe über dem Tisch.

»Weiber gehören an den Herd und nicht in ein Boot«, entgegnete Riek heftig.

Asta ließ sich nicht einschüchtern und war bereit, sich der Auseinandersetzung zu stellen. Sie stemmte die Hände in die Seite und holte tief Luft. »Suchen Sie lieber nach den Verbrechern auf dem Kutter, der uns untergepflügt hat. Meine Schwester liegt immer noch krank zu Hause.«

»Es gibt keine anderen Fischer in unserem Revier. Das muss wohl der Fliegende Holländer gewesen sein!«

Riek machte drohend einen Schritt auf sie zu, doch der Alte verstellte ihm den Weg. Wütend hob er die Krücke und verpasste damit dem jungen Mann einen so heftigen Schlag gegen den Oberarm, dass er ins Stolpern geriet. Riek wich zurück, zwinkerte, kniff die Augen zusammen und fing sich dann wieder. Er war verdutzt und kochte vor Wut. Er schaute den alten Bredow an, als würde er sich gleich auf ihn stürzen. Der deutete mit der eisenummantelten Spitze seines Stockes auf ihn.

»Du hältst jetzt dein vorlautes Maul, verstanden? Du benimmst dich wie ein Irrer.«

»Verdammich, du hast mir gar nichts zu sagen«, maulte der Junge.

Bredow sah ihn durchdringend an. »Troll dich, oder es setzt noch einen.«

Asta merkte Riek an, wie er die Schmach und Bitterkeit hinunterschluckte. Aber das Funkeln seiner Augen verriet ihr, dass er sich das merken und bei Gelegenheit darauf zurückkommen würde. Stumm drängte er sich an Asta und den Männern vorbei nach draußen.

Sie räusperte sich. »Also, ich gebe Ihnen jetzt am besten einen Wechsel, damit ist die Sache aus der Welt.« Als sie ihre Handtasche öffnete, murmelte sie: »Wobei das ja eigentlich nicht so viel sein kann, das bisschen Holz, das Netz und die paar Fische.«

Sie sah, wie Kai Henning kurz mit der Hand über das Papier vor sich strich, als müsse er ein Staubkorn entfernen, und sich dann direkt an sie wandte. »Hier werden alle Transaktionen in bar getätigt. Alles geht in eine Kasse, wir sind eine Gemeinschaft, eine Kompanie, und am Sonntag erhält jeder seinen Lohn, übrigens auch in bar.« Er zeigte jetzt auf eine Position in der Zahlenreihe und schaute sie herausfordernd an.

»Wo wir schon beim Geld sind. Haben Sie eine Ahnung, wie viel ein Wall Hering ist?«

Ein paar Augenblicke schwieg Asta verstört. Sie empfand die Frage als anmaßend. Gleichgültig zuckte sie mit den Achseln. Wenn sie ehrlich war, hatte sie von dieser Maßeinheit noch nie etwas gehört.

»Ein Wall entspricht achtzig Heringen«, erklärte er mit ruhiger Stimme. »Dreizehn Wall sind dementsprechend tausendvierzig Heringe oder in einer Gewichtsangabe, die ihnen eher vertraut sein dürfte, eine Tonne Fisch.«

Asta stockte der Atem. Konnte das wirklich wahr sein? Sollten die Fischer durch die Havarie tatsächlich fünf Tonnen Fisch verloren haben? Von der zerstörten Reuse mal ganz zu schweigen. Plötzlich schwindelte ihr bei der Summe, für die sie aufkommen sollte.

Sie umklammerte die Henkel ihrer Tasche und ging forsch einen Schritt um den Tisch herum. Sie blickte auf Kai Henning hinab, der seinen Bleistift neben die sorgfältig untereinander notierten Zahlenkolonnen gelegt hatte, als würde er ihnen dadurch noch mehr Gewicht verleihen. Aber das musste er gar nicht. Pflichtbewusst öffnete Asta ihre Handtasche.

»Gut. Dann lassen Sie uns über die Summe verhandeln, und ich stelle Ihnen einen Wechsel aus.«

Kai Henning verschränkte die Arme vor der Brust und lehnte sich zurück. »Sagen Sie, spreche ich so undeutlich? Weil Sie als Städterin immer Wechsel verstehen, wenn ich Bargeld sage. Hören Sie, laufen Sie los und besorgen Sie Bargeld. Danach kommen

Sie wieder. Bis dahin wünsche ich Ihnen einen guten Tag.«

Ungläubig starrte sie ihn an. Am liebsten hätte sie ihn für diese Unverschämtheit ins Gesicht geschlagen.

Der Nachtfalter fiel auf den Tisch.

Laut klappte sie in der aufkeimenden Stille die Bügel ihrer Handtasche zu und drehte sich auf dem Absatz um. Mit hochrotem Kopf verließ sie den Schuppen und machte sich fassungslos auf den Heimweg. Sie war nicht sicher, ob sie gekränkt oder bösartig beleidigt worden war. Oder war sie das etwa nicht? Vielleicht hatte dieser Kai Henning wirklich nur gemeint, was er gesagt hatte, nämlich dass er Bargeld brauchte, um den Schaden zu begleichen. Sie kam zu keiner Lösung und radelte verwirrt heim, ohne zu wissen, was sie dachte oder fühlte.

9

Das Wetter hielt, die Sonne brannte sich durch die Wolken, und Asta fühlte sich noch immer frisch und voller Energie. Sie lief quer über die Wiesen nach Kloster. Es war vom Karusel aus die kürzeste Verbindung, und gleichzeitig entging sie den Gästen, die sich inzwischen lautstark an den Stränden einrichteten.

Johanne hatte sie vor ihrem plötzlichen Aufbruch gewarnt, dass es regnen könnte, und sie gebeten, einen Schirm mitzunehmen. Aber Asta hatte nur gelacht und erwidert, dass sie es darauf ankommen lassen würde. Sie wollte sich nicht mit diesem Ungetüm abschleppen, außerdem hatte sie ihre Kappe auf, und die dunkle Wolkenbank über dem Meer ängstigte sie nicht.

Sie blickte auf die Uhr an ihrem Handgelenk. Beinahe eine halbe Stunde war vergangen. Unterwegs war sie ein paar Kühen begegnet, die müde ihre Köpfe hoben und davontrotteten, als sie sich ihnen näherte. Ihre Schatten folgten ihnen stumm über das gelbgrün schimmernde Gras.

Am unteren Ende des Mühlbergs kamen ihr drei Jungen entgegen, der eine sechs, die anderen viel-

leicht acht und neun. Alle weißblond, braungebrannt, in kurzen Hosen, die leichten Leinenkittel offen über den Trägerhemden und barfuß. Gemeinsam
zogen die beiden Älteren an der Deichsel eines Lei-
terwagens, auf dem eine Ziege stand, die mit einem
zerfaserten Seil angebunden war. Ihre gelben Augen
weit aufgerissen, meckerte sie laut. Der Jüngste lief
nebenher und streichelte das weiße struppige Fell
des Tieres, als könnte er die Ziege dadurch beruhigen.

Kurz darauf erreichte Asta das Pfarrhaus, welches
gleich gegenüber der Inselkirche lag, und klopfte
kräftig an die Tür. Niemand öffnete ihr. Sie wartete
eine Weile, dann entschloss sie sich, um das Haus
herum zu gehen und auf der hinteren Seite im Garten nachzuschauen.

Sie folgte einem schmalen Pfad und fand sich kurz
darauf unter den ausladenden Ästen eines Nuss-
baumes wieder, der sie in dunkle Schatten hüllte.
Der helle Streifen zu ihren Füßen verlor jetzt zunehmend an Kontur. Immer mehr Grasbüschel erober-
ten den freien Raum und verdichteten sich bald zu
einer durchgehend grünen Fläche, die von blühen-
den Rosenbüschen gesäumt wurde. Kein Mensch war
zu sehen.

»Hallo, Herr Pastor?«, rief sie und wartete einen
Moment.

»Wir sind hier hinten!«

Asta bestimmte die ungefähre Richtung, aus der
die Antwort gekommen war, und schlenderte über
die Wiese. Doch bald versperrten mannshohe Bü-
sche ihr den Weg. Sie suchte nach einem Durch-

schlupf und gelangte von den Johannisbeeren zu den Stachelbeeren und von dort aus zu einem wild wuchernden Brombeerbusch. Der herb holzige Geruch der Beerensträucher hüllte sie ein, als sie die Zweige beiseitedrückte, um die Hecke zu passieren.

Dahinter befand sich ein kleiner Obstgarten. Welche Vielfalt von Düften doch so ein Stück Erde barg, wunderte sie sich. Das süße Aroma der reifenden Früchte wurde weiter hinten im Gemüsegarten von den scharfen Gerüchen der Rettich- und Zwiebelpflanzen abgelöst, die träge die Mittagsluft erfüllten. Sie nahm die Kappe ab und schüttelte ihren Haarschopf. Jetzt erspähte sie auch den Pastor und seine Frau, die tief gebeugt auf einem schmalen Ackerstreifen standen, der frisch umgeworfen war.

»Guten Tag«, grüßte Asta und hob leicht ihre Hand. Die beiden sahen von ihrer Arbeit auf.

»Ah, die Frau Nielsen«, antwortete Gustavs, streckte sich kurz und kam dann mit langen Schritten auf sie zu. Aus der Ferne hätte sie ihn nicht erkannt, denn er war wie ein Fischer mit grober Wollhose und Weste gekleidet, die Hemdsärmel hochgekrempelt. Dazu trug er derbe Schuhe. Die Schiebermütze hatte er abgesetzt, sie hing über dem Spatengriff. »Was verschafft uns die Ehre Ihres Besuches?« Er wischte sich an einem karierten Taschentuch sorgfältig die Hände ab, bevor er sie begrüßte.

»Ich brauche Ihren Rat.« Asta zögerte. Der Pastor bemerkte ihren schnellen Seitenblick auf die Furchen. »Aber wenn es heute nicht passt, komme ich gern ein anderes Mal wieder.«

»Keine Sorge, Frau Nielsen. Der Mist ist untergehoben und der Kohl in der Erde. Später werden wir noch wässern. Aber das kann warten.«

Helene trat geschäftig neben ihren Mann, und die beiden Frauen begrüßten sich herzlich. »Bleiben Sie zum Mittagessen?«, erkundigte sie sich und löste die Bänder ihrer dunkelbunten Schürze.

»Ich hoffe, so lange wird unser Gespräch nicht dauern. Meine Schwester wartet auf mich. Aber herzlichen Dank für die Einladung. Gerne ein anderes Mal.«

»Einverstanden. Dann bringe ich euch etwas Kaltes zum Trinken.«

»Danke, mein Engel.«

Pastor Gustavs führte Asta zu einer Sitzecke, die unmittelbar hinter dem Pfarrhaus lag und einzig Helenes Blumen vorbehalten war. Hier, inmitten der königsblauen Blütenlanzen des Rittersporns, den von Licht durchfluteten pastellfarbenen Blütenblättern der Stockrosen und den rosa und lila Köpfen der Geranien, stand ein Holztisch mit einer rotweiß karierten Tischdecke und vier Stühlen. Gustavs bot Asta einen Platz an und ließ sich selbst auf einem Stuhl gegenüber nieder.

»Was für ein wunderschöner Tag. Finden Sie nicht auch?«

Asta stimmte ihm zu.

Helene erschien mit einem Tablett in der Hand und brachte zwei Gläser und einen Tonkrug. »Selbstgemachter Holundersirup mit kühlem Brunnenwasser. Das erfrischt euch«, erklärte sie.

Asta lächelte. »Danke, Helene!«

Die Frau ging zurück ins Haus. Der Pastor nahm den Krug vom Tablett und goss den klaren Inhalt in die zwei bauchigen Gläser. Dann reichte er ihr eins. Erst jetzt spürte Asta, wie ihr Körper nach Flüssigkeit lechzte, und trank in großen Schlucken. Seufzend setzte sie das Glas ab.

»Was kann ich für Sie tun?«, fragte Gustavs und musterte sie aufmerksam.

»Ich befinde mich in einem Dilemma«, eröffnete sie das Gespräch. Mit knappen Worten informierte sie den Pastor über den Unfall mit der Segeljolle, die Zerstörung der Reuse und die Unstimmigkeiten, die mit den Fischern daraus erwachsen waren. »So einen unverschämten Menschen habe ich noch nie erlebt«, schloss sie aufgebracht ihre Schilderungen.

Der Pfarrer hatte konzentriert zugehört und zog nun ärgerlich die Brauen zusammen. »Kai Henning kann bisweilen ein widerspenstiger, sturer Teufel sein, das war er schon früher.«

»Ach, Sie kennen ihn?«

»Soweit man einen Menschen kennen kann, der keinen an sich heranlässt.«

»Er ist kalt wie ein Fisch!«, stieß Asta erregt hervor.

Der Geistliche schmunzelte jetzt und hob sein Glas an die Lippen. »Normalerweise zeigt er Frauen die kalte Schulter, das ist wohl wahr.«

Asta spürte, wie ihr das Blut in die Wangen schoss. Verlegen wandte sie sich ab und zog den Wechsel aus der Jackentasche. Sie legte ihn vor sich auf den Tisch, strich ihn glatt und stellte ihr Glas auf den

Rand. »Ich möchte die Sache aus der Welt haben. Können Sie das für mich klären?«

Gustavs sah sie ruhig an. Sie spürte die Ungeduld, die wie ein Schwarm Bienen durch ihre Adern summte. Schließlich beugte der Pastor sich vor.

»Selbstverständlich werde ich mit der Reusenpartie sprechen. Sie können sich auf mich verlassen. Betrachten Sie die Sache als erledigt.«

»Danke«, sagte Asta erleichtert und erhob sich.

Auch Gustavs drückte sich jetzt von seinem Stuhl empor.

Er bot an, sie bis vor das Pfarrhaus zu begleiten.

»Wissen Sie, Frau Nielsen, ich sage nicht, dass man Nachsicht mit den Menschen auf Hiddensee haben muss. Auch wenn der Seebäderverkehr in den letzten Jahren ihr Leben ganz schön umgekrempelt hat. Die Menschen sind dieselben geblieben. Immer noch ein wenig eigenwillig. Aber auch wagemutig, sozusagen im Sturm geboren und stolz auf ihr ›Söten Länneken‹, ihr süßes Ländchen. Vielleicht wird es Zeit, dass, so wie die Insulaner sich an die Urlauber gewöhnen mussten, auch die Gäste ein wenig mehr Rücksicht auf die Bewohner der Insel nehmen. Vertrauen bekommt man nicht geschenkt. Als ich vor vielen Jahren hier die Pastorenstelle antrat, gab mir mein Vorgänger einen Rat: Man kann Hiddensee nur lieben, wenn man gleichzeitig auch die Menschen liebt, die dieses Land bewohnen.«

Asta sah Gustavs durchdringend an. »Ich verstehe, was Sie mir sagen wollen. Ich bin mir nur nicht sicher, ob die Zeit, die ich auf der Insel verbringe, dafür ausreicht.«

»Finden Sie es heraus!«

Unter dem Nussbaum verabschiedeten sie sich. Plötzlich fiel Asta noch etwas ein.

»Herr Pastor, können Sie mir sagen, ob es auf der Insel einen Tischler gibt? Er soll ein Bett bauen.«

Ein Lächeln umspielte die Mundwinkel des Pastors. »Einen sehr guten sogar. Wenn ich ihn sehe, sage ich ihm, dass er in den nächsten Tagen bei Ihnen im Karusel vorbeischauen soll.«

10

Asta verließ den Kaufmannsladen und überquerte den kleinen Vorplatz. Dabei fing sie sich ein paar Spritzer aus der Gießkanne ein, mit welcher der Kaufmann die staubige Fläche wässerte.

»Guten Tag, Asta«, rief Henni Lehmann aufgekratzt. Die korpulente Frau im dunklen Leinenanzug kam geradewegs auf sie zu, und einen peinlichen Moment lang wusste Asta nicht so recht, wie sie sie begrüßen sollte, denn sie hatte die Einkäufe auf zwei Basttaschen verteilt, die sie in den Händen trug.

»Schön, dich zu sehen.« Henni tätschelte Asta leicht am Unterarm, um den sich ein rohseidenes Cape schmiegte, welches perfekt zu dem hellen Musselin-Kleid und der champagnerfarbenen Kappe auf ihrem Kopf passte. »Du siehst wie immer hinreißend aus.«

Asta hatte das Gefühl, dass die Malerin sie abschätzte, um zu ermessen, ob der Augenblick günstig war, ihr Anliegen vorzubringen. Henni Lehmann war dafür bekannt, selten Besuche zu machen, und sie lud auch nur gelegentlich dazu ein, aber sobald sich ein Vorwand ergab, der mit Malerei oder dem Künstlerinnenbund zu tun hatte, öffnete sie ihre Türen. Asta sah ihrem Gesicht an, dass sie zu einem Entschluss kam.

»Meinst du, ihr habt Lust, nächste Woche Donnerstag zu uns zu kommen? Wir eröffnen eine neue Kunstausstellung in der Blauen Scheune und veranstalten anschließend ein Abendessen mit Clara Arnheim und Elisabeth Büchsel.«

Umständlich kramte Henni in ihrer abgewetzten Ledertasche und zog einen Umschlag heraus.

Natürlich würde Asta zusagen, auch wenn sie einen Moment zögerte. Kurz dachte sie an Grigori, der sicher fuchsteufelswild geworden wäre, wenn sie eine solche Einladung angenommen hätte. Aus seiner Verachtung für die »Malweiber« hatte er nie einen Hehl gemacht. In seinen Augen waren sie fette Frauen, die frech über die Insel krochen, um überall ihre Staffeleien aufzustellen. Sie wusste, dass auch Gerhart Hauptmann so dachte. Manchmal hatte sie all diesen Esprit und Intellekt satt, der sie umgab, dieses ständige Hausieren mit der eigenen Genialität. Asta fragte sich, ob man die Leute nicht eher nach ihrer Güte beurteilen sollte.

Sie wusste, dass Henni junge Künstlerinnen förderte und mit einem Darlehen den Bau eines Ärztehauses auf Hiddensee unterstützte. Sie würde sich den Spaß an einer Verabredung mit diesen Frauen nicht nehmen lassen, egal was andere von ihr dachten.

»Oh. Sehr schön.« Asta deutete mit dem Kinn auf die Tasche in ihrer rechten Hand, und die Malerin schob die Einladung zwischen die Einkäufe. Als die beiden Frauen sich in Bewegung setzten, knarrten die Riemen von Hennis Sandalen. Auf Grund ihres Körpergewichts ging sie schwer und stützte sich mühsam auf den Stock. Asta passte sich ihren Schritten an.

Der Wind zauste an den Blättern der Linden, so dass ihre hellen Unterseiten zu sehen waren.

»Wir dachten daran, um fünf Uhr mit der Vernissage zu beginnen. Es ist früh genug, um anschließend noch etwas feiern zu können.« Henni schmunzelte. »Du weißt, wir halten nicht mehr so lange durch.«

»Gut. Fünf Uhr. Wir kommen.« An der Abzweigung zur Blauen Scheune, die Henni vor ein paar Jahren von Bäcker Schwartz erworben hatte, um sie als Ausstellungsort herzurichten, verabschiedete sie sich, und Asta lief jetzt weit ausschreitend nach Hause.

•••

Als sie sich dem Karusel näherte, stutzte sie. Aus der Ferne konnte sie sehen, dass ein Unbekannter auf der Windschutzmauer vor dem Haus in der Sonne saß und offenbar auf sie wartete. Er hatte die Mütze in den Nacken geschoben und schnitzte an einem Stück Holz.

Asta blieb abrupt stehen. »Das ist dieser Kai Henning«, murmelte sie. Das Herz schlug ihr plötzlich bis zum Hals. Sie hatte sich darauf verlassen, dass der Pastor das leidige Problem mit den Fischern für sie aus der Welt schaffen würde, aber jetzt saß der Kerl vor ihrem Haus.

Asta trat näher heran, stellte die Einkäufe zu ihren Füßen ab und stemmte die Hände in die Hüften. Sie spürte Unbehagen in sich aufsteigen.

»Was wollen Sie hier?«, fuhr sie ihn grob an.

Kai Henning hob überrascht den Kopf, legte seelenruhig das Holzstück neben sich auf den Mauersims und klappte das Messer zusammen.

»Ihnen auch einen schönen Tag«, sagte er und hob einen Mundwinkel. Er war nicht der Mann, den man breit lächeln sah.

Asta nickte stumm und musterte ihn mit zusammengekniffenen Augen. Kai Henning erhob sich.

»Der Pastor war gestern bei mir.«

Eine Pause entstand, und Asta reckte das Kinn, um sich gegen einen Angriff zu wappnen.

»Er bat mich, bei Ihnen vorbeizuschauen. Er sagte mir, dass Sie ein neues Bett benötigen.«

Asta war verwirrt. In einem ersten Impuls wollte sie scharf entgegnen, was ihn das angehe, doch dann beherrschte sie sich.

»Das ist richtig«, sagte sie. »Ein Doppelbett. Ich sagte dem Pastor aber auch, dass ich dafür einen Tischler brauche, also einen richtigen Fachmann. Sie sind aber kein Tischler ...«

Wieder erschien das verräterische Zucken in seinem Mundwinkel.

»Da stimme ich Ihnen zu, Frau Nielsen. Tischler bin ich nicht. Würde mich auch nie so bezeichnen. Ich bevorzuge Möbelbauer, das trifft es eher.«

»Möbelbauer? Ich dachte, Sie sind Fischer?«

»Nun, ich bin ein Fischer, der auch Möbelbauer ist. Können Sie damit leben?«

Asta versteifte sich. Sie musste zugeben, dass sie die Wendung des Gespräches nicht erwartet hatte. Sie hatte diesen Kai Henning eindeutig unterschätzt. Das verunsicherte sie, machte sie aber auch neugierig. Sie entschied sich, ihm eine Chance zu geben.

»Also können Sie mir ein Doppelbett bauen?«, fragte sie herausfordernd.

»Ja, das kann ich.«

»Dann folgen Sie mir. Ich möchte Ihnen den Raum zeigen, wo es aufgestellt werden soll.«

Asta setzte die beiden Taschen in der Diele ab und führte den Mann ins Speisezimmer, wo Tisch und Stühle in der Mitte und eine Kommode an der rechten Wand standen. Erst jetzt bemerkte sie den Bleistiftstummel, der hinter seinem Ohr klemmte.

Kai Henning blickte sich kurz um, zog einen Zollstock aus der Hosentasche, klappte ihn auseinander und maß die Länge der Wände ab, wobei er immer wieder den Möbeln auswich.

»Vier mal dreieinhalb«, sagte er und notierte es mit dem Bleistift in einem kleinen Heftchen, das er aus der Gesäßtasche seiner Hose zog. Kurz sah er auf. »Wie groß soll denn das Bett sein?«, fragte er.

»Was weiß ich. So groß, wie ein Doppelbett normalerweise ist. Zwei mal zwei Meter, oder?«

»Damit werden Sie in diesem Zimmer ein Problem bekommen.« Er bemerkte, wie sie zu einer Entgegnung ansetzte, ließ sie aber nicht zu Wort kommen. »Was ich sagen will, Frau Nielsen: Zwei der vier Wände haben Türen, in den anderen beiden gibt es jeweils ein Fenster. Bei den knapp sechzehn Quadratmetern Raumgröße schränkt das die Möglichkeiten, ein Doppelbett so aufzustellen, dass es von beiden Seiten begehbar ist, erheblich ein.«

Ratlos sah sich Asta um. Bei ihrer Planung, für Ringelnatz und Muschelkalk ein Urlaubsdomizil zu schaffen, hatte sie die örtlichen Gegebenheiten nicht einbezogen, nein, in ihrer Vorfreude hatte sie sie schlichtweg außer Acht gelassen. Obwohl es ihr gegen den Strich ging, musste sie zugeben, dass die Einwände gerechtfertigt waren. Sie warf den Kopf zurück. »Was schlagen Sie als Alternative vor?«

»Eine komfortable Zwischenlösung. Ein Bett mit den Maßen ein Meter fünfzig in der Breite, ein Meter achtzig in der Länge. Wir sparen seitlich fünfzig Zentimeter, können es mit der Stirnseite an die uns gegenüberliegende Wand stellen und haben immer noch genügend Platz.« Er legte den Zollstock so auf den Dielenboden, dass sie erkennen konnte, wie weit das zukünftige Bett in den Raum reichen würde. Sie war einverstanden.

»Gut.« Er klappte den Zollstock zusammen und nahm seinen Block. »Aus welchem Material soll das Bett sein?«

»Na aus Holz, denke ich.«

Wieder erschien dieses schiefe Lächeln auf seinem Gesicht. »Aus Kiefer, Fichte, Buche?«

»Gibt es da denn einen so erheblichen Unterschied?«

»Wie man es nimmt. Es geht um die Belastbarkeit, die Art der Verarbeitung und am Ende auch ein bisschen um die Maserung unter der Politur.«

Asta blies sich den Pony aus der Stirn. »Ich will doch nur ein Bett für zwei Leute, verstehen Sie.«

Zum ersten Mal lächelte er richtig.

»Ich mache Ihnen einen Vorschlag. Sie kommen zu mir in die Werkstatt. Mein Hof befindet sich am Süderende von Vitte. Dort zeige ich Ihnen verschiedene Holzarten, wir besprechen die Montage, und wenn Ihnen die Maserungen nicht gefallen sollten, wählen Sie eine Farbe für den Anstrich aus.«

Sie sah ihn immer noch zweifelnd an.

»Die Farbtöpfe dafür haben Sie selbst auf die Insel gebracht. Wie Sie sehen, werden sie jetzt gebraucht.«

Sein Lächeln war ansteckend. Ihr fiel auf, dass er breite Schultern hatte und eine anmutige, wenn auch etwas schwerfällige Haltung. Er stand vor ihr, als wären die Sachen, die er in den Taschen trug, von erstaunlichem Gewicht.

»Wann wäre es Ihnen denn recht, dass ich vorbeikomme?«

Kai Henning klappte sein Heft zu und schob es langsam in die Hosentasche. Der Bleistift fand wieder seinen Platz hinterm Ohr. »So am Nachmittag. Ich bin meist ab drei zu Hause.«

Sie wartete, ob er noch etwas sagen würde, doch er schwieg. In die unerwartete Stille drang Johannes Hantieren aus der Küche, wo sie mit dem Messer einen Kuchen zerteilte. Hart kratzte das Metall der Klinge über den Rand des Backbleches.

»Dann werde ich mich mal wieder auf den Weg machen«, sagte Kai Henning, und für einen Moment hatte sie den Eindruck, als ob er noch etwas sagen wollte, doch er kam nicht dazu, denn plötzlich drangen Stimmen und Gepolter aus dem Flur.

Johanne kam, dicht gefolgt von Otto und Hilde.

»Asta, meine Teuerste!« Otto hauchte ihr zwei schnelle Küsse auf die Wangen und bemerkte dabei den Fischer, der zur Seite getreten war. Er war erstaunt, ihn hier anzutreffen, und reichte ihm umständlich die Hand. »Oh! Otto Gebühr. Angenehm!«

»Kai Henning.«

Überrascht musterte Asta ihren Kollegen. Aber sie kam nicht dazu, sich so schnell den Grund seines Besuches in Erinnerung zu rufen, denn Otto hob jetzt beide Hände, was er immer tat, wenn er etwas Wichtiges mitzuteilen hatte.

»Kinders! Denkt euch das nur. Am Samstag startet in Kloster, im Hotel am Meer, endlich wieder ein Boccia-Turnier!«

Asta stieß hörbar den Atem aus. Boccia, die italienische Variante des Boule-Spiels, war in den letzten Jahren auf der Insel zum regelrechten Modesport geworden. In dem Spiel ging es darum, seine eigene Kugel möglichst nah an eine kleine Zielkugel zu setzen beziehungsweise die besser platzierte gegnerische Kugel wegzuschießen. Es wurde mit geradezu fiebriger Ektase praktiziert. Kein Platz auf der Insel schien dafür zu klein oder ungeeignet.

»Das Turnier wird von Karl Haertel organisiert«, fuhr Otto fort und drehte sich zu Asta. »Du kennst ihn, so ein schmaler, distinguierter Herr mit Ärmelschonern. Er kommt aus Stralsund, betreibt dort den Schreibwarenladen.«

»Mag sein.«

»Na ja, tut nichts zur Sache. Jedenfalls sind in diesem Jahr zu wenig Gäste angereist, deshalb ist die volle Teilnehmerzahl noch nicht erreicht.«

»Und?«

»Asta, Johanne, ihr macht doch mit? Ich kann doch auf euch zählen? Hilde und meine Wenigkeit sind jedenfalls mit von der Partie.«

»Für mich wird das zu anstrengend«, erklärte Johanne. »Aber ich mache mich gern als Schiedsrichterin nützlich«, fügte sie schnell hinzu.

»Asta?« Otto bemerkte ihr Zögern und setzte seinen treuherzigen Dackelblick auf, von dem die Berliner Frauenwelt behauptete, er könne jede Frau damit erweichen. »Asta, ich bitte dich, der alten Freundschaft wegen.«

Asta war das theatralische Gehabe von Otto mit einem Mal unangenehm, und peinlich berührt wandte sie sich ab. »Hör auf damit, Otto! Ich mache ja mit«, entgegnete sie schroff.

Otto bemerkte ihren Sinneswandel nicht und klatschte begeistert in die Hände. »Wundervoll!« Dann fiel sein Blick prüfend auf den Fischer. »Ach, und Sie, würden Sie vielleicht uns Männer unterstützen?«

Asta fühlte plötzlich den Drang zu widersprechen, Einspruch zu erheben. »Sie müssen das nicht«, warf sie ein.

Sie konnte sich den Mann beim besten Willen nicht auf einer Boccia-Bahn vorstellen. Zu spät bemerkte sie, dass der Fischer sie beobachtet und ihre Zweifel bemerkt hatte, die ihr offenbar deutlich ins Gesicht geschrieben waren. Verlegen schlug sie die Augen nieder.

»Wann, sagten Sie, ist das Turnier?«, fragte er mit fester Stimme.

»Am Samstag, zehn Uhr, Hotel am Meer in Kloster.«

Sein Blick suchte Astas. »Ich werde schauen, ob es sich einrichten lässt«.

»Ach, mein Lieber, es wäre uns allen eine Freude«, erklärte Otto gespreizt. »So, und jetzt gibt's Streuselkuchen. Hilde, ich sage dir, so etwas Feines hast du noch nie gegessen.«

»Bleiben Sie auch zu Kaffee und Kuchen?«, fragte Johanne den Fischer, als sie sich anschickte, Tassen und Teller aus der Anrichte zu nehmen.

»Das dauert für Herrn Henning bestimmt zu lange«, kam Asta ihm zuvor.

»Womöglich«, erwiderte er nun knapp und tippte sich an den Mützenschirm.

11

In der Luft hing der Duft von frisch gemähtem Gras. Die blanke Rasenfläche lag in der Vormittagssonne und zog sich von der Steintreppe vor bis zu einem Sandweg, der das Grundstück auf der Längsseite begrenzte. Das Grün war von Sommerflieder, Sanddornbüschen und zahlreichen blauen Keramiktöpfen eingerahmt, in denen scharlachrote Geranien wuchsen. Diese Töpfe wurden in jedem Jahr vom Personal extra für dieses Ereignis aufgestellt.

Dem schnörkellosen weißen Gebäude mit dem hohen Dach war eine Holzveranda vorgebaut, die an kühlen oder stürmischen Tagen eine geschützte Aussicht auf die idyllische Landschaft bot. Denn normalerweise grasten hier friedlich zahlreiche Enten und Hühner, und Katzen durchstreiften das Gelände.

Doch heute blieb das Geflügel im Verschlag, denn auf halber Strecke zwischen Haus und Inselweg waren auf der Rasenfläche vier Boccia-Bahnen mit einem breiten, weithin sichtbaren roten Stoffband abgesteckt, und am Ende jeder Bahn lag die erforderliche Anzahl von Kugeln für die Spieler bereit.

Karl Haertel blickte wohlwollend vom obersten Absatz der Treppe auf die sich darbietende Szenerie. In seinen Brillengläsern spiegelte sich die Sonne. An einem so herrlichen Tag wie heute standen die gusseisernen Tische und Stühle der Veranda draußen auf dem frisch geharkten Kies, dicke Polster lagen auf den Sitzflächen und dunkelblaue Samtdecken auf den runden Tischen. Silbrig glänzende Menagerien in der Mitte erweckten den Eindruck, als wären sie funkelnde Inseln im Ozean. Ergänzt wurde das Ensemble von einem hellen Pavillonzelt, in dem später am Tag den Gästen Speisen und Erfrischungen gereicht werden sollten. Zurzeit waren die Angestellten mit letzten Handgriffen beschäftigt, knisterndes Eis wurde in Sektkübel geschüttet und Gläser auf Hochglanz poliert.

Der Buch- und Schreibwarenhändler Haertel veranstaltete das beliebte Boccia-Turnier auch diesmal in der Pension »Haus am Meer«. Das bot sich förmlich an, da er in den letzten Jahren in Kloster saisonal bei Kaufmann Dittmann eine Bücherklause unterhielt, und weil so ein Turnier neben Spaß und Zeitvertreib auch neue Kunden brachte.

Bedächtig stieg er die Stufen hinab. Gleich gegenüber vom Pavillon hatte er den Tisch für die Preisrichter eingerichtet. Versonnen betrachtete er den faustgroßen Feuerstein, der den Stapel Anmeldelisten beschwerte, und stellte dabei fest, dass er sich heute besonders angespannt fühlte. Er hatte sogar leichte Kopfschmerzen, ein ziehender Schmerz, der aus dem Nacken kam.

Vorsichtig nahm er die Brille ab und begann die

Augenlider zu massieren, hinter denen Lichtblitze tanzten. Zuerst hatte er sein Unwohlsein auf das Wetter geschoben, doch insgeheim wusste er, dass es dafür triftigere Gründe gab. Gründe, über die er mit niemandem sprechen konnte, nicht einmal mit der charmanten Gastgeberin Irene von Sydow. Er hoffte inständig, dass heute irgendwie ein Wunder geschähe.

Umständlich zog er ein Taschentuch hervor und putzte akribisch die Brille. Nachdem er mit dem Ergebnis zufrieden war, schob er das Gestell zurück auf die Nase und steckte das Tuch ein.

Als die Nazis vor gut einem Jahr auf dem Berliner Opernplatz öffentlich Bücher verbrannt und ihre Ablehnung gegenüber »nichtdeutschen« Autoren proklamiert hatten, war es in den Monaten danach für ihn beinahe unmöglich geworden, die Buchhandlung wie bisher zu betreiben. Die Liste verbotener Schriftsteller und die daraus resultierenden Beschränkungen in den Verlagssortimenten wurden täglich länger, und bald schon ließen sich die Lücken in den Regalen kaum noch kaschieren. Inzwischen türmten sich seine geheimen Lagerbestände in Holzkisten auf dem Dachboden. Vielleicht würden wieder einmal andere Zeiten anbrechen, oder er konnte die Ware unter der Hand losschlagen, aber im Moment war sie totes Kapital. Was sollte er tun? Seine Lebensdevise lautete: nichts dem Schicksal zu überlassen, und so hatte er sich bereits wenige Tage nach dem Fanal nach einer tragfähigen Alternative umgesehen und sich letztendlich für Schreibwaren entschieden.

Obwohl er sich ein Leben ganz ohne Bücher nicht vorstellen konnte, hatte er trotzdem eine tiefe Genugtuung verspürt, wenn er in den folgenden Monaten seinen Laden in der Altstadt betrat. In den schmucken Schauvitrinen reihten sich sauber gespitzt die Bleistifte, blinkten die goldenen Schreibfedern marmorierter Füllfederhalter und standen die polierten azurblauen Tintenfässchen nebeneinander.

Haertel stülpte die Unterlippe vor. Die meisten seiner Kunden akzeptierten die Neuausrichtung des Geschäfts, obwohl sie den Verlust des alten Sortiments ebenso bedauerten wie er. Es gab nur einige wenige, die ihm bei einer zufälligen Begegnung auf der Straße in gewisser Weise deswegen Vorhaltungen machten oder am Ende die Beziehungen zu ihm in einer derben, beinahe kindlichen Rücksichtslosigkeit gänzlich abbrachen.

Er öffnete eine Packung Bleistifte, ließ sie herausgleiten und legte sie zu den Anmeldeformularen. Die makellosen Spitzen glänzten wie Obsidian in der Sonne.

Anfänglich war der Verkauf der Schreibartikel bestens gelaufen, besonders die neuartigen Füllfederhalter hatten guten Absatz gefunden. Frühere Buchkunden, die bei ihm hochwertige Erstausgaben und anspruchsvolle Literatur bestellte hatten, erwarben jetzt die Sammeleditionen von Pelikan und Mont Blanc, und heimlich, wenn er abends allein im Geschäft war, ballte er übermütig die Faust und beglückwünschte sich zu seiner vorausschauenden Entscheidung. Doch nach einem halben Jahr hatte das Interesse an den teuren Stiften zu versiegen begonnen. Zuerst dachte er, es läge an ihm selbst, dass er etwas übersehen hätte, einen feinen Unterschied womöglich, den es im Verkauf von Büchern und Schreibutensilien gab. Aber dann, an einem Nachmittag dämmerte ihm der eigentliche Grund. Zwei Frauen waren nach dem Wochenmarkt in den Laden gekommen, um einen Bleistift zu kaufen. Dabei machte die eine Frau die andere auf einen besonders schönen Füllfederhalter aufmerksam, der dekorativ in der Vitrine lag.

Haertel erinnerte sich, wie sie zart mit der Fingerkuppe gegen das Glas geklopft und schwärmerisch gesagt hatte: »Schau dir nur diesen außergewöhnlichen Stift an.« Vermutlich malte sie sich in ihrer Phantasie aus, wie sie an einem Pult saß, die Kappe herunterschraubte und auf elfenbeinfarbenen Briefpapier ...

»Diese neumodischen Dinger sind doch nur teuer und unpraktisch«, hatte die andere barsch erwidert, während sie den soeben erworbenen Bleistift in ihre Tasche stopfte. »Außerdem brauchst du Tinte, damit das Ding überhaupt schreibt, und die kostet extra. Wenn du mich fragst, ich wüsste nicht, warum ich mir für so viel Geld ausgerechnet einen Füllfederhalter kaufen sollte, dann doch lieber ein schickes Kleid.«

Als die beiden Frauen gegangen waren, ließen sie ihn nachdenklich hinter der Ladentheke zurück, von wo aus er stumm das Gespräch verfolgt hatte. Die Enttäuschung nagte an ihm. *Ich wüsste nicht, warum ich mir so etwas kaufen sollte*, hatte die Kundin verächtlich geäußert. Daraufhin suchte sein Blick das Werbeplakat der Firma, welches im Schaufenster hing. Auf diesem war die untere Hälfte eines Füllfederhalters abgebildet, begleitet von dem eingängigen Werbespruch: »Ein Pelikan für jede Hand« und der Preis: fünfzehn Reichsmark.

Haertel wusste, dass diese Preisempfehlung nur das einfache Grundmodell betraf. Die wesentlich attraktiveren Modelle mit marmorierter, ziselierter oder gar vergoldeter Bauchbinde starteten bei dreißig Reichsmark. In diesem Moment war er zu der Ansicht gekommen, dass ein emotionsloses Schwarz-Weiß-Plakat nicht ausreichte, um exquisite Füllfederhalter zu verkaufen. Er musste vielmehr einen Anreiz schaffen, der bei zukünftigen Käufern das Bild vermittelte, dass so ein Füllfederhalter Ausdruck der eigenen Persönlichkeit war. Ihn zu besitzen, veranschaulichte den Mitmenschen, wie erfolgreich man das eigene Leben meisterte, und weckte Begehrlichkeiten. Es war gut möglich, dass seine Kunden nie in die erlauchten Kreise der Gesellschaft aufstiegen, aber gefühlt gehörten sie mit einem Füllfederhalter in der Hand bereits dazu.

Instinktiv hatte er gespürt, dass er auf dem richtigen Weg war, er hatte nur noch nicht gewusst, wie er die Idee umsetzen sollte.

»Ist das nicht der perfekte Tag, um Boccia zu spielen?«, riss ihn eine Stimme aus seinen Gedanken. Karl Haertel hob den Kopf und blickte in das breit grinsende Gesicht eines Mannes im dunklen Anzug, der den verbeulten Hut weit ins Genick geschoben hatte, die Fotokamera vor der Brust.

»Der Wendler Horst«, sagte Haertel erfreut und

reichte ihm die Hand. »Schön, dass du kommen konntest.«

»Na hör mal, Karl.« Der dickliche Mann zog an seiner Zigarette, ohne sie aus dem Mundwinkel zu nehmen. »So eine Sause lässt sich ein Reporter des Stettiner Generalanzeigers doch nicht entgehen.« Suchend blickte er sich um. »Ist ja noch ziemlich ruhig.«

»Das wird sich bald ändern«, entgegnete Haertel zuversichtlich und bückte sich, um eine schmale Holzkiste auf den Tisch zu hieven.

»Wenn du das sagst.« Wendler hielt wegen des Rauchs den Kopf leicht schräg und kniff die Augen zusammen. »Hast du eine Ahnung, wer heute so alles mit von der Partie ist? Vielleicht ein Prominenter, den ich noch nicht kenne?«

»Mal sehen«, erwiderte Haertel ausweichend, während er vorsichtig die Abdeckung öffnete. Darin lagen, in Holzwolle eingebettet, zwei goldene Pokale und ein schwarzes Lederetui. Er hatte vor, jeweils einen Sieger bei den Frauen und bei den Männern zu ermitteln. Während er nacheinander die Trophäen heraushob und sie vor sich auf den Tisch stellte, griff der Reporter, ohne dass Haertel es verhindern konnte, nach dem Etui und öffnete es.

»Meine Fresse«, sagte Wendler, schnippte die Zigarette weg und starrte auf den Füllfederhalter, dessen Bauchbinde das filigran punzierte Relief eines Pelikans zierte. »Was ist das denn für ein Schmuckstück?«

»Ein Toledo.«

»Toledo? Aha.«

Haertel reckte den Kopf. »Der Handelsvertreter von Pelikan hat mir erzählt, dass Heinrich George auch so einen besitzt.«

»Der George. Wirklich?« Wendler pfiff anerkennend, ohne den Blick abzuwenden. »Weißt du, was? Deine Pokale kannste behalten, ich nehm lieber den hier.«

»Das könnte dir so passen«, entgegnete Haertel und nahm ihm bestimmt das Etui aus der Hand. Da kam ihm eine Idee. »Ich möchte«, sagte er plötzlich aufgekratzt, »dass du heute die ganze Zeit in meiner Nähe bleibst. Man kann nie wissen, vielleicht bietet sich eine günstige Gelegenheit für einen Schnappschuss.«

Verschmitzt zwinkerte ihm Wendler zu. »Aber noch ist Zeit für ein ordentliches Frühstück, oder?«

Haertel, noch immer von seinem Einfall berauscht, öffnete seine Geldbörse und gab ihm zwei Mark. »Melde dich drin bei Irene. Wir sehen uns dann später.«

...

Zur gleichen Zeit saßen die Schwestern im Landauer. Astas unbeschwertes Urlauberdasein war dahin. Was wäre das für ein herrlicher Tag, um schwimmen zu gehen und anschließend in der Hollywoodschaukel zu dösen.

Noch immer war sie sich nicht schlüssig, was sie von Ottos verrückter Idee halten sollte, an diesem Boccia-Turnier teilzunehmen. Er hatte sie einfach überrumpelt. Nach wie vor haderte sie mit sich, viel zu schnell zugesagt zu haben. Daran war nur dieser

Kai Henning schuld. Obwohl sie sich nicht im Klaren darüber war, was sie mehr ärgerte: ihr vorschnelles Versprechen oder dass Otto anschließend auch noch den Fischer eingeladen hatte.

Auch wenn Otto ihr immer wieder beteuerte, dass das Boccia-Turnier nur eine zwanglose Veranstaltung in einer Atmosphäre völliger Entspannung sei, bei der sie nur kurz vorbeischauen würden, war sie sich der Verpflichtung, die ihr als Person des öffentlichen Interesses daraus erwuchs, durchaus bewusst. Sie blickte zu Otto hinüber. Der schien von solchen Bedenken völlig unbeeindruckt, denn er trug wie immer auf der Insel eine helle Hose, den blau karierten Pullover mit V-Ausschnitt, einen Seidenschal darüber und den Panamahut, unter dem in wirrem Gekräusel die Haare hervorquollen.

Mit einer Mischung aus Belustigung und einem leichten, leidenschaftslosen Missmut stellte sie fest, dass Frauen gegenüber Männern in der weitaus misslicheren Lage waren, für jeden Anlass die passende Garderobe zu finden. Jede gesellschaftliche Schicht hatte bestimmte Codes, durch die ihre Mitglieder Zugehörigkeit demonstrierten. Bei den Männern waren das etwa ein Siegelring oder eine bestimmte Krawatte oder ein Einstecktuch. Bei den Frauen dagegen gestalteten sich die Signale weitaus subtiler. So verriet nur der raffinierte Schnitt eines Kleides oder die Qualität des Stoffes, welcher Klasse man angehörte, welchen Schneider man sich leisten konnte und welche Position man demzufolge in der Gesellschaft innehatte.

Asta dagegen stellte von frühester Kindheit an ihre

eigenen Regeln auf und setzte sich über gesellschaftliche Normen hinweg. Selbstbewusst hatte sie schon als junge Frau Anzüge getragen und sich die Haare kurz geschnitten. Sie war einmal auf einer Gala in einem schlichten, schmucklosen Kleid erschienen, um dann zu einem ungezwungenen Anlass wie diesem hier als Diva in großer Robe aufzutreten. Es machte ihr einfach Spaß, Konventionen in den Wind zu schießen.

Die Kutsche verließ im engen Bogen den Sandweg und hielt nun auf die Pension »Haus am Meer« zu. Damen mit Strohhüten und in luftigen Sommerkleidern und Herren in hellgrauen Anzügen standen auf dem Rasen oder in der Nähe des Pavillons und hielten Sektgläser in der Hand.

Otto schaute auf seine Uhr. »Wir sind ein wenig spät«, bemerkte er. »Zuerst gehen wir mal zur Anmeldung, danach losen sie die einzelnen Partien aus.«

»Ich werde mich an einen der Tische in den Schatten setzen«, erklärte Johanne und strich über die geschlossenen Knöpfe ihrer beigen Strickjacke.

»Vielleicht habe ich ja das Glück und darf zusammen mit Frau Nielsen spielen«, flüsterte Hilde ihrem Vater zu und schaute verlegen zu ihr herüber, wobei sich ihr schmales Gesicht mit einem leichten Rosa überzog. Asta schenkte ihr ein Lächeln.

Die Kutsche kam neben dem Haus zum Stehen.

• • •

»Ich werd verrückt, die Nielsen!« Horst Wendler schlug seinem Freund Karl Haertel anerkennend auf die Schulter. »Du alter Geheimniskrämer. Mal sehen, sagt er und tut so, als wüsste er nicht, dass Asta Nielsen heute erscheint! Wahnsinn! Ich muss dir sagen, die Überraschung ist dir gelungen.«

Der Reporter stürmte mit erhobenen Armen davon.

Haertel starrte ihm ungläubig hinterher. Er sah am Eingang den Filmstar, der aufrecht in der Kutsche stand und den Menschen zuwinkte. Er brauchte einen Augenblick, bis er begriff, was sich gerade hier ereignete.

Nervös korrigierte er den Sitz seiner Fliege und lehnte die Beine nach Halt suchend gegen die Tischkante, die seine Finger bereits umklammert hielten. Erschrocken und gleichzeitig hoffend erkannte er, dass Asta Nielsen sich anschickte, den Landauer zu verlassen, und die Menge sich im Anschluss wie bei einer Prozession langsam auf ihn zu bewegte.

Haertel überlegte kurz, ob er ihr entgegengehen sollte. Doch er verwarf den Gedanken sofort wieder, das wirkte zu beflissen. Stattdessen versuchte er, ein paar Begrüßungsworte zu formulieren, aber zu seinem Missvergnügen wollte ihm partout nichts Originelles einfallen.

Er spürte, wie ihm der Schweiß ausbrach, und verstohlen wischte er die feuchten Handflächen an seiner Hose ab.

Ehe er sich versah, war die Menschenmenge heran. Erleichtert erkannte er den umgänglichen Otto Gebühr und dessen Tochter neben dem Filmstar. Er ahnte nun, wer hinter dem unverhofft prominenten Besuch steckte. Die Frau in der hellen Strickjacke neben ihnen war ihm allerdings unbekannt.

Er wandte seine Aufmerksamkeit Frau Nielsen zu und merkte, wie ihm bei ihrem Anblick schwindelig wurde. Sie hatte etwas Besonderes an sich. Sie war nicht makellos, aber auf eine ureigene Art schön. Sie wirkte sowohl gewöhnlich als auch entrückt. Er kam zu der Einsicht, dass sie jemand war, der einen zutiefst, beinahe bis ins Herz berühren konnte. Sie ist eine Göttin, ging es ihm durch den Kopf. Ihre weiße Kappe rahmte weich und elegant das leicht gebräunte Gesicht ein, die lebhaften dunklen Augen unter den geschwungenen Brauen schienen nur mit ihm zu sprechen, als sie ihn aufmerksam betrachtete. Der exakt geschminkte Mund lächelte dabei freundlich. Ihm fielen die exquisiten Brillantohrringe auf, die zwei Sternen gleich in der Sonne funkelten und unter dem schwarzen, seidenmatt schimmernden Haar hervorlugten. Sein Blick glitt über den weißen, kurzgeschorenen Pelzkragen ihrer Stola. Haertel schluckte.

• • •

Asta blieb vor dem Tisch stehen. Langsam begann ihr die Sache Spaß zu machen, und ihre Laune hatte sich seit dem Verlassen der Kutsche deutlich gehoben.

»Guten Tag. Mir wurde gesagt, dass ich mich bei Ihnen zum Turnier anmelden kann.« Sie bemerkte, wie Otto seiner Tochter einen schnellen Blick zuwarf, und sie meinte darin eine gewisse Erleichterung sehen zu können. Frech zwinkerte sie Hilde zu.

• • •

Es war diese ungezwungene Geste des Stars, die Haertel aus seiner Befangenheit riss. Auf einmal war da ein Hochgefühl, das zum Teil daher rührte, dass ihm die plötzliche Gegenwart Asta Nielsens so verheißungsvoll, so vielversprechend schien. Jetzt wusste er Bescheid. Das war das Wunder, auf das er so gehofft hatte. Jetzt hieß es, die Chance zu nutzen.

»Ja, ähm, nein«, stammelte er, während seine Augen Wendler suchten und er erleichtert feststellte, dass der Reporter ganz in der Nähe stand und ihm verschwörerisch den nach oben gestreckten Daumen zeigte, während er die Kamera bereit hielt.

Haertels Hand umschloss das Lederetui, das noch immer neben der Holzkiste auf dem Tisch lag.

»Sehr geehrte Frau Nielsen«, hob er zu sprechen an. »Es ist mir eine außerordentliche Ehre, Sie heute hier begrüßen zu dürfen.«

Mit zitternden Fingern öffnete er den Deckel und hielt ihr das schmale Futteral hin. Ein Sonnenstrahl fiel genau im richtigen Winkel auf die weiße Seide. »Erlauben Sie mir als Organisator des Turniers, Ihnen im Namen des Buch- und Schreibwarengeschäfts Haertel aus Stralsund diesen Füllfederhalter zu überreichen.«

Aus den Augenwinkeln erspähte er Wendler, der die Kamera vor das Gesicht hob und den Auslöser drückte.

Anmutig nahm Asta das Geschenk entgegen, betrachtete die feine Punzierung auf der Bauchbinde, löste danach die Kappe und ließ die goldene Feder im Licht blitzen. Sie hoffte, dass sie sorglos wirkte, leichthin charmant und eine Spur unbekümmert.

»Herr Haertel, ich danke Ihnen von Herzen. Der Füllfederhalter ist traumhaft schön.« Asta blickte sich suchend um. »Na, dann werde ich mich gleich in die Liste eintragen.«

Haertel hob abwehrend die Hand. »Nein, meine Dame, wenn Sie erlauben, Sie spielen heute, wenn überhaupt, außerhalb der Wertung.«

»Ach, wie schade!«, rief ein junger Mann vorlaut, der aus einer Gruppe gut gekleideter Herren hervortrat. »Aber darf ich Sie dann höflich um ein Autogramm bitten?« Er schob den Ärmel der hellen Anzugsjacke nach oben, so dass die schneeweiße Hemdmanschette sichtbar wurde. »Bitte hierhin, Frau Nielsen.«

Asta zuckte gleichmütig mit den Achseln und beugte sich über den dargebotenen Arm. Leise kratzte sie mit der Feder, ohne einmal abzusetzen, über den gestärkten Stoff und hinterließ in klarer blauer Linie ihren Namenszug. Das breite Kinn des jungen Herren schob sich selbstbewusst über den gestärkten Kragen, und seine bernsteinfarbenen Augen schauten sie herausfordernd an. Mehrere Kameras klickten gleichzeitig.

Karl Haertel konnte sein Glück kaum fassen. Hier neben ihm gab Asta Nielsen ein Autogramm mit seinem Pelikan-Toledo-Füllfederhalter, und Wendler hielt diesen unvergesslichen Augenblick für die Ewigkeit im Bild fest.

Er ballte unsichtbar seine Fäuste in den Hosentaschen. Wer, wenn nicht ein Filmstar wie Asta Nielsen, war die ideale Projektionsfläche für die Träume der Menschen. Eine Filmdiva, ein Sexsymbol, ja, ein weiblicher Genius.

Haertel atmete tief durch. Was für ein Clou! Er musste sich schnell wegdrehen, um sich eine Träne der Rührung aus dem Auge zu wischen.

Es folgten noch weitere Autogrammwünsche, die Asta bereitwillig und routiniert erfüllte.

12

Das Turnier begann mit einer halben Stunde Verspätung.

So lange benötigte Karl Haertel, um die Anmeldungen zu sortieren, was er jedoch erst tat, nachdem er sich dreimal bei Wendler rückversichert hatte, dass dieser auch bestimmt einen Film in die Kamera eingelegt hatte.

Anschließend warf er die Namenszettel in zwei leere Sektkübel und bat Hilde Gebühr, Glücksfee zu spielen. Die junge blonde Frau zog nacheinander zwanzig Spielansetzungen, zehn für die Frauen und zehn bei den Männern. Die Namen wurden von Karl Haertel einzeln aufgerufen und mit Kreide auf eine Tafel geschrieben.

Asta zuckte zusammen, als sie Kai Hennings Namen hörte. Sie stand etwas abseits bei Johanne und nippte gerade an einem Glas Champagner. Sie wusste nicht, warum, aber die bloße Erwähnung des Namens versetzte ihr einen Stich. Zugegeben, eben bei dem turbulenten Empfang war ihr die Teilnahme des Fischers am Turnier völlig undenkbar erschienen. Doch jetzt erfasste sie eine eigenartige Unruhe. Unauffällig sah sie sich um, und schließlich entdeckte sie ihn im Gespräch mit Irene von Sydow. Ihr Glas verharrte regungslos in der Luft. Sie benötigte einen Augenblick, um Klarheit zu erlangen, denn sie hatte den Fischer zwischen den umherstehenden Menschen nicht gleich erkannt.

Äußerlich unterschied er sich kaum von den teilnehmenden Herren, die ganz in seiner Nähe standen. Er trug einen hellen dreiteiligen Tweedanzug, der klassisch geschnitten und durchaus passabel war, dazu braune Lederschuhe und eine tief in die Stirn gezogene Schiebermütze, so als legte er Wert darauf, nicht von jedem sofort angesprochen zu werden.

Als sein Name aufgerufen wurde, verabschiedete er sich höflich von der Gastgeberin und lief, lässig in den Knien wippend, über den Rasen, ohne sich auch nur einmal umzublicken.

Irene von Sydow nahm etwas aus einer Stiege und kam lächelnd über den Kies auf Asta zu. Ihr geblümtes Sommerkleid flatterte, die dunklen Haare hatte sie mit einer Klemme im Nacken festgesteckt. In der Hand hielt sie ein Bündel Möhren.

»Haben Sie Lust, meine beiden Esel kennenzulernen?«, fragte sie, und ihr Blick wanderte zwischen Asta und Johanne hin und her.

»Sie haben Esel?«, fragte Johanne erstaunt.

»Ja. Luise und Muschi. Sonst grasen sie hier auf der Wiese, aber heute ... ich will ihnen ein paar Leckereien bringen.«

»Ich komm gern mit«, erklärte Johanne und sah die Schwester fragend an.

Asta schüttelte den Kopf. »Ich bleibe hier. Du weißt, seit Marrakesch hab ich es mit Eseln nicht mehr so.«

»Was ist in Marrakesch passiert?«, platzte Hilde heraus, die außer Atem vom schnellen Laufen hinter sie getreten war. Asta legte einen Arm um die mageren Schultern des Mädchens und ging mit ihr ein paar Schritte neben Johanne und Irene von Sydow her.

»Du weißt doch, ich habe diese Reisefilme gedreht, und einer davon spielte in Marokko.« Hilde beschattete ihre Augen mit der Hand und musterte Asta scheu von der Seite. »Der Regisseur wollte, dass ich, damit es authentisch wirkte, tatsächlich auf einem Esel ritt. Das tat ich dann auch. Nur das Tier hatte keine Lust, in der sengenden Sonne zu arbeiten, und so beschloss es, einfach vom Set wegzulaufen. Stell dir vor, mit mir auf dem Rücken.«

Hilde lachte glucksend, als sie sich die Szene vorstellte, und Asta hob ihre Hand und zeigte geradeaus.

»Schnurstracks lief er durch die heißen Gassen der Altstadt. Immer eng an den weißen Hauswänden entlang, so dass ich mir beide Beine daran blutig scheuerte. Aber der Esel ließ sich durch nichts bewegen anzuhalten, weder durch Rufe noch durch mein energisches Ziehen am Seil. Ich war völlig erschöpft und zerschlagen, als das Tier auf ein offenes Tor zuhielt.« Asta verlangsamte den Schritt, und Hilde hielt die Luft an. »Ich dachte noch: Hier bist du also zu Hause, als der Esel auf einen Durchgang zum Stall zurannte, der so niedrig war, dass mich der Türbalken ohne Zweifel geköpft hätte. Gott sei Dank tauchte der Besitzer des Tieres auf und hob mich rechtzeitig herunter.«

Nicht weit von ihnen brandete spontaner Applaus auf.

»Bleib du mit Hilde hier«, sagte Johanne, die stehen geblieben war. »Ich gehe rüber zu den Eseln.«

Frau von Sydow und sie entfernten sich, während Asta und Hilde sich an einem der Tische einen Platz suchten.

»Frau Nielsen?«

Asta drehte den Kopf und erblickte den jungen Mann von vorhin, der jetzt unter dem hellen Anzug ihr Autogramm auf dem Hemdsärmel trug. Freundlich lächelnd wandte er sich an sie und fragte in leisem, vertraulichem Ton: »Mein Name ist Werner Klemm. Ich bin ein großer Bewunderer. Dürfen wir damit rechnen, Sie im Herbst wieder auf einer Theaterbühne zu sehen?«

»Ich wünschte, ich könne Ihnen diese Frage beantworten«, hielt sie sich bedeckt.

»Sie müssen wissen, Ihre Darstellung der Kameliendame bleibt für die Ewigkeit unerreicht. Sie sind für mich der Inbegriff von Vollkommenheit, als Schauspielerin und als Frau.«

Seine Schmeichelei gefiel ihr, machte sie aber vor Hilde auch eine Spur verlegen.

»So sicher wäre ich mir da nicht«, überspielte sie die Situation mit einem Lächeln.

»O doch, Frau Nielsen. Sie sind eine bezaubernde Frau, wenn Sie mir erlauben, das zu sagen ... und ich bin davon überzeugt, dass wir Sie noch in großartigen Rollen erleben werden.«

Dass der junge Mann so angetan war und offensichtlich mit ihr flirtete, überraschte Asta nicht. Sie hatte viele dieser glühenden Verehrer erlebt, und manchmal gefiel es ihr, dann spürte sie ein Prickeln wie bei dem Genuss von Champagner, aber im Augenblick stand ihr nicht der Sinn danach, und sie war froh, als Otto hinter ihnen auftauchte und sich vernehmlich räusperte. Schnaufend ließ er sich auf einen freien Stuhl fallen, griff nach einem Sektglas und stürzte den Inhalt hinunter. Klemm verabschiedete sich mit einer knappen Verbeugung und trollte sich widerwillig.

»Alles in Ordnung? Stellen dir wieder diese jungen Kerls nach?«, fragte Otto unverblümt.

Asta ignorierte die Frage. »Wieso bist du hier? Das Turnier läuft doch dort drüben.«

»Nicht für mich.«

»Du bist schon ausgeschieden?«, fragte Hilde belustigt.

»Ja, lacht mich nur aus. Meine Fähigkeiten liegen eben auf anderen Gebieten. Apropos ....« Er wandte sich an Asta. »Ich habe eine bezaubernde Rabatte aus Malven und Sonnenblumen hinter meinem Haus angelegt. Das zarte Lila und das kräftige Gelb bilden unglaubliche Kontraste. Wir könnten doch mal wieder zusammen malen. Die Staffelei steht im Garten. Was hältst du davon?«

»Klingt gut.«

»Übrigens, dieser Kai Henning, dein Fischerfreund, ist eine Runde weiter. Stellt sich ganz geschickt an, was ich so gesehen habe.«

Asta führte ihr Glas an die Lippen und trank einen Schluck.

»Vati!«

»Mmh?«

»Weißt du, wer die Leute dort drüben sind?«, fragte Hilde und deutete mit ihrem Kinn in eine bestimmte Richtung. »Diese Frauen starren die ganze Zeit zu uns herüber.«

Otto veränderte seine Sitzhaltung, so dass er einen Blick auf den Tisch neben dem Pavillon werfen konnte. Dort hockten vier Männer, die augenscheinlich Karten spielten. Ihre Jacketts hatten sie über die Lehnen gehängt. Hinter ihnen standen mehrere Frauen, die miteinander tuschelten und die Köpfe zusammensteckten. Junge Männer in elegant geschnittenen Anzügen nach der neuesten Mode, mit weichen Filzhüten auf den Köpfen, waren ebenfalls dabei, darunter auch Werner Klemm, der nun unentwegt auf eine sehr gerade stehende Dame in einem eng anliegenden goldfarbenen Kleid einredete, die sich demonstrativ von ihm abgewendet hatte.

»Soweit ich das erkennen kann«, sagte Otto, »ist das da drüben Gustav Heimer. Der kleine Dicke mit der Glatze und den Hosenträgern. Er ist Schuhfabrikant. Soll im Krieg ein Vermögen gemacht haben. Wie ihr seht, hat der Mann zwei Leidenschaften, Whisky und Poker.«

»Und ist das seine Frau?«, fragte Hilde.

»Ja, aber es ist eine dieser typischen arrangierten Ehen. Daher tröstet sie sich anderweitig und wird hinter vorgehaltener Hand die ›Bienenkönigin‹ genannt. Immer umschwärmt von jungen Männern.«

Asta sah, wie Klemm die Frau auf den Hals küsste, worauf sie ihren Widerstand theatralisch aufgab und sich ihm wieder mit spitzen Lippen zuwandte.

Belustigt drehte sie sich weg, und Karl Haertel tauchte in ihrem Blickfeld auf. Aufgeregt knetete er die Hände und unternahm mehrere Versuche, sein Anliegen zu formulieren. Asta lächelte freundlich, um ihn zu ermutigen, und er fasste sich ein Herz.

»Frau Nielsen, ist es Ihnen möglich ... ich meine, könnten Sie sich vorstellen, ... also es wäre mir eine Ehre, wenn Sie die Pokale an unsere Sieger überreichen würden.«

»Ist das Turnier denn schon vorbei?«

»Nein. In wenigen Minuten beginnen die beiden Finalrunden. Stellen Sie sich vor, diesmal gibt es eine Überraschung. Ein echter Hiddenseer steht im Finale, ein Fischer aus Vitte.«

Asta blickte zu Otto, der nach unten schaute, als ob er kontrollieren wollte, ob seine Schuhe noch zugebunden waren, und Hilde prustete los.

Irritiert schaute Haertel in die Runde. Künstler sind doch ein eigenartiges Völkchen, dachte er sich, während er schwitzend auf die Antwort wartete.

Asta wendete sich ihm wieder zu. »Die Aufgabe übernehme ich gern.« Sie stand auf und zog in einer fließenden Bewegung ihre Pelzstola über die linke Schulter. »Dann lassen Sie uns doch mal einen Blick auf Ihre Finalisten werfen.«

•••

Inzwischen war die Rasenfläche von unzähligen Schaulustigen bevölkert, die weder Gäste der Pension noch zum Turnier angemeldet waren. Dicht an dicht harrten sie aus und verfolgten gebannt das Geschehen.

Soeben war das Frauenfinale zu Ende gegangen, und die Siegerin, eine junge schwarzgelockte Frau in Hildes Alter, ließ sich von ihren Freundinnen feiern. Das Mädchen kam Asta irgendwie bekannt vor, und sie meinte, sie schon einmal gesehen zu haben. Ein Gesicht vergaß sie nie. Da fiel es ihr wieder ein. Im letzten Sommer nach einem Kirchenkonzert bei den Gustavs. Jetzt konnte sie sich auch an den Namen erinnern – Judith. Sie war Gustavs' Nichte.

Karl Haertel führte sie an die Längsseite der Boccia-Bahn, wo bereits die Bienenkönigin mit ihrem Gefolge stand. Die Frauen waren in schmal geschnittene Kleider gehüllt, und die seidigen Stoffe schillerten in der Sonne. Es war dieser Effekt, welcher der ganzen Gruppe in Astas Augen tatsächlich etwas Insektenhaftes gab. Sie spürte, wie die abschätzenden Blicke ihr nachgingen, wie die Frauen sich in ihrer bürgerlichen Wohlanständigkeit und ihrem ererbten Vermögen ihr weit überlegen fühlten. Als sie in ihre Nähe kam, bemerkte die Bienenkönigin gerade spitz: »Gewöhnlich steht der Mob auf dem Weg hinterm Rasen und sieht uns von dort aus zu ...«, ihr Gefolge nickte eifrig, und mit einem schnellen Blick auf die umstehenden Besucher fügte sie giftig hinzu: »Jetzt lassen sie den Pöbel hier zu uns rein. Ja, einer von ihnen soll sogar mitspielen. Das Turnier kommt wirklich auf den Hund.«

Asta schoss das Blut in den Kopf, und sie hielt inne. Gerade wollte sie sich umdrehen und dieser Dame eine gepfefferte Antwort geben, da legte Otto vorsorglich, aber bestimmt den Arm um sie und führte sie weg.

»Meine Liebe, bitte kein Aufsehen. Das ist nicht der Ort für einen Eklat. Oder willst du das morgen in der Zeitung lesen?«

Asta schnaubte nur.

»Kommen wir nun zum Finale der Männer«, verkündete Haertel. »Gespielt werden drei Bahnen. Das Los wird entscheiden, wer beginnt.«

Erstaunlicherweise fasste Asta sich erst wieder, als sie sah, wie Kai Henning den Rasen betrat. Er musste sich zwischendurch frisch gemacht haben, denn die feuchten Haare hatte er zurückgekämmt, bis auf eine Strähne, die ihm seitlich ins Gesicht fiel und ihm etwas Verwegenes verlieh. Er zog die Tweedjacke aus und legte sie neben der Bahn auf den Rasen, als würde er ein Kind zum Schlafen betten. Ohne dass sie wusste warum, rührte Asta die Geste.

Mit der ihm eigenen Sicherheit krempelte er mit gleichmäßigen Bewegungen die Ärmel seines Hemdes hoch. Es war die Beherrschung, die Souveränität, mit der er das tat, die sich auf Asta übertrug und sie ruhiger werden ließ.

Klemm trat jetzt in den Kreis. Er trug sein Jackett locker über der Schulter und reichte es einer der Frauen, die es freudestrahlend in Empfang nahm.

»Werner, du musst das hier für uns gewinnen. Schließlich bist du der Titelverteidiger!«

»Seit vier Jahren, Mädels!«

Asta bemerkte, wie er siegesgewiss das Kinn hob und demonstrativ den auffälligen Siegelring am Finger drehte, so dass sie nicht umhin kam, das eingravierte Familienwappen zu bemerken. Knapp warf er seinen Kopf zurück und blickte sie hochmütig an.

»Den heutigen Sieg widme ich Ihnen, Frau Nielsen.«

Asta sah, wie die Bienenkönigin erblasste und die Lippen fest aufeinander presste.

»Beweisen Sie es«, entgegnete Asta charmant lächelnd.

Dann begann das Spiel. Klemm kam besser in die Partie und gewann die erste Bahn. Die Damen klatschten Beifall.

Asta befürchtete, dass Kai Henning die vielen Zuschauer verunsichern könnten. Er war es schließlich nicht gewohnt, vor Publikum zu agieren. Trotzdem wirkte er immer noch, als könnte ihn nichts erschüttern, und je länger sie ihm zusah, umso mehr gelangte sie zu der Einsicht, dass die Kugeln, die er warf, seine Freunde waren, denn sie landeten auf der zweiten Bahn präzise dort, wo er sie haben wollte. Mal rollten sie unmittelbar neben das vorbestimmte Ziel, mal sprengten sie die gegnerische Kugel weg oder versperrten ihr erfolgreich den Zugang zur markierten Stelle.

Asta merkte, dass sie sich der Faszination, die von ihm ausging, nur schwer entziehen konnte.

Die dritte Bahn musste die Entscheidung bringen. Klemm hatte seine erste Kugel dicht am Ziel platzieren können und mit den restlichen dreien eine Art Sperrriegel davor errichtet.

Ein Raunen ging durch die Menge. Jeder, der sich beim Boccia auskannte, sah, dass die Konstellation es beinahe unmöglich machte, mit nur drei verbleibenden Kugeln eine Wende herbeizuführen.

Klemm hob in Siegerpose die Arme, wendete sich

um und zwinkerte Asta Nielsen verschwörerisch zu. Sie ignorierte es.

Noch war das Spiel nicht vorbei, jetzt kam der letzte Auftritt von Kai Henning. Asta ballte fest die Fäuste und drückte ihm die Daumen.

»Sie schaffen das!«, kam es über ihre Lippen.

Der Fischer reagierte nicht. Er stand unbeweglich da wie ein Raubtier, atmete tief, als würde es die finale Witterung der Beute aufnehmen. Jeder Muskel war angespannt, der Geist fokussiert, und letztendlich entlud sich die Kraft in einer einzigen, dosierten Armbewegung, bei der das Handgelenk der Kugel den nötigen Drall gab.

Er hatte sie von oben gegriffen und warf sie jetzt exakt in einem Bogen, dessen Ellipse genau zwischen den aufgereihten Hindernissen endete. Alle ringsum hörten den dumpfen Aufprall, der dazu führte, dass sämtliche Kugeln seitlich über die rote Umrandung wegsprangen.

Asta war wie elektrisiert, Klemm wurde blass.

Mit dem zweiten Wurf rammte der Fischer die letzte Kugel des Gegners aus dem Feld, während seine eigene unweit des Zieles liegen blieb. Er hatte bereits gewonnen, als er unvermittelt zu Asta trat und sie freundlich bat, die abschließende Kugel für ihn zu werfen.

»Danke für Ihre Unterstützung«, raunte er ihr kaum hörbar zu, denn die zahlreichen Zuschauer applaudierten begeistert, als Kai Henning sie ans Ende der Bahn geleitete, von wo aus sie, von Wendlers Kamera professionell festgehalten, einen recht passablen Wurf hinlegte.

Zwei Mitarbeiter des Personals brachten die Siegerpokale. Zuerst übergab Asta Judith den Pokal, den die junge Frau strahlend in Empfang nahm und begeistert hoch über ihren Kopf hob. Dann war der männliche Sieger an der Reihe.

Karl Haertel reichte ihr die Trophäe. Asta sanken kurz die Arme, so überraschend schwer war sie. Sie bestand aus einer Bocciabahn, aufrecht stehend mit mehreren stilisierten Kugeln, auf einem massiven Marmorsockel.

Asta ging mit gemessenen Schritten auf Kai Henning zu. »Herzlichen Glückwunsch«, sagte sie lächelnd und streckte ihm die Trophäe entgegen.

Vielleicht war es Zufall, möglicherweise auch der ungewöhnlichen Form des Preises geschuldet, dass sich seine Finger einen Moment lang auf ihre legten, bevor er die Trophäe ergriff.

Eine leichte Verlegenheit machte sich zwischen ihnen breit. Es war das erste Mal, dass sie sich berührt hatten, und Asta konnte nicht begreifen, dass dieser flüchtige Kontakt ihrer Finger sie tatsächlich so verwirrte und aus der Fassung brachte. Ihre Hand glitt unter die Stola.

13

Für den Hinweg brauchte Asta nicht lange. Sie war bereits am Süderende angelangt, wo sich das Gehöft von Kai Henning hinter einer hohen Fliederhecke verbarg. Entschlossen schob sie das Fahrrad über den Innenhof, der vom niedrigen schilfgedeckten Wohnhaus, dem Stall und der Werkstatt eingerahmt wurde. Hühner liefen umher, scharrten im Sand, und ein Hahn schlug mit den Flügeln. Ein Stück von der Werkstatt entfernt streckte ein schwarzer Räucherofen seinen Schornstein in die Höhe, aus dem bläulicher Qualm stieg.

Asta lehnte das Fahrrad gegen die Hauswand. Während sie sich mit den Händen durchs Haar strich, steuerte sie die offene Tür der Werkstatt an, vor der ein Handwagen mit drei alten, laveden Stühlen abgestellt worden war.

Über dem Türsturz erblickte sie ein rundes Medaillon aus Holz, in das eine Windrose hineingeschnitzt war, die von einem lateinischen Spruch umringt wurde: *Per periculum vivo – Mit der Gefahr lebe ich.*

Vorsichtig trat Asta näher und lauschte. Es drang lauter Gesang nach draußen. Eine einzelne Glühbirne, durch ein Metallgitter geschützt, verströmte neben dem Eingang schmutziges Licht.

Die Werkstatt hing voll mit Hobeln unterschiedlicher Größe, von handlichem Format bis zur Armlänge. Dazwischen blinkten Sägeblätter, einige durch stete Nutzung blank gewetzt, andere von rostroten Pusteln überzogen. Das schattige Tageslicht, das sich durch zwei schmale Fenster hier herein verirrte, wurde von den Arbeitsflächen der Werkbänke aufgesogen, so dass der Raum im ersten Moment düster und unheimlich wirkte. Nur am Ende blinkte ein matter gelber Lichtschein.

»Hallo, ist da jemand?«, rief Asta laut, bemüht, den Shanty, der dem rauen Leben der Seeleute galt, zu übertönen.

Der Gesang brach ab. »Wer ist da?«

»Asta Nielsen.«

»Oh, einen Augenblick bitte.«

Sie hörte, wie ein Relais knackte, danach wurde ein Schalter umgelegt, und über ihrem Kopf flammten mehrere Industrielampen auf. Dann kam Kai Henning mit schnellen Schritten auf sie zu.

»Schön, dass Sie gekommen sind.« Er strahlte und schien sich wirklich über ihre Anwesenheit zu freuen. »Passen Sie auf, dass Sie sich nicht schmutzig machen.« Sorgenvoll musterte er ihre helle Garderobe. »Hier ist alles voller Staub und Späne.«

Sie hatte eine Stunde vor dem Kleiderschrank zugebracht, bis sie sich endlich für das weiße Leinenkleid, die lange Bernsteinkette und die hellblaue Strickjacke entschieden hatte, die jetzt locker über ihrer Schulter lag.

»Kein Problem, ich bleibe dicht hinter Ihnen«, sagte Asta und folgte ihm einen Gang entlang. Sie sah zu, wie er ein kariertes Taschentuch aus der dunklen Kordsamt-Weste zog und rasch über die abgewetzte Oberfläche eines gepolsterten Lederschemels wischte. »Bitte, setzen Sie sich.«

Asta nahm auf dem Hocker Platz. Einen Moment stand er unschlüssig da, bevor er das Tuch zurück in die Tasche stopfte.

»Möchten Sie Tee? Ja, ich mache uns einen Tee.«

Er verschwand mit einem Kessel in der Hand hinter dem Vorhang, und sie hörte, wie er eine Blechdose öffnete und mit Geschirr hantierte. Asta erhob sich wieder und stellte sich neben die Werkbank. Ein einfacher Stuhl stand dort, ähnlich den anderen dreien draußen auf dem Handwagen. Sie erkannte, dass die professionell angebrachten Tischlerzwingen ihm neuen Halt geben sollten. Aus den frisch verklebten Nähten quoll Leim. Das Sitzpolster schien gereinigt und schimmerte samtig rot.

Sie nickte anerkennend und wollte gerade wieder Platz nehmen, als ihr Blick zufällig an etwas Glänzendem hängenblieb. Es waren goldene Pokale, die da über ihrem Kopf auf einem schmalen Wandbord aufgereiht standen.

Neugierig trat sie näher. Von hier unten konnte sie die Inschriften auf den Plaketten nicht entziffern. Aber das musste sie auch nicht. Das Aussehen der Pokale verriet ihr, für welche Form von Wettkampf sie an den Sieger vergeben worden waren. Die größte Trophäe schmückte ein Deckel, auf dem eine goldene Skulptur stand und konzentriert eine Kugel in der Hand hielt, während sie mit dem Arm Schwung holte.

Asta erfasste eine Mischung aus Wut und Enttäuschung. Warum hatte er sie nicht eingeweiht?

Sie überlegte kurz, ob sie auf der Stelle gehen sollte, als der Vorhang zur Seite geschoben wurde und Kai Henning mit zwei Teetassen in der Hand auftauchte. Er stellte sie zusammen mit einer zierlichen Sanduhr, die er aus der Hosentasche zog, neben dem Stuhl auf der Werkbank ab.

»Fünf Minuten«, sagte er zu ihr.

Asta deutete hinauf zu den Pokalen, ihre lebhaften Augen blitzten. »Warum haben Sie nicht gesagt, dass Sie ein Champion sind?« Ihre Stimme klang vorwurfsvoll.

Er sah sie unvermittelt an. »Sie haben nicht gefragt.«

Asta spürte, wie ihr Herz schneller schlug, aber sie setzte eine ernste Miene auf, und noch einmal glitt ihr Blick über die Ansammlung von Preisen.

»Das sind eine ganze Menge«, stellte sie sachlich fest. »Wo haben Sie so gut Boccia gelernt?«

Sein Gesichtsausdruck veränderte sich. »In Gefangenschaft.«

Asta fuhr unmerklich zusammen. War dieser Mann ein Sträfling? Instinktiv rückte sie etwas von ihm ab.

Er bemerkte ihre Verwirrung, und als läge die Antwort für jeden gut sichtbar auf der Hand, sagte er schließlich. »Im Internierungslager.«

»Sie waren im Krieg?«

Er schaute auf die Sanduhr, der gesamte Inhalt

türmte sich nun in der unteren Hälfte auf. Die Zeit war um. Er zog die Siebe aus den Tassen und legte sie auf einen Unterteller.

»Kaiserliche Kriegsmarine«, erklärte er währenddessen. »Ich diente als Bootsmann auf der ›SMS Dresden‹. Nachdem das Geschwader am 8. Dezember 1914 von den Briten vor den Falklandinseln zusammengeschossen worden war, versteckten wir uns in den Fjorden von Feuerland, reparierten die Maschinen und nahmen Kohle auf. Danach flüchteten wir vor der britischen Übermacht zu den Robinson-Crusoe-Inseln.« Er bemerkte Astas zweifelndes Gesicht. »Ja, die gibt es wirklich. Aber auch dort spürten sie uns auf, und wir waren gezwungen, die ›Dresden‹ selbst zu versenken.«

Asta führte die Tasse zum Mund. Der Tee roch bitter. Sie ließ den Dampf über ihr Gesicht ziehen, trank aber nicht.

»Wilder Thymian«, erklärte Kai Henning.

»Wie bitte?«

»Das ist Thymiantee. Am Anfang schmeckt er ein wenig eigenwillig, aber wenn man sich daran gewöhnt hat ... Wer hier lebt, sollte ihn trinken, er ist gut für alles Mögliche, für Herz und Lunge.« Er lachte, wurde aber gleich wieder ernst. »Am Ende internierten sie uns. Knapp dreihundert Mann. In der Einöde Feuerlands gaben sie uns ein paar Äxte. ›Versorgt euch selbst‹, haben sie gesagt. Wir bauten Hütten und Ställe, und von dem wenigen Geld, das wir noch besaßen, kauften wir den Einheimischen Hühner ab, später kamen Ziegen und Kühe dazu. Wir legten Gärten an und lebten von dem, was wir erwirtschafteten.« Er setzte die Tasse ab. »Waren Sie schon einmal in Südamerika?«

»Ja. Fast zur gleichen Zeit.«

»Interessant.«

»In Argentinien und anschließend in Brasilien. Ich war an Bord der ›Nautilus‹, einem kleinen schwedischen Frachtdampfer. Wir hatten unterwegs viel Glück, sind auf keine Seemine gelaufen. In Buenos Aires war es mir sogar vergönnt, bei einer Matinee Enrico Caruso zu hören. Kennen Sie ihn?«

Kai Henning nickte. »Ja klar, Caruso muss unglaublich gewesen sein, den hätte ich auch gern einmal gehört.«

»Der ›Bajazzo‹ stand auf dem Programm.«

»Und Brasilien?«

Asta seufzte. »Ich war sehr neugierig auf Rio und habe mich darauf gefreut, aber die Hitze war so drückend, dass ich zu nichts Lust hatte. Ich saß tagsüber nur im Schatten und trank Eiswasser. Erst am Abend wurde es erträglich, dann flanierten wir den Palmenboulevard entlang. Affen und Papageien wurden überall ausgestellt, und die Leute waren auffällig bunt gekleidet und tanzten auf Straßen und Plätzen. Unglaublich, selbst wir haben ...«

Sie schaute auf. Er hatte den Kopf auf die Brust gesenkt, und sein Gesicht lag im Schatten.

Asta verstummte abrupt. Im Vergleich zu seinen Kriegserlebnissen erschienen ihr diese Schilderungen plötzlich trivial und unangebracht. Sie wollte das Gesagte so nicht stehenlassen. Befangen schlug sie ein Bein über das andere.

»Was unseren Aufenthalt in Südamerika betrifft.«

Sie zögerte, strich den Rocksaum glatt und zwang sich, in einem neutralen Ton weiterzureden. »Ich glaube, da gehen unsere Erfahrungen ziemlich auseinander.«

Er stellte die Tasse ab und lächelte. »Könnte man so sagen.«

Asta verbarg ihre Erleichterung. Von seiner Reaktion ermutigt, setzte sie das Gespräch fort.

»Klären Sie mich jetzt über ihr Boccia-Geheimnis auf?«

Er nickte. »Wie gesagt, wir waren in diesem Lager, und einige Wochen später brachten die Briten einen Kohlefrachter auf, der als Transportschiff für die Kriegsmarine unterwegs war. An Bord waren auch sechs italienische Matrosen. Da ich Bootsmann war und die Holzvorräte verwaltete, kam Paolo eines Tages zu mir und bat mich, für ihn acht gleichgroße Kugeln sowie das Pallino, die kleinere Zielkugel, anzufertigen. Er erklärte mir, welches Gewicht sie haben müssen und dass sich vier der großen Kugeln unbedingt in der Farbigkeit von den anderen unterscheiden sollten. Was schwierig war, so ganz ohne Farbe.«

»Wie haben Sie das Problem gelöst?«

»Mit Kaffee. Wenn man ihn mit einem Tuch lang und tief genug in die Poren reibt, nimmt das Holz eine nussbraune Färbung an.«

Kai Henning drückte versonnen seinen Zeigefinger auf einen Gegenstand, der hinter ihm auf einem Tablett lag, und rollte ihn sanft hin und her. Erst jetzt sah Asta, dass es eine alte blank polierte Holzkugel war.

»Vielleicht können Sie sich nicht vorstellen, welch belebende Wirkung das Boccia-Spiel auf die Eintönigkeit des Lagerlebens hatte. Aber wir waren wie verwandelt. Zuerst sahen die Männer nur kopfschüttelnd zu, wie Paolo mit seinen Italienern mühsam einen Streifen Erde von Steinen und Kieseln befreite. Aber schon als die erste Kugel durch die Luft flog, war das Interesse geweckt, und nach der nächsten Runde wollte es jeder mal versuchen.«

Kai Henning lehnte sich nun an die Werkbank zurück, und Asta bemerkte wieder, von welch hellem Blau seine Augen waren, als das Lampenlicht auf sein Gesicht fiel.

»Es war faszinierend, wie Boccia dem Leben der Männer wieder einen Sinn gab, der übers reine Überleben hinausging. Nichts täuschte darüber hinweg, dass wir noch immer in erbärmlichen Hütten hausten, unter Hunger und Krankheiten litten, und jeder von uns wäre lieber heute als morgen in die Heimat zurückgekehrt. Aber mit dem Spiel kam neuer Lebensmut. Unter der Woche wurde nach wie vor hart gearbeitet, die Versorgung von dreihundert Männern musste um jeden Preis sichergestellt werden. Doch in der restlichen Zeit wurde trainiert. Es bildeten sich sogar Teams, die jeden Samstag gegeneinander antraten. Und ob Sie es glauben oder nicht, die Begeisterung der Männer hielt über die Jahre an. Jedes Frühjahr warteten wir darauf, dass der Schnee schmolz, und im Herbst hofften wir, dass er noch lange ausblieb, aber selbst dann zogen wir Bahnen auf der gefrorenen Erde und machten weiter. Als wir im Herbst 1919 in Hamburg ankamen, trug jeder von uns eine dieser Holzkugeln bei sich.« Der Fischer nahm die Kugel in die Hand, so dass Asta ihre Maserung betrachten konnte. »Nun kennen Sie die Antwort.«

»Wie lange waren Sie im Internierungslager?«

»Drei Jahre.«

»Eine lange Zeit.«

»Es war Krieg.«

»Und jetzt sind Sie wieder hier.« Asta suchte nach passenden Worten, um das Gespräch in eine andere Richtung zu lenken. »Das hier ist eine wirklich schöne Gegend, nicht umsonst besitze ich hier ein Sommerhäuschen. Aber ich verstehe nicht, wie Sie das ganze Jahr über hier leben können. Vermissen Sie nicht den Rest der Welt? Ich meine, jetzt, wo Frieden ist?«

»Was gibt's da zu vermissen?«

»Na ja, wenn Sie nie in einer Stadt gelebt haben ... mit Museen, Theatern und Restaurants. Musik und Mode, eben das Flair einer Metropole. Wissen Sie, das kann man nicht erklären ...«

»Ich fand Frankfurt am Main groß genug.«

»Sie haben in Frankfurt gewohnt?«

»Da habe ich meine Frau kennengelernt.«

»Sie waren in Frankfurt mit einer Frau verheiratet?«

Kai Henning schmunzelte. »Ja, wirklich, mit einer Frau.«

Asta winkte verlegen ab. »Nein, tut mir leid, das war nicht so gemeint ... ich ...«

»In einer Zeitung fand ich eine Anzeige, dass man sich in Frankfurt am Main als Möbelbauer ausbilden lassen kann. Das interessierte mich, ich hatte ja schon im Lager Stühle und Tische für die Leute gezimmert.« Er runzelte die Stirn. »Was waren das für armselige Dinger im Vergleich zu dem, was mir dort auf den Werkbänken begegnete. Damals war das eine richtige Aufbruchsstimmung. Der Bauhausstil und die Wiener Werkstätten revolutionierten das Möbeldesign, interpretierten klassische Entwürfe völlig neu, Woche für Woche entstanden immer noch ausgefallenere Möbelstücke.«

»Und Ihre Frau?«

Kai Henning schwieg eine Weile, nahm einen Lappen und begann umsichtig die Leimränder an den Klebestellen des Stuhls wegzuwischen. »Sie war Journalistin. Schrieb für das Feuilleton. Als ich zum ersten Mal einen Beitrag von ihr las, dachte ich, sie findet Worte und Formulierungen, mit denen sie völlig abstrakten Dingen Leben einhauchen kann. Es war wie Magie.«

»Hm«, sagte Asta. »Und was wurde daraus? Sie müssen nicht darauf antworten, ich will nicht indiskret sein.«

Er legte den Lappen zur Seite und lehnte sich wieder gegen die Werkbank.

»Wir hatten schon Zweifel daran, ob das gutgehen kann. Ich wusste, dass sie für ein Leben auf der Insel nicht geboren war. Aber wir wollten es zumindest versuchen. Unsere und die Kinder meiner Schwester könnten heute gleich alt sein. Haben Sie Kinder?«

»Eine Tochter, sie heißt Jesta.«

Langsam löste er eine der Tischlerzwingen. »Und Ihr Vater, wo ist der?«

Es entging ihm nicht, dass sie kurz mit der Antwort zögerte. »Meine Tochter ist mit drei Müttern aufgewachsen. Meiner Mutter, meiner Schwester und mir.« Sie strich sich das Haar aus der Stirn. »Was wurde aus Ihrer Frau?«

»Ich dachte, als Journalistin macht es keinen Unterschied, für welche Zeitung man schreibt ...«

»Aber?«

»Ich vermute, ein Grund war ihre Angst vor dem Meer. Es gibt solche Menschen. Zu viel Wasser, sagte sie.«

Er setzte die Zwinge ein Stück höher und schraubte sie wieder fest.

»Heute weiß ich, dass sie ein Angebot als Redakteurin bekommen hat und es nicht ablehnen wollte. Es war das Ziel, auf das sie hingearbeitet hatte. Sie wissen selbst, was das bedeutet.«

Asta nickte. »Und Sie? Warum sind Sie nicht in Frankfurt geblieben?«

»Zu wenig Wasser. Es sollte einfach nicht sein.«

Asta drehte die Tasse nachdenklich in ihrer Hand. »Woher wussten Sie das? Ich meine, dass es keine Zukunft hat zwischen ihnen?«

»Wissen tut man es schnell. Es fällt nur ungemein schwer, es auch auszusprechen.« Er legte die Zwinge weg. »Aber jetzt genug von mir. Ich denke, Sie sind hergekommen, um sich die Entwürfe für das Bett anzusehen.«

Fast hätte sie ihm widersprochen und gesagt, dass sie ihm gern zuhörte, aber er hatte sich bereits einer anderen Werkbank zugewandt und den Lampenschirm tief über die Arbeitsplatte gezogen.

Asta stand auf und stellte sich neben ihn. Sie schaute zu, wie er mehrere Bögen weißes Papier auf dem Tisch arrangierte. Dabei strich das Licht sanft über die braunen muskulösen Unterarme. Adern zeichneten sich darauf ab wie Stricke, und die Härchen schimmerten golden. Bedächtig korrigierte er noch einmal die Anordnung der Entwürfe, dann nahm er einen Bleistift und sah sie forschend an. »Was sagen Sie?«

Asta schluckte. So etwas hatte sie nicht erwartet. Wenn man sie gefragt hätte, was an einem Bett außergewöhnlich sein könnte, hier hätte sie die Antwort gefunden. Ehrfürchtig beugte sie sich vor.

»Wunderbar«, sagte sie, und ihre Stimme klang ein wenig belegt. »Die Idee, die massive Rückwand mit dem Holzgitterfenster aufzulockern, ist genial. Phantastisch. Das gibt dem Bett etwas Leichtes, beinahe Exotisches.«

»Und sehen Sie, hier könnte man eine Blumengirlande aufmalen. Die unterstreicht die Leichtigkeit noch und stellt gleichzeitig einen Bezug zu dem auf der Insel benutzten Mobiliar und der Umgebung her.«

»Absolut. Sie haben recht, Herr Henning.«

»Nennen Sie mich bitte Kai.«

Sie nickte. »Asta.«

»Ich weiß«, schmunzelte er.

Sie wusste, dass es an der Zeit war zu gehen, doch sie war noch nicht bereit für den Rückweg über die Wiesen, den Gang durch die zirpende Stille und die Ungewissheit darüber, was mit dem kranken Ringelnatz geschehen würde. Sie wollte noch ein, zwei

Minuten hier bleiben, um mit diesem fremden, aber auf eine bestimmte Art vertrauten Menschen über ganz gewöhnliche und belanglose Dinge wie ein Bett zu reden, umgeben vom Geruch frisch geschnittenen Holzes, Thymian und trockener Wärme. Sie räusperte sich leise.

»Wir haben noch nicht einmal über das Holz gesprochen, das Sie ... du verwenden willst, und über den Preis.«

Kai strich mit den Fingerspitzen über ein Detail im Entwurf. »Siehst du das hier? Dafür nehme ich Buche, denn ich fräse Steckverbindungen für die Seitenbretter in die Vor- und Rückwand. Damit hast du später die Möglichkeit, das Bett bei Bedarf schnell auf- oder abzubauen. Genau genommen tragen sie nur vier Einzelteile und den Federboden.« Er lächelte scheu. »Und was den Preis angeht, da werden wir uns sicher auch ohne den Pastor einig.«

Asta blickte verlegen nach unten und strich noch einmal mit den Fingern über die Zeichnung.

»Es ist so schön«, sagte sie.

»Findest du?«, fragte er. »Ich denke, es passt ins Karusel.«

»Ich muss jetzt gehen«, sagte Asta.

Er brachte sie noch bis zur Tür, nacheinander traten sie hinaus.

Er hätte es so leicht zunichte machen können. Er hätte arrogant oder selbstzufrieden sein können. Er hätte ihr, sei es durch seine Haltung oder seine Miene, zeigen können, dass sie ihn abgelehnt hatte und dass er viel mehr war als nur ein einfacher Fischer.

Es war immer noch heiß, nur wehte jetzt eine leichte Brise vom Bodden herüber. Der Sommer lag immer noch vor ihnen.

Asta stieg aufs Fahrrad.

»Tschüs«, sagte sie und winkte.

»Ahoi«, erwiderte er und band einen der Stühle vom Handwagen los.

14

Auf Hiddensee wurden die Häuser nie abgeschlossen.

Nicht einmal nachts. Und so war es der Geruch von billigen Zigaretten, der den beiden Frauen nach ihrer Rückkehr vom Strand verriet, dass ein Besucher unangemeldet auf sie wartete.

Astas Miene verfinsterte sich. Schon früher hatte sie der Gestank dieses billigen Tabaks erzürnt, und sie stürmte ungehalten ins Wohnzimmer, wo Grigori Chmara in einem Sessel saß und schlief. Er musste mit dem Fünf-Uhr-Dampfer gekommen sein. Im Aschenbecher qualmte eine halb heruntergebrannte Zigarette.

Asta drückte die Kippe aus, sie kochte vor Wut.

»Verdammte Sauerei, Grischa!«, donnerte sie los. Chmara schreckte auf, aber sie ignorierte sein verdattertes Gesicht. »In diesem Haus wird nicht geraucht!«

Als sie zur Veranda ging, fiel ihr auf, dass Johanne gleich nach oben gegangen war. Zornig stieß sie die Tür zum Lüften auf und wirbelte herum.

»Und ich hatte mich doch klar und deutlich ausgedrückt, dass ich dich hier nicht sehen will! Also was, bitte schön, hast du daran nicht verstanden?«

Chmara rieb sich mit den Händen übers Gesicht, atmete tief ein und drückte sich aus dem Sessel.

»Asta, ich muss mit dir reden.«

»Ich gehe davon aus, dass wir bereits alles besprochen haben.«

Er sah sie an, und sie bemerkte den Stolz und das Flehen in seinen Augen. Sie kannte diesen Ausdruck. Es bedeutete, er wollte etwas von ihr, sie wusste bloß nicht genau, was es war.

»Warum bist du hier? Ich dachte, du wärst schon wieder in Paris.«

»Hatte ich auch vor, aber mir fehlt das Geld. Ich würde dich nicht bitten, aber ...«

»Trinkst du wieder?«

Sie versuchte, durch den Qualm den Alkoholdunst zu riechen.

Er schüttelte energisch den Kopf.

»Keinen Schluck mehr, ich schwöre es. Du hattest recht, die Sauferei ruiniert meine Stimme.«

»Nicht nur die Stimme, deine ganze Karriere hat sie zerstört.«

Er starrte sie an. Asta wich seinem Blick nicht aus. Wieder gestand sie sich ein, dass sein Weggang eine gewisse Leere hinterlassen hatte. Vielleicht hatte er damals sogar ein Stück ihrer eigenen Zukunft mitgenommen, aber sicher war sie sich darin nicht. Sie setzte sich in den Sessel.

»Du brauchst Geld?«

»Wie gesagt, ich würde dich nicht fragen, aber die Wetten haben nicht hingehauen.«

Asta seufzte leise. »Verstehe. Diesmal sind es die Wetten. Aber du weißt, ich spiele nur noch Theater.«

»Sehr erfolgreich, wie ich sehen konnte.«

Sie blickte zu ihm auf, die Stimme, dieses Lächeln. Sie konnte nicht anders, sie erinnerte sich an die endlosen Nächte in den Jahren, in denen er mit ihr spazieren gegangen war, ihr nachts Lieder vorgesungen hatte, weil sie keinen Schlaf mehr fand, weil Ängste ihr die Ruhe und die Kraft zum Weitermachen raubten. Stunden, in denen sie nach ihrem wahren Wesen gesucht und dem Mädchen vergeben hatte, das viel zu früh zur Frau geworden war und das tief in ihr drin noch immer voller Hoffnung geblieben war, immer noch zu allem fähig.

Einen kurzen Moment erfüllte sie Dankbarkeit, als wäre es nicht schon längst vergangen, sondern läge auf eine unbestimmte Art noch vor ihr. Doch dann bewegte sich das Gefühl weiter. Es bewegte sich einfach weiter wie ein Zug, der an einem Bahnhof hielt, eine Zeitlang dort stehen blieb, um dann doch weiterzufahren.

Asta zögerte, und kurz flackerte Bedauern in ihrer Miene auf, doch dann verhärteten sich ihre Züge rasch, und sie sagte mit fester Stimme: »Ja.«

Sie sprang auf und verließ kurz das Zimmer.

Grigori setzte sich wieder und unterdrückte den Impuls, eine neue Zigarette anzuzünden.

Sie kehrte zurück, hockte sich auf den Rand eines Sessels und begann einen Wechsel auszufüllen.

»Wie geht es dir?«, fragte Grigori. »Ich meine hier ...«

Sie schwieg, konzentrierte sich auf das Ausfüllen.

»Es tut mir leid, Asjenka, wie das so mit uns gekommen ist.«

Sie drehte den Füllfederhalter zu und wedelte mit

dem Papier, damit es trocknete. Sie sah ihm an, dass er das ernst meinte, zumindest für den Augenblick, und trotzdem verspürte sie eine eigenartige Enttäuschung.

»Wie geht es der Kleinen aus dem Theater?«, fragte sie stattdessen angriffslustig.

Chmara schaute sie ratlos an. Erst dann schien er sich wieder an die Episode in der Garderobe zu erinnern und verzog geringschätzig das Gesicht. »Ich bitte dich.«

Schweigend reichte Asta ihm den Wechsel. Grigori warf einen schnellen Blick darauf. Dann faltete er ihn zusammen und steckte ihn in die Innentasche seiner Jacke.

»Danke, Asta.«

Sie legte den Kopf in den Nacken. »Hast du ein Zimmer?«

»Ich dachte, ich würde hier ...«

»Das könnte dir so passen.« Sie machte eine Gebärde mit der rechten Hand, als würde sie Brotstücke nach vorüberfliegenden Möwen werfen, und ihre Stimme klirrte vor Kälte.

»Vergiss es! Daraus wird nichts. Ich will, dass du sofort verschwindest. Und zwar für immer.«

Grigori sah, dass es ihr unwiderruflicher Ernst war. Dass der Zeitpunkt, auf weiteres Entgegenkommen zu hoffen oder Dinge wieder ins Lot zu bringen, längst verstrichen war.

»Na schön«, sagte er mit einem bitteren, selbstzufriedenen Unterton und schlurfte zur Tür. Sie fiel hinter ihm zu.

Als die Schritte sich entfernten, schloss Asta erleichtert die Augen. Dann riss sie sie wieder auf. Schon bald würde jeder auf der Insel wissen, dass Grigori Chmara bei ihr gewesen war, auch Kai Henning, und der Gedanke behagte ihr nicht.

15

Es war zu heiß. An Schlaf war nicht zu denken. Asta trat das Laken zurück. Gewaltig fiel das Mondlicht zum Balkonfenster herein. Sie drehte sich um, legte den Kopf zur Seite und schlug den Unterarm übers Gesicht. Erschöpft schloss sie die Augen. Doch nur, um sie gleich wieder zu öffnen, denn die Ungewissheit, die in ihr Leben Einzug gehalten hatte, rumorte zu heftig in ihrer Seele, um sie einschlafen zu lassen.

Asta drehte sich auf den Rücken und schaute hinauf zur Decke. Das Schnarren der Grillen erfüllte die laue Nachtluft. Sie streckte sich und gähnte.

Ihre Augen suchten den Mond. Rund und hell leuchtete er, als hätte ihn jemand heimlich über ihrem Haus befestigt. Sie stützte den Kopf in die Hand. Ob der Mond jetzt auch in Ringels Zimmer lugte? Sie malte sich aus, dass er wie sie die Gardinen weit aufgezogen hatte und ihn beobachtete, während er vielleicht ein paar Zeilen über das Leben oder über sie dichtete.

Asta ließ sich ins Bett zurückfallen. Sie sah seine kleine hagere Gestalt vor sich, und düstere Gedanken beschlichen sie. Seine Lage war so bedrückend.

Selbst wenn er sich erholte, würde er in diesem Land seinen Lebensunterhalt nicht mehr verdienen können.

Ob es ihr bald genauso erging?

Der Brief vom Ministerium lag immer noch ungeöffnet in ihrem Koffer. Ein graues, unpersönliches Kuvert, die Anschrift akkurat mit der Schreibmaschine auf den Umschlag getippt. Sie hatte den Empfang quittieren müssen. Also wussten sie, dass sie die Nachricht erhalten hatte.

»Oh, dies abscheuliche Geschmeiß was aus Sadismus und Borniertheit nun dich belästigt, lass dirs nicht zu nahe gehen«, hatte Ringelnatz dazu in seinem letzten Brief geschrieben. Sein Ton wurde in letzter Zeit immer drängender. Sie wusste, wie tief er sie verehrte, und vielleicht war auf seiner Seite auch mehr Gefühl im Spiel, aber sie konnte ihm nur Freundschaft entgegenbringen, und im Grunde liebte er seine Frau.

Asta drehte ihr Kissen auf die andere Seite, um ein Stück kühlen Stoff zu ergattern.

Aber war das Esszimmer überhaupt als Krankenzimmer geeignet? Es ging nach Norden, den Mond würde Ringel dort nicht zu Gesicht bekommen, und auf einmal befürchtete sie, dass es möglicherweise zu dunkel sein könnte, um sich tagsüber darin aufzuhalten. Andererseits war es das geräumigste Zimmer und überhaupt das einzige in ihrem Haus, das einem Kranken die nötigen Annehmlichkeiten bot.

Sie vernahm ein Geräusch und zuckte zusammen. Eine Tür ging auf, dann knarrte eine Treppenstufe. Auch Johanne war noch wach.

Asta lauschte, bis die Schritte verklungen waren. Dann kehrten ihre Gedanken zu dem Zimmer und dem Bett zurück und zu dem, der es baute.

Dieser Mann, Kai, er war ... Ja, wie war er?

Sie spürte seine Hand auf ihrer. Richtige Hände, dachte sie, die einen festhalten, nicht loslassen. Keine schmalen weißen Akademikerhände, zu feingliedrig, zu schwach, um Holz zu bearbeiten oder Netze an Bord zu ziehen. Außerdem hatte er eine angenehme tiefe Stimme. Sie passte zu seinem Brustkorb und den kraftvollen Muskeln. Wie es sich wohl anfühlte, wenn er ...

»Denk nicht so einen Unsinn«, sagte sie laut zu sich selbst, warf die Decke zurück und entschied sich aufzustehen. Das feuchte Nachthemd klebte ihr auf der Haut. Sie löste das Band am Hals und ließ es über die Schulter am Körper nach unten gleiten, erfreute sich kurz an der Kühle eines Lufthauchs, bevor sie in den leichten chinesischen Morgenrock aus schwarzer Seide schlüpfte. Während sie den Gürtel vor dem Bauch zu einer Schleife band, stieß sie mit dem Ellenbogen die Schlafzimmertür auf und trat in den Flur. Langsam stieg sie die Stufen hinunter.

Johanne saß im Garten in der Hollywoodschaukel und blickte in ihrer gewohnten Haltung, mit angezogenen Knien und darum herum geschlungenen Armen, auf die Wiesen hinaus. Asta trat leise neben sie, worauf sich ihre Schwester erschrocken umsah.

Das bleiche Mondlicht ergoss sich über Johannes Nachthemd mit der gestickten Borte am Kragen, und die Haare fielen offen über ihre Schultern. Sie sieht wie eine dieser weisen Frauen in den Märchen aus, dachte Asta, die versteckt in den Nebeln leben, transparent und unwirklich.

»Kannst du auch nicht schlafen?«, fragte Johanne.

»Viel zu heiß.«

Asta setzte sich zu ihr auf die Gartenschaukel. Sie sahen schweigend hinüber auf das geisterhaft erleuchtete Gras, die nachtblauen Schatten in den Furchen, den schimmernden Streifen Schilf und dahinter die sich kräuselnde, in gebrochenes Silber getauchte Oberfläche der See.

Irgendwo rief ein Nachtvogel.

»Woran denkst du?«, fragte Asta.

»Ans Meer. Weißt du noch, Mutter hat immer gesagt, das Meer behält nichts für sich, es gibt alles zurück. Wenn du am Strand etwas verlierst, tragen es die Wellen fort. Aber nur, um es an einer anderen Stelle wieder am Ufer abzulegen.«

»Vielleicht. Aber das, was du da am Strand verloren hast, sieht nachher nicht mehr so aus wie vorher. Ich meine, das Meer verändert alles, was du ihm anvertraust. Denk nur an die stumpf geschliffenen Kanten der Glasscherben, die wir immer gesammelt haben.«

»Ich finde trotzdem, dass der Gedanke etwas Tröstliches hat.«

Sie schwiegen.

»Hast du einen neuen Mann?«, fragte Johanne plötzlich.

Asta sah sie erstaunt an. »Wie kommst du jetzt darauf?«

»Na ja, das Alleinsein fällt dir schwer, und du hast ihn fortschickt.«

»Wen, Grischa?«

»Du musst ihn sehr geliebt haben.«

»Es ist vorbei. Er ist fort.«

»Das habe ich eigentlich nicht gemeint.«

Asta schwieg. Aufmerksam musterte sie ihre Schwester. Dieses Schwanken in ihrer Stimme war ungewohnt. »Und du? Hast du auch einmal jemanden geliebt?«

»Ja. Ich hatte eine große Liebe.«

Überrascht schaute sie Johanne an. »Wirklich?«

»Ja.«

Asta legte den Kopf schräg. »Wusste er es?«

»Ja.«

»Und wieso ich nicht?«

»Weil es niemand war, den du kanntest.«

Asta wedelte mit den Händen. »Komm schon, mach es nicht so spannend, ich verspreche, ich erzähl es auch nicht weiter.«

»Sein Name war Ole Jacobsen.«

»Wer?«

»Na ja, er war immer bloß im Sommer da, wenn der Zirkus im Tivoli war.«

»Unfassbar, du bist mit so einem Zirkustypen ...«

»Was willst du? Er war sehr nett.«

»Ich hab doch gar nichts gegen ihn gesagt.«

»Darum hab ich es geheim gehalten.«

»Kenne ich ihn?«

»Er hat meistens in einem blauen Kostüm als Stelzenläufer gearbeitet.«

»Oh, an den kann ich mich erinnern, der war süß.«

»O ja. Er hat immer gewunken, wenn er mit Riesenschritten durch den Park lief. So ganz wild. Dabei

hat er Grimassen geschnitten und die Augen ver-
dreht und so.«

Ihre Schwester machte ihn nach, und Asta begann
zu lachen.

»Ganz wild hat er gewunken.«

Johanne winkte noch ein paarmal, dann legte sie
die Hand aufs Gesicht und lachte nun ebenfalls.

»Und wie ging es mit euch weiter?«

»Du weißt doch, dass die Zirkusleute immer unten
am Strand ein Picknick gemacht haben, und Ole ist
schwimmen gegangen. Er wusste, dass ihm alle dabei zusahen, denn alle waren da, seine Eltern, seine
Geschwister, Freunde ...«

»Und du.«

»Ja, und ich. Und er winkte auf einmal wieder
ganz wild und verzog so dabei das Gesicht.«

Johanne schnitt eine Grimasse, und Asta lachte.

»Und er ging unter, kam wieder rauf, winkte noch
wilder und tauchte wieder unter ...« Johanne machte
eine Pause. »Und ist unten geblieben. Er ist unten
geblieben.« Ihre Augen schwammen plötzlich in
Tränen. »Stell dir vor, er ist unten geblieben.«

Astas Gesicht erstarrte. »Was?«

»Ja, gerade noch winkte er, dann hatte die starke
Unterströmung ihn auch schon fortgerissen.« Johanne biss sich auf die Unterlippe. »An diesem
Nachmittag ist er ertrunken. Und wir alle standen
nur am Strand herum und lachten.«

Asta beugte sich betroffen vor. »Aber Johanne, das
ist furchtbar. Ich verstehe nur nicht, warum du mir
das nicht erzählt hast?«

»Weil ich niemandem erzählen konnte, dass ich

einen Freund beim Zirkus hatte, konnte ich auch niemandem erzählen, dass er ertrunken ist.«

»Ja, aber warum hast du mir nichts erzählt?«

»Wir waren nicht so vertraut.«

Eine kurze Pause entstand.

»Waren wir nicht?«

Ihre Schwester schüttelte langsam den Kopf. »Nein.«

Asta sah sie prüfend an und bemerkte, dass sie zitterte.

»Warte, ich hole dir eine Decke.«

Sie lief über die Veranda, griff nach der erstbesten Decke und lehnte sich gegen die Wand. Fassungslos starrte sie in den dunklen Raum und dachte an das, was sie soeben gehört hatte. Dann riss sie sich los, klemmte sich die Decke unter den Arm und rief laut: »Hab sie gefunden!«, bevor sie erneut hinaus zu ihrer Schwester trat.

Asta breitete die Decke über Johanne aus, kuschelte sich an sie und nahm ihre Hand.

Johanne wirkte so traurig, so unschuldig und unbezwingbar, als schaute sie aus einem längst vergangenen Reich auf diese alternde Welt, wie der tote Ole Jacobsen, dessen Körper das Meer längst zurückgegeben hatte und den sie noch immer in ihrem Herzen trug.

16

Langsam wickelte sie die grobe Schnur vom Knäuel ab, kniff dabei ein Auge zusammen und nahm Maß. Danach durchtrennte Asta den Faden mit einem Messer und begann, die Sonnenblumen neben dem Haus anzubinden. Sie hatte das Stück Schnur extra großzügig bemessen, denn sie wickelte es zuerst um die langen fleischigen Stiele der Blumen, die sie vorsichtig zurückbog, um anschließend die Enden der Schnur an einem Pflock zu verknoten, den sie zuvor in den weichen Boden gesteckt hatte. Die Sonne schien warm auf ihren Rücken.

Sie trug noch das kornblumenblaue Leinenkleid mit dem weißen Kragen, in welchem sie am Morgen Johanne zum Hafen begleitet hatte. Die hellen Sandalen lagen auf den Stufen zur Veranda, und sie fühlte das trockene Gras unter ihren nackten Sohlen. Die Schwester war am Morgen nach Stettin aufgebrochen, um dort für zwei Wochen ihre Freundin Undine zu besuchen, die sich mit ihrem Mann in dem Städtchen niedergelassen hatte.

Zufrieden betrachtete Asta ihr Werk.

Johannes Freundin sah aus, wie man sich eine Frau mit dem Namen Undine vorstellte. Sie war blass, schlank, hatte große träumerische, sehr schöne Augen und glattes dunkles Haar. Undine hatte damals zusammen mit ihrer Schwester in der Litzenfabrik gearbeitet, aber es war zu anstrengend für sie gewesen, so dass sie bald als Dienstmädchen in den Haushalt eines hochrangigen Armeeoffiziers gewechselt war.

Aber auch dort erging es ihr schlecht. Sie musste Kochtöpfe scheuern und Stiefel putzen. Bis ihr der Zufall zu Hilfe kam und sie einem Herren beim Servieren Soße über den Anzug kippte. Genau dieser Herr, ein junger Arzt, verliebte sich in sie, und sie wurde seine Frau.

Asta prüfte noch einmal, ob der Pflock auch fest genug in der Erde steckte, und zog den Knoten straff. Plötzlich hörte sie das Trappeln von Pferdehufen, die rasch näherkamen, und sie richtete sich neugierig auf.

Ihr Herz hüpfte vor Aufregung, als sie Kai erkannte, der auf dem Kutschbock des Wagens saß und das Gefährt lenkte, welches jetzt vor dem Karusel zum Stehen kam.

»Guten Tag!«, rief sie erfreut und ging ihm über die Wiese mit beschwingten Schritten entgegen.

Es war ein Leiterwagen, und unschwer konnte sie die Konturen der einzelnen Teile eines großen Bettes erkennen, die in weiche graue Decken eingeschlagen hinten auf der Ladefläche festgezurrt waren. Jetzt sprang er herunter und band die Zügel der beiden Pferde fest.

»Tag auch«, grüßte er hastig, ohne sie anzusehen, und schickte sich an, die Bedeckung zur Seite zu schlagen.

»O das Bett, wie schön!«, rief Asta erfreut aus, aber der Fischer ging auf ihre Bemerkung nicht ein. Vielmehr bewahrte er eine abweisende Zurückhaltung, so als wäre sie gar nicht da, und drehte sich jetzt seitlich zum Wagen. Ihr fiel auf, dass er ein Flanellhemd mit Beinknöpfen an den Handgelenken trug. Während seine Hände nach den Riemen fassten, zeigte sein Gesicht einen so konzentrieren Ausdruck, als würde er über etwas Gewichtiges nachgrübeln.

Es verstimmte Asta etwas, dass ihre Anwesenheit keine sichtbare Wirkung auf ihn hatte, und sie versuchte es erneut.

»Soll ich helfen?«, fragte sie und schaute ihn abwartend an.

Er warf ihr einen flinken Blick zu. »Vielleicht kann mir Ihr Mann beim Abladen behilflich sein.«

Eine kurze Pause entstand.

»Hier ist kein Mann«, entgegnete Asta erschrocken und sah ihm nun direkt ins Gesicht. Wieder begegneten sich ihre Blicke. Es war ein stummes Abtasten.

Dann ging Kai um den Wagen herum und löste nun die Verzurrungen auf der anderen Seite. Das honigfarbene Holz schimmerte im Sonnenschein und verströmte einen süßlichen Geruch, der sich mit dem frischen Duft des Grases mischte.

Mit einer knappen Kopfbewegung deutete der Fischer auf den Hauseingang. »Wo genau soll das Bett aufgebaut werden, Frau Nielsen?«

Asta lachte trocken auf. Sie spürte, wie sie langsam böse auf ihn wurde. »Ich bin degradiert worden. Das letzte Mal war es noch Asta.«

Seine Augen nahmen einen merkwürdig amüsierten, aber immer noch feindseligen Ausdruck an. Als er wieder vorn am Kutschbock angekommen war, langte er nach einem Briefumschlag, der oben auf der Sitzfläche lag, und reichte ihn ihr.

»Den hier hat mir der Postbote mitgegeben, ich traf ihn unterwegs.«

Wortlos nahm Asta den Brief an sich, überflog den Absender und drückte das Papier aufgeregt an ihre Brust. Sie schaute auf.

»Kai, du weißt, wohin das Bett kommen soll«, sagte sie mit leiser, atemloser Stimme und wandte sich ab, um in den Garten zurückzukehren.

...

Kai Henning hatte alle Teile des Bettgestells durch den Flur in das leergeräumte Esszimmer getragen. Es war dämmrig dort, obwohl draußen die Sonne schien. Zitternde Schatten von Ästen und Zweigen huschten ab und an über die blanken Fenster. Die Ärmel seines Hemdes hatte er aufgekrempelt und die Knöpfe am Hals geöffnet, trotzdem war ihm heiß. Gern hätte er einen Schluck Wasser getrunken, aber es kam ihm nicht in den Sinn, die Hausherrin darum zu bitten. Vielmehr wollte er seine Aufgabe rasch erledigen und dann von hier verschwinden. Wieviel besser war es doch, allein zu sein. Was hatte er sich nur gedacht, nachdem sie bei ihm in der Werkstatt gewesen war?

Er zwang sich jetzt, sich auf seine Arbeit zu konzentrieren.

Durch ein ausgefeiltes Stecksystem passten die Teile präzise ineinander. Mit leichtem Druck und vereinzelten Schlägen gelang es ihm in kurzer Zeit, den Rahmen zusammenzusetzen. Danach war der Federboden dran, und er benötigte Hilfe, um diesen exakt in der Einfassung zu platzieren. Er verließ das Zimmer, blickte sich suchend im Haus um und trat durch die Verandatür nach draußen.

Auch den Garten fand er verlassen vor, die Schaukel und die Korbstühle mit dem runden Tisch, auf dem eine rot karierte Decke lag. Er wollte gerade umkehren, als ihn ein Schluchzen aufhorchen ließ. Achtsam ging Kai die Stufen hinab in den Garten, schaute sich um und umrundete dabei die Windschutzmauer.

Er hielt inne, als er sie sah.

Zusammengesunken hockte Asta an die Wand gelehnt vor ihm. Als sie ihn bemerkte, senkte sie rasch den Kopf, um das schmerzverzerrte Gesicht vor ihm zu verbergen.

Er trat näher und fragte beklommen: »Fehlt dir etwas?«

Sie wedelte mit dem Brief in ihrer Hand und schüttelte die Tränen ab, während sie mit nassem Gesicht zu ihm aufblickte. Sie versuchte ein Lächeln.

»Es ist nur ...«, stammelte sie mit halbem Lachen, »dass er immer so fröhlich war, so ein Spaßvogel ...« Dem Lachen folgte ein erneutes Schluchzen.

Er hockte sich neben sie, legte die Hand sanft auf den Rücken der kauernden Frau, und langsam streichelte er über ihren Rücken.

»Nicht weinen«, sagte er zärtlich.

Aber dann schluchzte sie wieder laut auf und hielt ihm den Brief hin.

»Ringel, er wird nicht kommen. Nie mehr! Joachim Ringelnatz stirbt.« Ihr stiegen erneut Tränen in die Augen, und ihre Stimme bebte. »Muschelkalk hat es mir geschrieben.«

Er nahm ihr den Brief aus der Hand, beschwerte ihn mit einem Stein und legte ihn zur Seite. Unbewusst kehrte seine Hand sofort zu ihr zurück, um sie zu berühren, zu trösten und über den warmen Stoff ihres Kleides zu streichen. Sie hatte ein Taschentuch herausgezogen und versuchte nun umständlich, sich das Gesicht zu trocknen. Dabei lehnte sie sich gegen ihn, und sein Arm glitt langsam um ihren Körper herum. Seine Hand berührte unbeabsichtigt ihre Brüste und blieb dort liegen.

Astas Tränen versiegten. Seine Berührung ließ eine Empfindung in ihr aufsteigen, die sie tief in sich verschlossen hatte und die jetzt an die Oberfläche drang. Sie umschloss seine Finger mit ihren Händen und stand auf. Er fürchtete, dass sie ihn zurückstoßen wollte, aber sie klammerte sich zitternd an seine Hand. Den Arm um sie gelegt, stand er ebenfalls auf, denn sie ließ seine Hand nicht los. Er zog sie an sich, als gäbe es nichts dagegen einzuwenden und als hätten sie dafür alle Zeit der Welt.

Sie verbarg ihr Gesicht an seiner Schulter, und es war, als schien sie sich genau das gewünscht zu haben. Dann hob sie den Kopf, und er küsste sie auf den Mund.

Es kam ihr vor, als sei sie zum ersten Mal in ihrem Leben an einem Kuss beteiligt, der ein Ereignis für sich war. Mit seinem Mund öffnete Kai sanft ihre Lippen, und die zärtliche Berührung löste sie aus ihrer Umgebung heraus. Er hielt sie ein Weilchen ganz still. »Komm mit rein«, sagte er dann mit leiser Stimme. Sie wandte sich wortlos um. Er folgte ihr.

In dem dämmrigen Zimmer setzte sie sich auf den Bettrahmen. Er schloss die Tür, und es wurde noch dunkler im Raum. Kai wandte sich zu ihr und tastete nach ihrem Körper, tastete nach ihrem Schoß, und sie ließ ihn gewähren, als wäre sie in einer Art Schlaf versunken. Er hielt sie mit einer Hand, mit der anderen breitete er die graue Decke auf dem Boden aus, welche die Holzteile geschützt hatte.

»Leg dich hin«, raunte er.

Asta fühlte ihn langsam, sanft und liebevoll, aber mit Ungeschick an ihren Kleidern hantieren. Vorsichtig fuhr ihre Hand das erste Mal unter sein Hemd in die duftende Wärme seines festen Körpers, und sie erschauerte. Er öffnete nacheinander die kleinen blauen Knöpfe und schob ihren seidenen Unterrock nach oben. Ganz durchdrungen vom Ernst und dem Erstaunen darüber, so heftig zu begehren, erfüllte sie beide plötzlich ein starkes Verlangen. Sie tasteten sich voran, als ob sie aufeinander gewartet hätten, um sich zu lieben und ineinander aufzulösen. Zeitlos. Asta erschauderte, als er die weiche nackte Innenseite ihrer Schenkel berührte und sie streichelte. Es war, als ob ihre Körper einander erkannten.

• • •

Als sie später erwachte, lag er neben ihr. Die Arme fest um sie gelegt, in geheimnisvoller Stille, die sie nicht zu brechen wagte.

Die Wipfel der Bäume draußen wiegten sich im Wind, als Kai schließlich aufstand und sich bemühte, ihr ins Kleid zu helfen.

Es war immer noch heller Tag, als sie vor das Haus traten.

»Nun ja!«, sagte er zu sich. »Ich muss meinem Schwager den Wagen zurückbringen.«

Es klang fast wehmütig, aber er ging hinüber zu den Pferden. Asta folgte ihm und blickte zu ihm auf, hoffte, dass er sie noch einmal küssen würde, aber er wandte sich ab.

»Tut es dir leid?«, fragte sie zögernd.

Es war ein seltsames Schwanken in ihm, dann drehte er sich um und schaute ihr direkt in die Augen.

»Es wäre für uns beide besser, wenn es so wäre, aber es tut mir nicht leid.«

Hastig schmiegte sich Asta an ihn. Der Gedanke, jetzt allein in dem stillen leeren Haus zu sein, allein mit dem nahenden Tod eines Freundes, war ihr unerträglich.

»Kann ich nicht einfach mitkommen, was meinst du?«

Er sah sie überrascht an. Dann berührte er ihr Gesicht sachte mit den Fingern. »Ich komme wieder.«

17

Eine Fahrradklingel schrillte fordernd vor dem Karusel. Asta, die gerade die Betten bezog, trat mit einem Kopfkissenbezug in der Hand hinaus auf den Balkon.

Unten vor dem Haus wartete Kai. Er saß auf dem Rad und schaute zu ihr hoch.

»Oh, hallo, du bist das«, stellte Asta erfreut fest. »Kommst du auf einen Mokka vorbei?«

»Wäre schön, aber ich bin in Eile. Eigentlich wollte ich dich nur fragen, ob du heute Nacht schon was vorhast?«

Asta verschlug es die Sprache.

»Ist es Angewohnheit der Fischer, immer gleich mit der Tür ins Haus zu fallen?«

Kai schmunzelte. »Das hängt vom jeweiligen Fischer ab. Nein, kleiner Scherz. Wir hatten bei der Auskawelung Pech. Ich habe Riek zugelost bekommen, aber der ist von seinem Stadtausflug nach Stralsund noch nicht zurück.«

»Was ist eine Auskawelung?«

Unruhig rutschte Kai auf dem Sattel hin und her. »Das erkläre ich dir später. Jetzt nur so viel: Wir müssen heute Nacht raus. Der Hering zieht. Ich würde dich nicht fragen, aber ich habe niemanden an der Pinne.«

»Und da willst du einen Schlickrutscher wie mich mitnehmen?«

Kai schüttelte energisch den Kopf.

»Asta, inzwischen wissen wir, dass es die Greifswalder Studenten waren, die euch gerammt haben. Einen Tag später sind sie betrunken am Bock auf Grund gelaufen. Der Kutter war gemietet.«

Asta kannte die unbewohnte Insel gegenüber dem südlichen Ende von Hiddensee und hatte von der Bergung gehört.

»Du willst, dass ich euer Boot steuere?«

»Ja. Damit wir drei anderen die Manssen stellen können.«

Asta wusste zwar nicht, was genau Kai mit Manssen meinte, aber sie verspürte bei der Vorstellung, wie sie mit ihm in einem Boot hinausfahren und sie gemeinsam die Nacht auf See verbringen würden, ein Kribbeln.

»Gut, ich mach es.«

Kai war sichtlich erleichtert und lächelte, als er den Kopf hob. »Ich danke dir.« Er packte den Lenker an den Griffen. »Wir treffen uns um acht Uhr am Schuppen«, erklärte er und trat so kräftig in die Pedale, dass die Kette knackte. Plötzlich schien ihm noch etwas einzufallen, denn er bremste abrupt und drehte sich im Sattel um.

»Aber zieh dich bitte warm an«, rief er ihr zu, bevor er hinter der Hausecke verschwand.

•••

Der Hafen von Vitte glich an diesem Abend einem Bienenkorb. Soweit Asta das überblicken konnte, waren unzählige Männer damit beschäftigt, sechzehn dieser großen, bis zu fünfzehn Meter langen Fischerboote zum Auslaufen vorzubereiten. Sie spürte, wie ihr bei dem Anblick das Herz in die Hose rutschte.

»Da bist du ja.« Unvermittelt stand Kai vor ihr und musterte sie.

»Ja, da bin ich«, erwiderte Asta, und ihre Stimme klang eine Spur zaghafter, als sie eigentlich beabsichtigte.

Kai zeigte auf den Eingang des Schuppens. »Wir gehen kurz rein. Ich habe dir ein paar Sachen bereitgelegt. Eine Jacke und eine Mütze.«

»Aber ich hab doch eine Jacke und eine Mütze.«

Sein Blick glitt über die graue Leinenkappe, die keck auf ihrem Kopf saß, und den dunkelblauen, eng taillierten Wollmantel. »Ich sehe es«, brummte er.

Das einzig Passende an ihr waren die Gummistiefel. Er nahm sie wie selbstverständlich an die Hand und führte sie durch das Dämmerlicht an den anderen Männern vorbei zum Bretterverschlag.

»Einen feinen Leichtmatrosen hast du dir da aufgegabelt«, rief Jochen Wolter, und die Männer seiner Netzgemeinschaft feixten. »Pass bloß auf, wohin du heute Nacht deine Netze wirfst«, bemerkte ein anderer Fischer aus dem Hintergrund.

»Bloß kein Neid, Jungs«, erwiderte Kai grinsend und schob Asta in das provisorische Büro. Er zeigte auf ein Bündel derbe Lederkleidung.

»Zieh das bitte an. Den schicken Mantel kannst du zusammen mit der Kappe auf den Bügel da hängen.«

Er deutete an die Wand, wo mehrere dunkle Jacken hingen. »Wenn du fertig bist, klopfst du.«

Er schloss hinter ihr die Tür, lehnte sich mit dem Rücken dagegen und wartete.

Kurz kamen ihm Zweifel, ob es angebracht gewesen war, sie um diesen Gefallen zu bitten. Aber er beruhigte sich damit, dass sie ja auch hätte ablehnen können. Gleichzeitig ahnte er, dass Asta keinem Abenteuer aus dem Weg ging und ein zupackendes Naturell hatte, das sie gern unter der Maske einer extravaganten Diva verbarg.

Sein Blick wanderte zum Ausgang. Nacheinander hatten die anderen Männer den Schuppen verlassen. Kai sah auf die Uhr, es wurde Zeit aufzubrechen. Da vernahm er das Klopfzeichen und gab die Tür frei.

Asta trat heraus. Sie hatte die dunkle Lederjacke über ihren hellen Pullover gezogen. Die Beine der Wollhose steckten eingeschlagen in den Stiefeln, und auf dem Kopf trug sie eine schwarze Wollmütze, die sie allerdings ein wenig schräg aufgesetzt hatte.

»Beinahe schon eine Fischerfrau«, sagte Kai Henning anerkennend. »Bereit?«

Ihre Augen funkelten. »Wenn du es bist.«

Sie waren allein im Raum. Er nahm sie kurz in den Arm, sie roch das Lederzeug und den Duft seiner Haut. Zärtlich küsste er sie auf den Mund.

»Komm«, sagte er leise. »Die Mannschaft wartet.«

• • •

Die Mannschaft der »Seeschwalbe« bestand aus noch zwei Männern, einem jungen und einem älteren, die gerade damit beschäftigt waren, die Manssen an Deck vorzubereiten, als Asta und Kai an Bord kamen. Den Älteren erkannte Asta an seinem Vollbart und den Hosenträgern wieder. Er war damals einer der Männer im Schuppen gewesen.

»Heinrich Popp«, sagte er und gab ihr die schwielige Hand. Seine Augen ruhten abwartend auf ihr. »Dann legen Sie uns heute Nacht vor den Wind?«

»Ich werde mein Bestes geben.«

Popp nickte. »Ich weiß, mei Deern, das wird auch notwendig sein.«

Dann drehte er sich um und ging, um die Leinen zu lösen.

»Peter Hübner, mein Neffe«, stellte Kai ihr jetzt den jungen Mann vor. Er war vielleicht zwanzig, hatte ein frisches, offenes Gesicht und begrüßte sie sichtlich aufgeregt. Asta mochte ihn sofort.

»Herzlich willkommen, Frau Nielsen. Ich konnte es kaum glauben, als mein Onkel sagte, dass Sie heute mit uns fahren, ich habe ihren Film ...«

»Ist gut, Piet!«, unterbrach ihn Kai. »Wir können nachher noch reden. Jetzt alle auf Position, wir legen ab.«

Asta nahm an der Pinne Platz.

Die Sonne stand bereits tief hinter einer Wolkenbank, rundum erloschen die Farben des Himmels, von einem Streifen durchsichtigem Rot und Violett einmal abgesehen.

Im letzten Tageslicht begannen die Männer ihren gewohnten Tätigkeiten nachzugehen. Kai setzte routiniert die Segel, Peter half ihm dabei, zurrte die Haltetaue fest, während Heinrich die zusammengerollten Laufleinen kontrollierte.

Asta spürte, als das Fischerboot langsam Fahrt aufnahm, dass es wesentlich schwerfälliger als Ottos Segeljolle durchs Wasser glitt und dadurch verzögert auf ihre Korrekturen reagierte. Aber vielleicht war es genau diese Behäbigkeit und die eingespielte Choreografie der Männer, die ihr neben den stabilen Bordwänden ein starkes Gefühl von Sicherheit gab.

Ohne Probleme steuerte sie das Boot aus der Halteposition ins freie Wasser und von dort hinaus aufs offene Meer. Als sie das Bollwerk passierten, merkte sie, wie die Männer kurz ihre Arbeit unterbrachen, um sich im Boot aufzurichten und dort hinüber zu sehen. Auch Asta drehte den Kopf und erblickte die Fischerfrauen, die am Ufer wie schwarze Schattenrisse reglos in einer Reihe standen. Keine von ihnen hob die Hand zum Abschied. Bewegungslos harrten sie aus. Nur ihre Blicke folgten stumm den Booten, die jetzt wie an der Perlenschnur aufgereiht den Hafen verließen und der aufziehenden Dämmerung entgegen segelten.

Asta überlief ein Schauer, und sie konzentrierte sich rasch auf den Kurs, den Kai vorgegeben hatte. Zur Kontrolle lag ein Kompass neben ihr, und erfreut stellte sie fest, dass dieses große Fischerboot ihr langsam gehorchte.

Die Männer beratschlagten, welchem Fanggrund sie heute den Vorzug geben wollten. Dabei zündete Heinrich seine Pfeife an und nickte ihr wohlwollend zu.

Etwas später waren sie dabei, die Segel zu reffen. Peter schleppte eine Kiste mit Feuersteinen heran, die dumpf kollerten, als er sie neben den dunklen Netzhaufen abstellte.

Kai zündete unterdessen eine Sturmlaterne an und hängte sie oben an den Mast. Vergeblich versuchte ihr Lichtschein, die Finsternis zu durchdringen, die um sie herum auf dem Wasser lag. Verloren blinkte über der Mastspitze die blasse Sichel des Mondes.

Kai setzte sich neben sie.

»Warum hast du die Laterne angezündet?«, fragte Asta.

»Wir beginnen damit, die Manssen auszugeben.« Er schaute prüfend in die Flamme. Sie spürte, dass er hier draußen ganz in seinem Element war.

»Es geht ganz gut«, bemerkte sie und deutete auf die Pinne, die sie fest umfasst hielt. Er legte seine warme Hand auf ihre und löste die Finger ein wenig aus dem starren Griff. Sie spürte, wie ihr augenblicklich das Blut schneller durch die Adern floss. Gleichzeitig meldete sich eine hinterhältige Stimme in ihr. Sie, die große Asta Nielsen, eine Frau von zweiundfünfzig Jahren, bekam plötzlich Herzklopfen, wenn sie mit einem Fischer in einem Boot Händchen hielt. Das war lächerlich. Aber es war nun mal nicht irgendein Fischer, hielt sie stumm dagegen, es war Kai.

»Kann ich sonst noch etwas tun?« fragte sie ihn möglichst unbefangen, aber er schwieg, hielt nur ihre Hand.

»Sie könnten unser Tengmädchen sein«, antwortete Peter stattdessen.

»Sind auf einem Fischerboot nicht alle per du, Piet?«

Der junge Mann strahlte, als sie ihn mit seinem

Kosenamen ansprach. Er hatte dieselben blauen Augen wie Kai, nur eine Spur dunkler.

»Also, ich bin Asta, und jetzt erklärt mir mal, was ein Tengmädchen macht.«

»Erklär du es ihr«, sagte Kai zum alten Heinrich und stand auf. »Wir machen den Treibanker fertig.«

Gemächlich zog Heinrich an seiner Pfeife, die fast schon wieder erloschen war. Schließlich nahm er sie aus dem Mund und wandte sich an Asta.

»Schau, mei Deern, wir fischen Hering. An dieser Stelle steht er meistens oben im Wasser. Das heißt, wir setzen zuerst einen Treibanker, an dem wir die erste unserer Manssen befestigen. So ein Heringsnetz misst ungefähr eine Bootslänge. Davon werden wir zweiunddreißig aneinander knüpfen.« Heinrich deutete auf den Berg Fischernetze, der vor ihnen am Boden lag. »Damit uns die Manssen nicht ins Meer hinuntersinken, dafür sorgen Auftriebskörper aus Kork. Wie die hier.« Heinrich zeigte mit dem Mundstück der Pfeife auf die runden Schwimmer. »Jetzt kommst du ins Spiel. Die Manssen müssen im Wasser straff nach unten hängen, dazu werden in gleichmäßigen Abständen am unteren Ende des Netzes Steine eingetengt.«

»Eingetengt?«

»Siehst du die Fäden hier unten?« Er schob die Pfeife zurück in den Mundwinkel und nahm ein Ende in die Hand. »Mit dem bildest du eine Schlaufe.«

Asta sah ihm auf die Finger.

»So hier, und in die wird jetzt ein Stein gelegt, danach die Schlaufe zugezogen und der Stein wie ein Paket verknotet. Fertig.«

Asta nickte.

»Seid ihr soweit?«, fragte Kai.

»Kann losgehen«, antwortete Asta.

Der Treibanker wurde zu Wasser gelassen. Eine Boje, auf der ebenfalls ein Licht befestigt war, zeigte die feste Ausgangsposition hinter dem Schiff an.

Die Fischer arbeiteten stumm nebeneinander, keiner ihrer Handgriffe war unnötig oder umsonst. Kai hievte mit Heinrich die fertigen Manssen über die Bordwand, vorher hatte Heinrich die beiden Laufleinen an der Oberkante des Netzes mit einem doppelten Schotstek, einem speziellen Seemannsknoten, verbunden. Kai hatte ihr erklärt, dass so ein Knoten grundsätzlich drei Eigenschaften haben sollte. Leicht zu knüpfen sollte er sein, zuverlässig halten und nach der Entlastung leicht zu lösen sein. Dann hatte er sie verschmitzt angegrinst und gemeint: »Eine von diesen drei Eigenschaften ist allerdings meistens gelogen.«

Unterdessen brachte Piet die zuvor präparierten Netze in Position. Asta merkte, dass er sich sehr damit beeilte, um ihr beim Einbinden der Steine helfen zu können. Er setzte sich neben sie und schnürte mit geschickten Handgriffen die kleinen Päckchen.

»Sonst bin ich der Tengjunge«, flüsterte er ihr zu, und durch seine Unterstützung gelang es ihr, mit den Fischern Schritt zu halten.

Netz um Netz versank im Meer, und das Licht des Treibankers entfernte sich stetig weiter vom Boot. Asta schwindelte leicht, sie hatte die Übersicht verloren, wie viele Steine sie in dieser Nacht befestigt hatte, als das letzte Netz endlich über Bord ging.

Mühsam richtete sie sich auf. Die ungewohnte Arbeit hatte ihre Spuren hinterlassen. Sie spürte ihren Rücken kaum, und vom Festzurren der Fäden zeichneten sich deutliche Striemen an ihren Fingern ab.

»Vierhundert Meter«, hörte sie Kai sagen. »Der Wind ist mäßig. Wir setzen jetzt Segel,«, er wandte sich an Asta, »und du gehst bitte mit dem Boot vor den Wind. Wir werden die Nacht über die Position und das Netzwerk in der Strömung halten.« Er schaute sich prüfend um. »Aber behaltet die anderen Lichter im Auge, wir wollen den Manssen unserer Nachbarn fernbleiben. Und Asta, an der Pinne immer darauf achten, dass wir nicht in unser eigenes Netz treiben.«

Sie nickte als Zeichen, dass sie verstanden hatte, und drehte das Boot bei, was zur Folge hatte, dass der Wind in die Segel fuhr und der rote Stoff sich knatternd blähte.

Das Boot neigte sich leicht und glitt schwankend über die sanfte Dünung.

Die Luft hatte sich in der letzten halben Stunde deutlich abgekühlt. Asta klappte den Kragen hoch, zog die Wollmütze über die Ohren und kuschelte sich nun dankbar in die schützende Lederjacke. Der herbe Geruch war ihr bereits vertraut und beruhigte sie.

Ihr Blick schweifte übers Deck. Im Schein der Mastlaterne konnte sie erkennen, dass Heinrich und Peter nebeneinander saßen und Netze reparierten. Während sie sich flüsternd unterhielten, holte Kai aus einem Rucksack zwei Thermoskannen und mehrere in Zeitungspapier eingewickelte Brote hervor.

Er ging hinüber zu den beiden Männern und stellte dort eine Kanne zusammen mit zwei Brotpaketen ab. Dann kam er zu ihr ans Heck und ließ sich auf einer Kiste nieder.

»Magst du Kaffee?«, fragte er und öffnete den Verschluss.

Sie blinzelte ihn an und nickte.

»Er ist so dunkel und stark wie meine Seele«, sagte er, als er ihn in die zwei Emaille-Becher goss.

Asta nahm das Getränk entgegen und schloss die Hände um den Becher. Einen Moment lang genoss sie die Wärme, die das Gefäß abstrahlte.

»Für mich ist deine Seele nicht dunkel«, sagte sie in die Stille hinein, die sie umgab. »Stark ja, aber nicht dunkel. Eher ein hell leuchtender Stern. So wie das Licht da drüben auf der Boje vom Treibanker.«

»Ach, ich bin für dich also wie ein Bojenlicht?«

Asta schmunzelte. »Natürlich nur sinngemäß.«

Kai schaute hoch zum Himmel. »Die Vorstellung, dass meine Seele ein Stern ist, gefällt mir. Fischer navigieren nach den Sternen, und soweit ich weiß, werden Sterne sehr alt, und ihr Licht trifft noch auf die Erde, selbst wenn sie längst erloschen sind.« Er trank einen Schluck. »Aber wie würdest du deine Seele beschreiben?«

Asta zuckte mit den Schultern. »Keine Ahnung, weiß nicht.«

Er hob den Kopf, sah sie an. »Ich denke, du bist wie die Sonne.«

»Die Sonne? So hat mich mein Vater immer genannt. Aber wieso kommst du darauf?«

Er stellte den Becher zur Seite und nahm sie in den Arm. »Du bist feurig, leidenschaftlich und strahlend schön.« Sein Gesicht war jetzt sehr nah, und ihre Wangen berührten sich. »Außerdem mutig, nicht zu vergessen risikofreudig.« Er drehte den Kopf zu ihr und schaute sie prüfend an »Und wenn man nicht auf der Hut ist, kann man sich an dir ordentlich die Finger verbrennen.«

Sie führte seine Hand zu ihrem Mund und biss spielerisch in seine Fingerkuppen. Dann legte sie beide Hände auf seine Wangen, und ihre Lippen fanden sich zum Kuss. Wie schon beim ersten Mal, überschwemmte sie das seltsam berauschende Gefühl, dass sich ihre Körper und Seelen erkannten und zueinanderstrebten, was auch immer sie in dieser Welt trennen mochte. Sie spürte, dass auch Kai so empfand. Solche Eindrücke entstanden niemals einseitig.

Die Stimmen der anderen Männer holten sie in die Wirklichkeit an Bord zurück, und sie lösten sich voneinander.

Kai klappte das Zeitungspapier zur Seite, und ein Stapel belegter Brote kam zum Vorschein. Asta spürte bei dem verlockenden Duft, der ihr in die Nase stieg, wie hungrig sie war. Sie nahm sich eines der Brote und deutete auf eine Holzstange vor ihr.

»Sag mal, überall auf dem Boot befinden sich diese Symbole, die in Kisten und Bretter eingeschnitten sind. Was haben die für eine Bedeutung?« Sie biss herzhaft von ihrem Brot ab.

»Du meinst die Hausmarken?«

Asta kaute und nickte.

Kai lehnte sich an die Bordwand zurück, zog aus

der einen Jackentasche ein Stück Holz und aus der anderen ein Taschenmesser. Nachdenklich schob er seine Schirmmütze in den Nacken und fing an zu schnitzen.

»Das mit den Hausmarken ist so eine typische Sache auf Hiddensee. Du hast dein Haus Karusel genannt, einfach weil es dir gehört und du mit dem Namen etwas verbindest.«

Asta nickte zustimmend.

»Bei den Hausmarken ist es genau andersherum. Die Menschen, die darin wohnen, gehören zu dem Haus, nicht umgekehrt. Sie alle bilden unter der Hausmarke eine feste Gemeinschaft. Egal von wem, was genau und wie viel erwirtschaftet wird, immer kommt es allen Mitgliedern, die unter einer Marke zusammenleben, zugute.«

»Verstehe.«

»Wenn du magst, zeige ich dir mal die alten Grabsteine links vor der Kirche. Du wirst überrascht sein. Dort findest du nur die Hausmarke auf dem Stein und das Sterbedatum.«

»Keine Namen?«

»Namen sind Schall und Rauch, würde Pastor Gustavs sagen. In der Kargheit und Abgeschiedenheit der Insel entwickelte sich über die Jahrhunderte eine Lebensauffassung, nach der der einzelne Mensch in jedem Geschlecht, seiner Familie und seiner Arbeitsgemeinschaft aufgeht. Nur als gut funktionierende Einheit gelang es, auf diesem Flecken Erde inmitten der See zu überleben.«

Ein Schatten fiel auf sie, als sich Peter und Heinrich zu ihnen gesellten.

»Na, mei Deern, philosophiert unser Kai mal wieder.«

»Nein. Er erklärt mir den Sinn der Hausmarken.«

»Den Sinn, so, so. Dabei ist es ganz einfach. Gemeinsam fährt man zum Fischen, gemeinsam bestellt man die Äcker. Man feiert gemeinsam, leidet gemeinsam, lebt und liebt, und manchmal stirbt man auch gemeinsam.«

Eine Pause entstand, in der man das Wasser gegen die Bordwand schlagen hörte.

»Was ich schon immer mal wissen wollte«, meldete sich Piet, »woher kommen die Hausmarken eigentlich?«

Kai klappte sein Messer zusammen und zeigte mit dem Griff auf die Markierung an der Holzstange.

»Ist dir schon mal die Ähnlichkeit zu Runen aufgefallen? Man geht von der Annahme aus, dass die ersten Siedler, die nach Hiddensee kamen und hier ihre Häuser bauten, mit Hilfe des Runenalphabets den Anfangsbuchstaben ihres Namens in ein Symbol abwandelten, das von da an repräsentativ für die Bewohner dieses Hauses stand. Verließ ein männliches Mitglied der Familie das Haus, um eine eigene Familie mit eigenem Domizil zu gründen, wurde die Hausmarke mit einer Abmarke, einem zusätzlichen Strich versehen.«

»Wir nutzen noch heute die Marken bei der Auskawelung«, setzte Heinrich hinzu »Zum Beispiel bei der Beweidung der Wiesengrundstücke und den anfallenden Arbeiten in der Genossenschaft.«

Asta wechselte einen schnellen Blick mit Kai.

»Das ist ...«, setzte dieser zu einer Erklärung an.

»Die Marken sind auf kleine Holz- oder Korkstücke geschnitten«, fiel Peter seinem Onkel übereifrig ins Wort. »Sie werden Kaweln genannt und immer in eine Mütze getan, wenn es darum geht, Bootsbesatzungen oder Netzgemeinschaften auszulosen.«

»Das ist ein sehr einfaches, urtümliches Verfahren«, stellte Kai abschließend fest, »und es erspart uns letztendlich viel Ärger und Schreiberei.«

Keiner der drei hatte auf Heinrich geachtet, der sich abgewendet hatte und für alle vernehmlich »Verdammich« brummte.

Sofort war Kai auf den Beinen und schaute in die Richtung, in die der Alte deutete. »Was ist los?«

»Der Treibanker.«

»Das Licht ist plötzlich viel näher«, stellte Asta erstaunt fest und schaute dann nach den Segeln, die nach wie vor gleichmäßig vom Wind gefüllt wurden.

»Der Wind wird stärker werden und auf Ost drehen«, erklärte Kai.

»Woher weißt du das?« fragte sie verblüfft.

»Fischer haben ihre Regeln«, sagte Piet. »Eine davon besagt: Sind die Köpfe der Reusenstangen dem Ufer so nah, dass man das Gefühl hat, einen Stein dorthin werfen zu können, obwohl sie vierhundert Meter entfernt im Wasser stehen, kommt der Wind stark aus Ost.«

»Und das bedeutet?«, fragte Asta.

»Es kann schwierig für uns werden, rechtzeitig unter Land zu kommen.«

Asta bemerkte, wie Kai skeptisch zum Nachthimmel hinauf sah.

»Was denkst du, wie lange noch?«, fragte Heinrich.

»Jetzt ist es kurz vor halb drei. Eine Stunde, vielleicht zwei.« Rasch blickte er zu Asta hinüber, die verunsichert auf ihrem Platz hin und her rutschte. »Gut, ich sage, noch eine Stunde, dann holen wir die Manssen raus.«

Die Stunde verging schnell. Der Wind frischte merklich auf, und Asta hatte alle Hände voll zu tun, das Boot vor dem Wind zu halten, zumal die weißen Wellenkämme jetzt deutlich zu erkennen waren.

Die Männer refften die Segel. Danach schleppte Peter Holzkisten herbei, die er an Deck verteilte, während Kai und Heinrich begannen, die Manssen mit Muskelkraft zurück an Bord zu ziehen. Meter für Meter holten sie die Netze ein, während Asta verbissen mit der Pinne rang, um das Boot auf Position zu halten.

Dann war es endlich geschafft, vierhundert Meter Manssen türmten sich an Deck, in denen Hunderte silbrig zappelnder Fischleiber steckten. Erschöpft wischten sich die Männer den Schweiß von der Stirn, hielten einen Moment inne, um zu verschnaufen.

Wie Heinrich vorhergesagt hatte, nahm die Stärke des Windes mit jeder Minute zu. Das Boot tanzte jetzt auf den Wellen, und Gischt schleuderte über die Reling.

»Sehen wir zu, dass wir bis zur Dämmerung in den Windschatten von Hiddensee gelangen«, sagte Kai ruhig. »Heinrich, du bleibst am Mast. Peter, du sicherst das Netz.«

»Und was kann ich tun?«, fragte Asta.

Kai schenkte ihr ein mattes Lächeln. »Hilf Piet, die Heringe aus den Manssen zu pflücken.«

Asta war froh, tief im Schutz der Bordwand an Deck zu hocken und sich darauf zu konzentrieren, die Heringe aus den Maschen zu sammeln. Im Licht schimmerten sie bläulich und fassten sich kühl an, nicht glitschig, wie sie es vermutet hatte. Die Manssen, die bereits auseinandergeknotet und vom Fisch befreit waren, schichtete Peter zu einem Berg auf. Später am Strand von Vitte würde man sie auf Holzpieken zum Trocknen aufhängen.

Irgendwann lag das Boot ruhiger im Wasser, und Asta hob den Kopf, um über die Bordwand hinauszulinsen. Dabei erblickte sie den Leuchtturm auf dem Dornbusch, dessen gewaltig ausgreifende Lichtarme sich unermüdlich für sie in der anbrechenden Dämmerung drehten.

Erschöpft schlummerte sie ein.

•••

Als Asta erwachte, schwebte sie über dem Wasser. Kai trug sie auf seinen Armen. Asta ließ ihre Hand herabhängen und griff in den Schaum der Wellen. Das Wehen, das vom Meer kam, das Rauschen unter ihr und das goldene Flimmern der aufgehenden Sonne wiegten sie sacht und gaben ihr das Gefühl, im morgendlichen Licht zu baden.

»Wir sind gleich an Land«, flüsterte Kai ihr sanft ins Ohr.

18

Otto platzierte die Wassergläser neben den Kästchen mit den Aquarellfarben auf den beiden kleinen Tischen und schob sie an die dafür vorgesehenen Stellen. Anschließend überprüfte er, ob die Blätter durch die Klemmen am Rand fest mit den dünnen Holzauflagen verbunden waren. Das Licht ließ das Papier blütenweiß schimmern.

Behutsam strich er mit der flachen Hand darüber, während er leise eine Melodie summte. Wenn er ehrlich war, genoss er die Zeit der Vorbereitung fast mehr als das Malen selbst.

Sein Blick wanderte über die weiten Wiesen zum Norderende von Vitte, und er erinnerte sich an das Gedicht, welches Joachim Ringelnatz über die Kühe verfasst hatte, als er mit ihm zusammen »Kühe im Nebel« malte. Es verstimmte Otto, wenn er daran dachte, dass diese Tiere wohl weiter ihre »rührenden Rotzmäuler in die Champagnerbläschen der Wiese« tauchten, wie es in Ringels Zeilen hieß, aber der Verfasser nie wieder neben ihm im Garten an einer Staffelei stehen würde.

Um sich abzulenken, glitt sein Blick zum Giebel des Hauses hinauf. Vor etwa einer Stunde hatte er das Laken aus dem oberen Schlafzimmerfenster gehängt als Zeichen für Asta, dass er sie erwartete. Ob sie es gesehen hatte und kommen würde?

Er zerriss gerade ein altes Geschirrtuch, um es als Malfetzen zu verwenden, da trat sie in das strahlende Licht des Gartens.

Sie erblickte ihn und winkte rasch, während sie ihm entgegenging. Dabei strich sie das Haar mit einer schnellen Geste aus dem Gesicht, und er sah, dass sie eine graue Schürze über dem Arm trug. Sonst war sie ganz in Weiß gekleidet.

»Es ist so schön, Otto!« sagte sie. »Es ist wie im Paradies.«

»Wie im Paradies«, echote er und sah in ihr gerötetes, empfindsames Gesicht, das ihn klar und frisch anstrahlte. Plötzlich erkannte er, wie schön sie war, die Zartheit ihrer Wangen, das Funkeln in ihren Augen und die Geschmeidigkeit ihrer Bewegungen.

»Du siehst heute Morgen wunderschön aus, Asta. Bist du dir sicher, dass du den Tag mit mir verbringen willst?«

Sie sah ihn überrascht an, und für einen Moment fragte sie sich, was er wohl wusste, dann legte sie zögernd ihre Hand auf seinen Unterarm. Er trug ein altes verwaschenes Hemd, welches bereits einige Farbspritzer aufwies, und führte sie an ihren Platz.

Sorgfältig band sie sich die Schürze um, bevor sie sich auf den kleinen Schemel setzte.

Otto nahm neben ihr Platz und hob ein Stück graue Pappe hoch, in deren Mitte er ein Rechteck ausgeschnitten hatte. Es bildete einen Rahmen, den er nun dicht vor Astas Gesicht hielt. Sie schaute hindurch auf die sattgoldenen Blütenkränze der reifenden Sonnenblumen, die wirkungsvoll von den duftigen violetten Malven umspielt wurden, welche im Windhauch zitterten.

»Siehst du das, meine Liebe, ich habe nicht zu viel versprochen, diese ungewöhnliche Kombination würde sogar einen Liebermann reizen.«

Asta lächelte und begann damit, ihre Pinsel auszuwickeln, die sie in einer kleinen Leinentasche zusammengeschnürt transportiert hatte. Für jeden Pinsel gab es ein schmales Fach, und sie überlegte, mit welchem sie beginnen sollte.

»Bleibst du zum Essen?«, fragte Otto.

Asta überlegte einen Augenblick und nickte dann. Es sprach nichts dagegen. Johanne war von ihrer Reise noch nicht zurück, und für sich selbst hatte sie keine Vorbereitungen für eine Mahlzeit getroffen.

»Sehr gut. Dann haben wir das auch besprochen.« Otto hob den Rahmen vor seine Augen, ließ ihn aber gleich wieder sinken. »Übrigens, es atmet schon ein anständiger Rotwein in der Karaffe.«

Asta schmunzelte. So war Otto, ein Genießer durch und durch.

Sie tauchte einen Flachpinsel in das Glas und entschied sich dafür, einen dunkelgrünen Hintergrund für die strahlenden Blütenköpfe anzulegen. Dadurch würden sie noch leuchtender hervortreten. Otto dagegen begann gleich die hellen Blütenblätter der Sonnenblumen mit geschickten Pinselstrichen zu skizzieren und füllte den Blütenkorb in der Mitte mit braunem »Umbra gebrannt« aus. Kurz setzte er den Pinsel ab.

»Kannst du dir vorstellen, dass mir neulich ein Kellner im Zug nach Stralsund mit ›Jawohl, Ihro Majestät!‹ geantwortet hat, nachdem ich einen Kaffee bestellt hatte?«, erzählte er verschmitzt lächelnd.

Asta sah auf. »Das kommt davon, weil du immer nur den Alten Fritz spielst. Otto, ich sage dir, du solltest dringend dein Repertoire erweitern.«

»Ach, ich kann doch gut davon leben«, beschwichtigte Otto sie.

»Kunst ist aber kein Brotberuf ...«, protestierte Asta und suchte nach dem Neapelgelb im Farbkasten.

»Was willst du, meine Liebe, schau dich um, ich führe ein sehr komfortables Leben.« Otto lehnte sich zurück und hob die Arme. »Es ist mir scheißegal, ob man mich in dreißig Jahren noch kennt. Ich lebe jetzt. Ich habe eine Villa in Berlin und verbringe die Sommer hier in meinem entzückenden Haus auf Hiddensee.« Er ließ die Arme wieder sinken, weil er bemerkte, dass die Wasserfarbe aus dem Pinsel seinen Unterarm hinablief. Er griff nach dem Malfetzen, um sich zu säubern. »Was will ich mehr? Meine Tochter Hilde ist gesund und wird mal eine Schönheit. Glaube mir, für mich ist das Leben ein Fest.« Er nahm einen weiteren Pinsel zur Hand, benetzte ihn kurz und mischte aus den Farben Ultramarinblau und Krapprot ein feuriges Violett, das er jetzt gegen das helle Gelb setzte.

»Aber ist Kunst denn nicht in erster Linie die Suche nach Wahrheit?«, gab Asta zu bedenken und malte mit dem Rundpinsel die länglichen Blütenblätter.

»Wahrheit, künstlerischer Anspruch – weißt du, wie egal mir das ist? Ich will einfach ein gutes Leben haben, selbst wenn das für mich bedeutet, dass ich weitere fünfzig Filme den Großen Kurfürsten spielen muss. C'est la vie, Hauptsache, es wird gut bezahlt.«

Er hob den Kopf, blinzelte, um sein Aquarell mit der gegebenen Situation zu vergleichen, und schob dabei den Hut in den Nacken.

»Otto, denkst du wirklich nur ans Geschäft? Da wundert es mich nicht, dass es auf der Leinwand keine anspruchsvollen Rollen mehr gibt; dass nur noch grauenvolle Schmonzetten gedreht werden. Größen wie Paul Wegener serviert man ab für ein paar Idioten, die nur fähig sind, in einem Krawattengeschäft hinter dem Ladentisch zu stehen.«

Otto streifte sie mit einem Blick und wischte den Pinsel mit der dunklen Farbe am Lappen ab, bevor er ihn ins Wasserglas tauchte, worauf sich die klare Flüssigkeit erheblich trübte. »Asta, es kann eben nicht jeder so spielen wie du.«

Er erinnerte sich an einen Auftritt von ihr in Berlin, in dem das ergriffene Publikum die große Asta Nielsen nach ihrer Verkörperung der Kameliendame immer wieder vor den Vorhang rief. In den Kritiken hieß es, sie spiele unvergleichlich, erschütternd und bewundernswert.

Otto wählte nun einen feinen Pinsel für die Details.

Damals hatte er neidlos anerkannt, dass sie seit vielen Jahren das größte Ereignis auf deutschen Bühnen war.

»Was die Schauspielerei angeht, bist du anders als ich«, sagte er ernst, während er behutsam mit dünnen Pinselstrichen den Blättern Plastizität verlieh. »Du willst dich nicht zeigen, du willst sein.« Sie wollte widersprechen, doch er fuhr fort: »Aber ich zeige mich den Menschen, ich bin dicht an ihnen dran, ich bin wie sie, ein Volksschauspieler im besten Sinn. Kunst hin oder her. Ich habe das Gefühl, dass dieser Anspruch dich von den anderen Menschen trennt und einsam macht.«

Für einen Moment ließ sie die Worte in ihr Bewusstsein fallen und wog den Inhalt in seiner Schwere ab.

»Einsam? Nein, Otto, das bin ich nicht, gerade weil ich eine Künstlerin bin.«

Ihr Ton war scharf, und sie bemühte sich, ihre Erregung zu dämpfen und leiser zu sprechen. »Kunst ist meine Rettung vor der Einsamkeit. Sie gibt mir das Gefühl, ein Teil von etwas Größerem zu sein, in der weiten Welt da draußen auf Gleichgesinnte zu treffen.« Sie wandte sich ihm zu und deutete mit der Hand, in der sie noch immer den Pinsel hielt, auf die beiden Bilder, die fast vollendet vor ihnen lagen. »Denk doch nur an die Malerei, an die großen Meister, zum Beispiel an Monets Seerosen oder Rembrandts späte Selbstporträts. Große Kunst illuminiert und vertieft das menschliche Geheimnis in gleichem Maße. Bilder zeigen etwas Ewiges, etwas ...«

Ihre Worte wurden von einem krachenden Donnerschlag verschluckt. Sie hatten der dunklen Wolkenbank, die sich hinter ihnen über den Wiesen aufgetürmt hatte, keine Beachtung geschenkt. Ein fürchterlicher Platzregen brach los.

Plötzlich goss es wie aus Kannen.

Otto sprang auf, rannte ein paar Schritte zur Seite, riss den Sonnenschirm aus dem Ständer und eilte damit zu Asta, die ihm entgegenkam und beherzt nach dem Stil griff. Als beide, tief unter den Schirm geduckt, an den aufgespannten Aquarellen vorüberliefen, befanden sich diese bereits in völliger Auflösung. Die Farben waren ineinandergelaufen, und bunte Rinnsale ergossen sich von den Tischplatten auf die Wiese.

»Hast du nicht gerade gesagt, Bilder seien ewig?«, rief Otto aus. »Liebe Asta, da muss ich dir aber heftig widersprechen.« Ohne dass sie es verhindern konnte, prustete Otto los, und ob sie es wollte oder nicht, ließ sie sich von seinem herzhaften Lachen anstecken, während sie dem Haus entgegeneilten.

Dort erwartete Hilde sie schon mit Handtüchern, damit sie sich abtrocknen konnten. Anschließend ging Otto zum Eisschrank und schenkte ihnen zwei Korn ein.

»Vertragen wir uns wieder?«, fragte er augenzwinkernd, hob sein Glas und stieß mit ihr an.

• • •

Als Vater und Tochter wenig später den Raum verließen, um nach dem Essen zu sehen, stellte sich Asta an das hohe Sprossenfenster und blickte hinaus in den Regen. Was, wenn die wahre Kunst nichts anderes wollte als das, was sie gerade mit Kai erlebte? Einen Blick zu werfen in die Tiefe eines anderen Menschen.

19

Jenseits des Logierhauses »Zur Post« war grünes Niemandsland. Dort gab es nichts als tiefes, rauschendes Gras, das ab und zu mit der Sense geschlagen wurde.

Jedoch einmal im Sommer verwandelte sich das herrenlose Land hinter der Sprenge für einen Tag in eine Festwiese.

Wenn der Zeitpunkt des Fischerfestes heranrückte, trafen sich, wie auf ein heimlich verabredetes Zeichen hin, die Kinder von Vitte unten am Strand, steckten ihre Köpfe zusammen und tauschten mit erregten Stimmen ihre Beobachtungen aus. Denn das untrüglichste Zeichen, dass es wieder so weit war, erkannten sie in den zahlreichen Aktivitäten, die plötzlich überall auf den Höfen Einzug hielten. Mit Hingabe wurde geschlachtet, geräuchert, gebacken und gekocht. Joppen wurden ausgebürstet, Leinenhemden und -schürzen gewaschen und gebügelt und die Löcher in den Hosen der Buben gestopft.

Irgendwann gelang es einem der Kinder, den genauen Termin aufzuschnappen, und von da an waren sie die Ersten, die jeden Tag zur Festwiese kamen, um den Fortschritt der Vorbereitungen zu begutachten. Und zu entdecken gab es viel. Mit dem Leiterwagen von Bäcker Schwartz wurden die Holzplatten für den Tanzboden herangekarrt, die in der Wiese aufgestapelt wurden, oder sie beobachteten heimlich den Fischer einer Reusenkompanie, wie er mit dem Besitzer des Logierhauses verhandelte. Schnell war man sich darin einig, dass es dabei nur um die Getränke fürs Fest gehen konnte.

Bier, Korn und Limonade.

Aber es gab auch Dinge wie diesen ungewöhnlichen Metallpfahl, der sich ihnen nicht erschloss, deshalb rätselten sie oder schlichen stundenlang drum herum, bis es den Männern zu viel wurde und sie die Kinder vertrieben, weil sie in Ruhe ihrer Arbeit nachgehen wollten. Dann hockten die Kinder wie Katzen in den Bäumen, begierig darauf, nichts zu verpassen.

•••

Asta kam die Treppe herunter. Sie überlegte noch, ob sie mit dem roten, weiß gepunkteten Sommerkleid die richtige Entscheidung getroffen hatte, als ihr Kai im Flur begegnete.

Er bemerkte sie, ging lächelnd auf sie zu und überreichte ihr eine einzelne rote Rose.

»Du siehst bezaubernd aus, wenn ich das sagen darf.«

»Natürlich darfst du.«

Dann küsste er sie zur Begrüßung zärtlich auf die Wange.

»Bereit für das Fest?«, fragte er und bot ihr seinen Arm an.

Verschmitzt blickte sie ihn an. »Wäre ich sonst hier?«

Ehrlich gesagt war sie selbst überrascht, dass sie die Einladung angenommen hatte, denn eigentlich feierten die Fischerfamilien nur unter sich. Sie würde zum ersten Mal dabei sein.

Es war einer dieser klaren Sommertage. Eine leichte Brise verlieh der heißen Luft einen kühlen Unterton, und kleine weiße Wolken trieben unbeirrt über den azurblauen Himmel.

Als sie nebeneinander die Waldstraße hinuntergingen, merkte Asta, wie ihr die Hände vor Aufregung feucht wurden. Das ist nur Lampenfieber, versuchte sie, sich zu beruhigen. Aber war es das wirklich?

Im Theater weiß ich wenigstens, was mich erwartet, dachte sie. Ein Stück probte man wochenlang und lernte seinen Text. Aber hier? Sie hatte keine Vorstellung, was in den nächsten Stunden auf sie zukam. Insgeheim fürchtete sie, dass Kais Familie sie ablehnen könnte. Nicht aus einem bestimmten Grund, sondern nur, weil sie augenscheinlich nicht zu ihnen gehörte. Vielleicht, weil ihr Haus einen Namen besaß und keine Marke und weil sie die meiste Zeit allein darin wohnte, von ihrer Schwester einmal abgesehen.

Was, wenn sie einen voreiligen Schritt tat, den sie lieber unterlassen sollte? Was, wenn das hier völlig falsch war? Was dachte sie sich nur dabei, grübelte sie unentwegt.

Diese Verabredung war kein unverbindliches Treffen mehr, es bedeutete, dass sie und Kai ein Paar waren. Aber wollte sie das?

Ein eiliger Fahrradfahrer mit einem Paket unter dem Arm querte ihren Weg.

Augenblicklich stellte sie sich Kai in Berlin vor, in einem Anzug, aber auf dem Kopf seine Seemannsmütze, so wie jetzt. Vielleicht rauchte er sogar Pfeife. Die Gäste in ihrem Salon würden heimlich über ihn lachen. Ja, man liebte Seemannslieder und trug selbstbewusst in den Ferien Ringelshirts und Fischerhemden, man grüßte sich mit »Ahoi«.

Aber ein echter Seemann auf den Perserteppichen ihrer Wohnung in der Fasanenstraße? Asta seufzte.

In ihren Kreisen der künstlerischen Avantgarde standen andere Werte hoch im Kurs; im Grunde verachtete man diese hart arbeitenden Männer der Fischerkompanie. Wollte sie ihn dieser Grausamkeit aussetzen?

Sie merkte, wie Kai sie still musterte, ihr aber aufmunternd zulächelte.

Wenig später erreichten sie den Rand der Festwiese, und Asta verschlug es bei dem Anblick den Atem. Am liebsten wäre sie sofort umgedreht. Das, was sie jetzt erblickte, hätte sie sich so in ihren kühnsten Träumen nicht vorgestellt. Auf dem Rasen standen vier endlose Reihen mit Tischen und Stühlen, um die sich unzählige Menschen drängten. Genau in der Mitte gab es einen Tanzboden, von einer Zeltplane überdacht, und die Klänge eines einzelnen Akkordeons schwebten über den Platz. Ein Stück weiter hing eine Kugel von einem Metallträger herab, mit der die Kinder eifrig versuchten, möglichst viele der neun Holzkegel, die darunter aufgebaut waren, umzuwerfen.

Asta blieb stehen. »Kai, es tut mir leid«, flüsterte sie stockend. »Ich glaube, ich kann das nicht.«

Er sah in ihren Augen den Kummer darüber, ein Hin- und Hergerissensein zwischen Bangen und Verlust. Doch bevor er etwas erwidern konnte, erscholl laut eine ihnen bekannte Stimme.

»Asta! Kai! Hier sind wir, hier drüben!«

Kai schaute sie an und zuckte kurz mit den Achseln. »Ich denke, dafür ist es jetzt zu spät«, sagte er zögernd. »Nun wissen sowieso alle, dass wir da sind.«

...

»Piet, setz dich wieder hin! Was machst du denn für ein Aufsehen?«, wies Franziska Hübner ihren Sohn scharf zurecht. Sie war eine schlanke, energische Frau in einem dunklen Kleid mit schmalem weißem Kragen. »Wie ich meinen Bruder kenne, wird er uns diese Frau gleich vorstellen«, fügte sie in einem sanfteren Tonfall hinzu. »Dann können wir auch gleich den Kuchen anschneiden.«

Nur widerwillig nahm Piet auf seinem Stuhl Platz. »Seht ihr? Ich hab es euch gesagt, er bringt sie mit!«, rief er begeistert aus und schaute triumphierend in die Runde.

»Wer bringt wen mit?«, fragte Mutter Henning, die sich gerade mit Max Bredow unterhalten hatte. Aber niemand in der Runde brauchte die Frage zu beantworten, denn in diesem Augenblick tauchten die beiden hinter ihr auf. Alle Blicke waren auf sie gerichtet.

»Guten Tag, Mutter.«

Martha Henning stützte sich auf den Tisch und erhob sich schwerfällig.

Max Bredow zog den Stuhl weg, so dass sie sich leichter zu Kai umdrehen konnte. Sie hatte dieselben hellen Augen wie er, und ihr Haar war voll und weiß. Sie trug es in einem Knoten im Nacken. Das schlichte dunkelblaue Leinenkleid ließ ihren gebräunten Teint strahlen, und die Fältchen an Augen und Mundwinkeln wurden dadurch gemildert.

»Schön, dich zu sehen, mein Junge«, sagte sie und legte ihm kurz die Hand auf die Wange.

»Mutter, darf ich dir Asta Nielsen vorstellen?«

Asta reichte ihr die Hand, die sie ergriff.

»Martha Henning.« Überrascht und abschätzend musterte sie die Frau an der Seite ihres Sohnes. »Aber kenne ich Sie nicht von irgendwoher? Ich könnte meinen, Sie helfen im Sommer bei Dittmanns aus.«

Piet prustete los. »Oma! Das ist Asta Nielsen, die berühmteste Schauspielerin Deutschlands.«

Das Gesicht von Martha Henning zeigte zuerst keine Regung. Dann legte sie lächelnd den Kopf schräg.

»Sehr schön«, erwiderte sie, und in ihrem Tonfall lag ein weises, wertfreies Akzeptieren. Sie nickte ihrem Sohn zu und sah schweigend mit an, wie die beiden sich setzten, bevor sie sich an Max wandte. »Bei uns sind nun alle da. Wenn du willst, fang an.«

Bredow stand auf, nahm seine Krücke und humpelte auf die Tanzfläche.

»Gauden Dach, uk«, schallte seine Stimme kräftig über die Wiese. Asta hörte, wie die Männer ihm im Chor antworteten. Anschließend begrüßte er die Reusengemeinschaften, ermunterte die Familien, diesen Tag ausgiebig für Vergnügungen zu nutzen, ehe der herbstliche Heringszug sie zu den Booten rief, um den Brotfisch, wie er ihn nannte, reichlich abzufischen, schließlich müsse das Überleben im Winter gesichert werden. Mit der Aufforderung: »Lasst uns den Segen sprechen«, beendete er die kurze Ansprache und zog seine Mütze vom Kopf.

Die anderen Männer taten es ihm gleich. Alle erhoben sich, auch Asta.

»Gott segne das Meer! Gott segne den Wind!«

»Wir sind Fischer und Fischers Kind!«, fielen die Männer ein.

»Unsere Väter sind schon zum Fischen gefahren«, fuhr Bredow allein fort. »Mit blonden Schöpfen und weißen Haaren. Wir wollen es wie die Väter halten. Heute die Jungen, morgen die Alten.«

Vom Hafen drang der durchdringende Ton einer Schiffssirene herüber.

»Und sind auch die meisten unserer Lieben draußen auf hoher See geblieben.«

Erneut setzten die Männer ein. »Die See gibt uns das tägliche Brot. Wir fürchten die See nicht und den Tod. Wir sind Fischer und Fischers Kind! Gott segne das Meer! Gott segne den Wind!«

Eine kurze Pause entstand, die Mützen wurden wieder auf den Köpfen zurechtgerückt, dann setzte an allen Tischen rege Geschäftigkeit ein. Abdeckungen wurden von bauchigen Weidekörben entfernt, Thermoskannen geöffnet und Kaffee in die Tassen gefüllt, während der köstlich duftende Blechkuchen angeschnitten wurde.

»Für Sie auch ein Stück, Frau Nielsen?«, fragte Franziska.

»Nennen Sie mich doch bitte Asta«, antwortete sie. »Und ja, ich nehme gern ein Stück von dem Pflaumenkuchen.«

»Bitte.« Kais Schwester reichte ihr schmal lächelnd den Teller. »Lasst es euch schmecken«, sagte sie dann. »Den Kuchen hat übrigens Mama gebacken.«

»Martha, der ist wirklich vortrefflich«, sagte Käthe Popp und deutete mit den Zinken ihrer Gabel auf den Teller. »Kannst du mir da mal das Rezept geben?«

Martha Henning nickte. »Kann ich. Und du, Heinrich?«, fragte sie. »Willst du nichts?«

Der Fischer hob den Kopf und klemmte sich die frisch gestopfte Pfeife zwischen die Lippen.

»Weißt doch, ich mach mir nix aus dem Süßkram.« Er setzte seine Pfeife in Brand. »Hat einer von euch heute schon den Ernst gesehen?«

Kai schaute die Tischreihe hinunter. »Nein, hier sind nur die alten Rieks.« Er hob grüßend die Hand.

»Vielleicht kommt er ja noch«, gab Schwager Richard zu bedenken und nestelte an seiner Uhr, die er an einer silbernen Kette aus seiner guten Weste aus schwarzem Tuch zog.

Heinrich Popp stieß inzwischen kleine Qualmwölkchen aus und strich über seinen ansehnlichen Bart. »Wird ihm doch nicht wie dem alten Fuhl ergangen sein.«

»Was ist dem denn geschehen?«, fragte Piet und griff nach einem zweiten Stück Kuchen.

Heinrich lehnte sich zurück.

»Es ist noch gar nicht so lange her, da soll in Kloster ein Mann mit dem Namen Fuhl gelebt haben.

Der ging einmal zum Bollwerk und wollte Wäsche spülen. Nun war aber an dem Tag das Wasser ein bisschen hoch, deshalb setzte er sich in die Waschbalge und spülte seine Wäsche. Auf einmal kam Wind auf, die Waschbalge schwimmt mit ihm weg und schwimmt immer weiter, bei Schaprode vorbei zur Oie hin, und da kam er an Land. Er stieg nun aus der Waschbalge heraus und legte seine Wäsche zum Trocknen in die Wiese. Dann nahm er eine Karte und schrieb an seine Frau.«

Heinrich sah paffend in die Runde. »Liebe Frau, mir geht es ganz gut hier, ich werde noch ein paar Tage hierbleiben. Schickt mir aber eine Zeitung zum Lesen, damit ich etwas Unterhaltung habe. Nach ein paar Tagen holte ihn mit seiner Waschbalge der Dampfer ›Strelasund‹ ab.«

»Und das ist wirklich passiert?«, fragte Piet zweifelnd, während er sich die blonden Haarsträhnen aus dem Gesicht strich.

Käthe stieß ihren Mann in die Seite. »Da siehst du, was du mit deiner Dummquatscherei anrichtest. Am Ende glaubt der Junge das noch.«

Piet schüttelte entrüstet den Kopf. »Nein, tu ich nicht!«

Unwillkürlich musste Asta lächeln.

»Von wo kommen Sie?«

Sie brauchte einen Moment, bis sie begriff, dass Martha Henning die Frage an sie gerichtet hatte. Doch ehe sie darauf antworten konnte, kam Kai ihr zuvor.

»Aus Berlin, Mutter.«

»Ich bin Dänin«, ergänzte sie. »Ich bin in Kopenhagen aufgewachsen. Dorthin zogen wir wegen der Arbeit meines Vaters.«

»Oh, nach Kopenhagen! Dann war Ihr Vater wohl ein bedeutender Mann?«

Asta lächelte. »Nein. Er war ein einfacher Schmied und ein wunderbarer Mensch. Er starb, als ich vierzehn war. Meine Mutter war Wäscherin. Auch sie lebt nicht mehr. Ich denke, den beiden hätte es hier auf der Insel sehr gut gefallen.«

Martha schaute sie voller Mitgefühl an und nickte.

»Es war mein Großvater«, begann die alte Frau zu erzählen, »der nach einem Ort suchte, wo er frei leben konnte. Er wollte ein Leben ganz für sich. Ohne Frondienst und Knechtschaft. Irgendwann erfuhr er von den Kolonistendörfern, die in Pommern entstanden. Also stieg er in Westfalen in eine Postkutsche und fuhr mehrere Tage nach Nordosten. Mein Großvater kam in einem winzigen Boot hier an, und es gefiel ihm so gut, dass er beschloss, sich für immer hier niederzulassen. Er wurde Fischer. Und später haben wir in dem Haus, das er erbaute, unsere Kinder Kai und Franziska großgezogen. Ja, so war das.«

Noch einmal wechselten die beiden Frauen einen Blick.

Asta schluckte. Sie hatte nicht erwartet, dass sie, als sie Kai zugesagt hatte, ihn zu begleiten, das Gefühl haben würde, sie sei in dieser Familie willkommen. Unbemerkt betrachtete sie die Menschen, bei denen sie heute zu Gast war und die ungezwungen und auf freundliche Weise vertraut mit ihr umgingen. Dann streifte ihr Blick die blauweißen Teller aus

Stralsunder Fayence, auf denen sich die übrigen Kuchenstücke stapelten. Sie waren auf eine provinzielle Art prachtvoll, mit schwedischem Muster, als wäre das Meer in Keramik gegossen. Ihr fiel auf, dass es auf dem Tisch kein Stück Geschirr oder Mobiliar gab, das nicht vom steten Gebrauch gekennzeichnet war. Soweit sie das einschätzen konnte, würde sie auch in den Häusern der Fischer vergeblich nach Gegenständen suchen, die wegen ihres Wertes oder ihres schönen Aussehens ungenutzt blieben, so wie das für Ziergegenstände in den gutbürgerlichen Häusern üblich war.

»Einen Groschen für deine Gedanken«, flüsterte Kai.

»Oh, entschuldige, ich ...«

Erleichtert stellte sie fest, dass sie den Satz nicht beenden musste, denn der lang aufgeschossene Richard Hübner sprang plötzlich von seinem Stuhl auf und rief nach einem Mann, den er winkend aufforderte, an den Tisch zu kommen. »Willi! Alter Hafenmeister! Komm, setz dich zu uns.«

Kais Schwager deutete auf den Stuhl, auf dem zuvor Max Bredow gesessen hatte. Wie es schien, folgte der Mann gerne der Aufforderung. Schwer schnaufend ließ er sich nieder. »Willst du Kaffee und ein Stück von Mutters Kuchen?«

Willi Kollwitz hob abwehrend die Hände, bevor er diese auf die stattliche Wölbung seines Bauches legte. »Nichts für ungut, euer Pflaumenkuchen ist bestimmt lecker. Aber ich musste bei den Meinen schon so viel essen; ich glaub, ich hab mir tüchtig den Magen verrenkt.«

Kai wandte sich an seine Schwester. »Franzi, hast du gehört? Der Willi ist krank. Wir brauchen dringend Medizin.«

Franziska stemmte die Hände in die Seite und verdrehte theatralisch die Augen. »Hast du mal auf die Uhr gesehen, Bruderherz?«

»Sei nicht so hart mit ihm. Du siehst doch wie der Mann leidet.«

Willi Kollwitz spielte mit und verzog schmerzvoll das Gesicht.

»Männer!«, sagte Franziska und stellte die Flasche Korn mit Schwung auf den Tisch, eine Geste, die mit großem Hallo begrüßt wurde.

Schnell wurden reihum die Gläser gefüllt, auch für die Frauen, und diesmal wurde Asta nicht mehr gefragt, sondern erhielt direkt ihren Anteil.

Kai hob sein Glas auf Augenhöhe. »Der Fischer ist aus Eisen, und aus Holz ist sein Boot. Das Segel ist aus Leinen, und Branntwein ist sein Brot. Prost!«

Asta schloss die Augen und leerte das Glas mit einem Zug, so wie sie es auch früher schon getan hatte. Der Schnaps brannte angenehm in der Kehle, sie fühlte ein Wohlbehagen, das sich in ihr ausbreitete und sich anschickte, ihr den Druck von der Brust zu nehmen. Übermütig knallte sie das leere Glas auf den Tisch.

»Oha«, stellte Kai belustigt und gleichzeitig erstaunt fest. Sein kurzer Blick ruhte auf ihr, und er reichte aus, um ihm vor Augen zu führen, warum er diese Frau begehrte. Am liebsten hätte er sie in den Arm genommen und fest an sich gedrückt. Aber so beugte er sich zu ihr herunter, zog sie kurz mit einem Arm zu sich heran und flüsterte ihr ins Ohr. »Du schlägst dich wacker.«

Fest drückte sie seine Hand.

Indessen tat es Piet Asta gleich, und auch die anderen fanden Gefallen daran, ihre Schnapsgläser geräuschvoll abzustellen.

»Das hat gutgetan«, stellte Willi Kollwitz fest. Sein Blick wanderte über die Wiese, die spielenden Kinder und die Männer, die gerade eine alte Zinkbadewanne heranschleppten. »Wenn ich mir das recht überlege«, sagte er, »war es gut von den Altvorderen hierzubleiben.«

»War damals die richtige Entscheidung«, ergänzte Heinrich.

»Obwohl es auf der Kippe stand«, fügte Richard hinzu.

»Was stand auf der Kippe?« Diesmal war es Asta, die fragte.

»Kannst du dir vorstellen«, sagte Kai. »dass es um ein Haar den Ort Vitte an der Stelle, wo er sich heute noch befindet, nicht mehr gegeben hätte?«

»Nicht mehr?« Asta schluckte. »Quatsch, ihr wollt mich veräppeln.«

Sie sah, wie Kai die Stirn runzelte, als hätte sie etwas Falsches gesagt. Auch die anderen, bis auf Piet, schauten ernst drein.

»Wirklich?«, hakte sie nach. »Aber wieso denn?«

Kais Miene nahm einen nachdenklichen Zug an. »Schuld daran war die schlimmste Sturmflut, die seit Anbeginn unserer Chronik in der südlichen Ostsee wütete. Egal, welchen Hiddenseer du fragst, den 12. und 13. November 1872 vergisst hier niemand.«

»Was ist passiert?«

»Es tobte ein unvorstellbarer Orkan«, bemerkte Willi Kollwitz. »Vierundzwanzig Stunden, aus Nordost.«

Heinrich nahm seine Pfeife aus dem Mund. »Das Wasser stand am Außenstrand zwei Meter fünfzig über normal. Weite Teile des Inselflachlandes wurden gänzlich überflutet, darunter auch Vitte und Neuendorf. Wenn du damals vom Dornbusch Ausschau gehalten hättest, wäre da nur eine einzige Wasserwüste gewesen.«

Richard legte die Arme vor sich auf den Tisch. »Den meisten Menschen gelang es nur, ihr nacktes Leben zu retten, die gesamte Habe ging verloren. Das Vieh ertrank, die Möbel waren zertrümmert. Viele Boote wurden zerstört, die Brunnen bis auf einige wenige alle versalzen. Wiesen und Äcker waren weithin versandet und damit unbrauchbar geworden.«

»Oh, mein Gott«, flüsterte Asta und faltete erschrocken die Hände vor den Lippen. Ihre Augen weiteten sich.

»Aber es kam noch schlimmer«, murmelte Willi Kollwitz. »Es war ja, wie gesagt, November. Der Winter stand vor der Tür. Die angelegten Vorräte waren vernichtet worden, viele Häuser, deren Wände aus Stroh und Lehm errichtet worden waren, waren aufgeweicht und eingestürzt, unzählige Menschen obdachlos.«

»Und wie erging es euren Familien?«, flüsterte Asta, während sie nacheinander in die Gesichter blickte.

»Ich war damals elf«, hob Martha Henning zu sprechen an. »In dieser Nacht wurde ich von einem Plätschern geweckt. Als ich die Augen aufschlug, stellte ich erschrocken fest, dass Wasser durch die Wände rieselte. Ich sprang auf, weckte meine Mutter, natürlich wollten wir hinaus. Aber die Tür blockierte. Das strömende Wasser hatte eine schwere Truhe davor geschoben. Wir saßen in der Falle.«

Martha schloss kurz die Augen, ihr Atem ging schwer.

»Als das Wasser höher stieg, beschloss meine Mutter, ein Loch in die Zimmerdecke zu schlagen, um auf den Dachboden zu gelangen.«

»Und wo war Urgroßvater?«, fragte Piet.

»In Stralsund«, gab Martha zurück.

»Und weiter?«, fragte Asta.

»Mutter sagte: ›Steigt ins Wasser und versucht, das Beil zu ertasten.‹ Mein Gott, war das eisig. Schließlich fanden wir das Beil unter einem Schrank. Dann stellte meine Mutter einen Stuhl auf den Tisch, kletterte hinauf und bearbeitete die Decke mit dem Beil.«

Asta stöhnte leise auf bei dem Gedanken daran. Sie sah die verzweifelte Frau vor sich.

»Ihr könnt euch vorstellen, welche Mühe es meiner Mutter bereitete, in der Eile ein Loch herauszubrechen, das groß genug war, dass wir alle nacheinander auf den Dachboden kriechen konnten. Oben wurden wir Kinder ins Heu geschoben, um uns vor der Kälte zu schützen. Dabei hörten wir, wie unter uns die Wände dem Druck der Flut nachgaben, so dass die Wassermassen frei hindurchströmen konnten. Am Ende ruhte das Haus nur noch auf den vier Außenständern und schwankte bedrohlich hin und her. Meine Mutter war in ständiger Sorge darüber, dass das Haus zusammenbrechen könnte und wir auf die Ostsee hinausgetrieben würden.« Die alte Frau knetete die Hände. »Erst am nächsten Abend gelang es meinem Vater, uns mit dem Boot zu bergen. Wir überwinterten dann bei Verwandten auf Rügen und warteten den Entschluss ab.«

»Welchen Entschluss?«, fragte Piet aufgeregt.

»Ob wir in Vitte bleiben könnten oder wegziehen müssten.«

»Wer sollte das denn entscheiden?«, wollte Asta wissen.

»Kaiser Wilhelm«, antwortete Heinrich.

Asta warf den Oberkörper überrascht zurück. »Was, der Kaiser persönlich?«

Willi Kollwitz nickte langsam. »Unter der Leitung des damaligen Dorfschulzen Johann Karl Schluck reiste eine dreiköpfige Delegation nach Berlin. Man ließ sie sogar bei Hofe vor, jedoch empfing sie nicht, wie erwartet, Kaiser Wilhelm, sondern sein Sohn Kronprinz Friedrich.«

Wilhelm Popp rieb sich die Nase. »Je, wi wull'n eigentlich den Ollen späken‹, sollen sie gesagt haben, worüber Kronprinz Friedrich, der Platt verstand, sichtlich amüsiert war.«

»Sie haben wirklich ›den Ollen‹ gesagt?« Asta schüttelte den Kopf.

»So heißt das eben bei uns.« Kai schmunzelte. »Zum Glück erteilte er dem Umsiedlungsplan der Vitter, ein neues Dorf am Berghang zwischen Kloster und Grieben zu errichten, eine Absage.«

»Genau«, fiel ihm Heinrich ins Wort. »Kinnings, dat kann wohl nicks warden.‹ Aber er versprach auch großzügige Hilfe. Auf jeden Fall fühlten sich unsere drei Fischer von dem Hohen Herrn verstanden. Zufrieden und zuversichtlich verabschiedeten sie sich. ›Na, denn grüßen Sei Vaddern schön un stellen em dat man orntlich vör!‹«

Asta lachte.

»Und hat der Kronprinz sein Versprechen gehalten?«, fragte Piet.

Heinrich nickte. »Ja. Wir waren junge Männer, als die ersten Buhnenreihen gesetzt und die Steinwälle zum Küstenschutz gegen die Brandung aufgeschüttet wurden. Es gab eine Menge für uns zu tun.«

Asta lächelte erleichtert. »Da hatte ich ja richtig Glück, dass der Kronprinz die drei Fischer angehört hat. Na ja, sonst wäre mein Haus der Winde nie an dieser Stelle errichtet worden, und dich ...« Sie schaute liebevoll zu Kai, dann wandte sie sich an die anderen am Tisch »Ich meine, euch alle hätte ich nie getroffen.«

»Darauf noch einen Schluck!«, rief Willi Kollwitz und schob sein Glas über den Tisch.

20

Wie wird man eigentlich Filmstar?«, fragte Piet.

Asta lachte. »Als ich in Kopenhagen am Theater mit der Schauspielerei anfing, gab es den Film in dieser Form noch gar nicht. Den mussten wir erst erfinden.«

»Ach was!« Richard beugte sich jetzt ebenfalls interessiert vor.

»Na, das Kino an sich gab es schon, aber dort liefen eher auf Fünfzig-Millimeter-Film gedrehte Szenen von Varieténummern wie das Wintergartenprogramm der Gebrüder Skladanowsky. Vielleicht könnt ihr euch noch an das boxende Känguru erinnern.«

Asta schaute erwartungsvoll in die Runde, und die Älteren nickten unbestimmt. Heinrich nahm seine Pfeife aus dem Mund und brummte: »Jo, das kann ich wohl. So Filme wie den mit dem Känguru hab ich früher mal in Stralsund auf dem Jahrmarkt gesehen. Aber das ist lang her.«

»Wie ging es mit der Filmerei dann weiter?«, meldete sich Willi Kollwitz zu Wort.

»Es gab eine technische Revolution. Den Langfilm. Wir, ein kleiner Haufen Enthusiasten, einige junge Schauspieler und unser Regisseur, hatten eine Vision:

Wir wollten Geschichten aus dem wahren Leben erzählen, Menschen aus Fleisch und Blut darstellen, im Grunde nichts weniger als das große Drama des Lebens auf die Leinwand bringen.«

»Und dann bist du berühmt geworden!«, rief Peter aufgeregt dazwischen. Seine Ohren glühten, und die hellen Augen blitzten.

»Nein, so schnell ging das nicht, Piet.« Asta schüttelte den Kopf. »Erst einmal brauchten wir einen Geldgeber, und wir hatten ja auch gar keine Ahnung davon, wie man einen Film dreht, also mussten wir einen Kameramann anheuern und einen Ort suchen, an dem wir drehen konnten. Schließlich bauten wir unsere armseligen Kulissen in einem ehemaligen Gefängnishof auf und zogen uns dort in den Zellen um.«

»Nein, wirklich!«, entfuhr es Käthe Popp.

»Das Geld, die achttausend Kronen, die wir von einem kleinen Kinobesitzer in der Östergade bekommen hatten, reichte genau für acht Tage, und wir belichteten in dieser Zeit neunhundert Meter Film. Dieser musste natürlich noch geschnitten werden, und wir waren blass vor Schreck, als wir mitbekamen, dass unser gesamtes Material total überbelichtet war. Der einzige Fachmann im Team hatte versagt.«

»Ach nein, die ganze Arbeit! Alles umsonst?«, fragte Mutter Henning teilnehmend und wiegte leicht ihren Oberkörper.

Asta zuckte die Schultern.

»Irgendwie schon, aber was sollten wir machen. Es blieb uns nichts anderes übrig, als ›Abgründe‹ trotzdem in die Kinos zu bringen. Aber dann geschah ein Wunder. Als ich bei der Premiere im dunkeln Saal saß, da merkte ich, dass die schlechte Bildqualität uns Schauspielern nichts anhaben konnte. Im Gegenteil. Der Gesamteindruck war sehr wirkungsvoll, und darauf kam es an. Die Besucher, die im Kino saßen, waren von der ersten Sekunde an begeistert. Der Film wurde ein weltweiter Erfolg.«

»Aber dann warst du ein Filmstar«, insistierte Piet.

Asta musste lachen und strubbelte sein blondes Haar.

»Ja, wenn ich nicht in Dänemark gelebt hätte, dann schon, aber dort meinte man, das sei eine Eintagsfliege gewesen. Niemand wollte einen zweiten Film finanzieren, und große Rollen am Theater bekam ich auch nicht. Also ging ich mit meinem ersten Mann, Urban Gad, der auch Drehbücher schrieb und mein Regisseur war, nach Berlin, wo uns die deutsche Bioskop unter Vertrag nahm.«

»Dein erster Mann? Asta, sag mal, wie viele Ehemänner hattest du denn?«

»Piet, so etwas fragt man nicht!«, wies Franziska, die gerade das Geschirr abzuräumen begann, ihn empört über den Tisch hin zurecht.

Asta dagegen machte eine Handbewegung, die Franziska beschwichtigen sollte und Piets Bemerkung herunterspielte.

»Ach, das kann er doch in jeder Illustrierten nachlesen. Ich war zweimal verheiratet, und mein dritter Mann, mit dem ich zehn Jahre zusammengelebt hatte, hat mich vor einer Weile verlassen, um nach Paris zu gehen.«

Sie schaute kurz zu Kai und bemerkte, wie auch Franziska ihrem Bruder in diesem Moment einen Blick zuwarf, doch an seiner Miene war nicht abzulesen, woran er dachte.

Mutter Henning wechselte das Thema. »Was ich mich immer frage: Wie merkt ihr Schauspieler euch nur diese ellenlangen Texte?«

»Nun ja, ich kann mich sehr gut konzentrieren. Das ist eine Voraussetzung, glaube ich, und dass man sich in ein anderes Leben hineinfühlen kann.«

»In ein anderes Leben hineinfühlen«, murmelte Franziska.

»An Ihren Film ›Abgründe‹ kann ich mich noch gut erinnern«, warf Willi Kollwitz schwärmerisch ein. »Den habe ich sogar mehrmals im Kino gesehen. Ein toller Film ... Ich hätte Sie aber nie für eine Dänin gehalten, eher für eine Spanierin oder Italienerin.«

»Oh, vielleicht wollten meine Landsleute mich deshalb immer loswerden«, entgegnete Asta leichthin, und alle lachten. Dann wandten sie sich um, denn jetzt fiel der gedrungene Schatten von Max Bredow auf den Tisch.

»Heinrich, Kai!«, sagte er. »Kommt doch mal bitte. Die Kinder warten schon.«

• • •

Asta hatte sich bereit erklärt, Franziska mit dem Abwasch zu helfen. Zwei große Emaille-Schalen standen vor ihnen auf dem Tisch. Eine enthielt Seifenlauge, die andere klares Wasser. Franziska wusch ab, während Asta abtrocknete.

»Ihre Familie hat hier auf der Insel eine lange Tradition«, sagte Asta und nahm einen Teller aus dem Wasser.

Franziska sah kurz auf. »Ja, kann man wohl sagen.«

»Es war schön, wie Ihre Mutter Kai begrüßt hat. Ich denke, sie haben ein liebevolles Verhältnis.«

Franziska nickte zustimmend. »Ja, das war noch nie anders. Er war immer ihr Liebling. Am liebsten erzählt sie davon, wie er mit drei Jahren eine ganze Nacht lang verschwunden war. Sie fanden ihn dann am Morgen unten am Strand in einem Boot. Er hat tief und fest geschlafen, eingewickelt im Focksegel.« Franziska lächelte und blickte zu Asta hinüber. »Muss schön sein, so ein Sommer ganz ohne Arbeit.«

»Ja. Und nein.« Asta stellte das trockene Geschirr zur Seite. »Nehmen Sie nur diesen Sommer. Es schwingt diesmal so viel Ungewisses mit. Bis jetzt habe ich noch kein einziges neues Rollenangebot. Eigenartig, dass mir das ausgerechnet jetzt auffällt.«

»Ist das ungewöhnlich?«

»Na ja, typisch ist es für mich nicht.«

»Sie nehmen es aber nicht besonders schwer.«

Asta schwieg einige Sekunden. All dies beschäftigte sie sogar sehr, aber sie fand, dass Franziska nicht die Richtige war, mit der sie ihre Sorgen besprechen wollte. »Ich bin sicher, ich könnte die Theaterdirektion überzeugen, mir wieder eine Rolle in einem Stück zu geben. Aber ich bin mir nicht sicher, ob mir das gefallen wird, was man für mich bereithält.«

Franziska ließ einen weiteren Teller ins Wasserbad gleiten. »Ich nehme an«, lenkte sie ein, »die Entscheidung hat noch Zeit, bis Sie wieder heimfahren.«

»Wussten Sie immer schon, dass sie so leben wollten?«

Franziska lachte kurz auf, wurde aber sofort wieder ernst.

»Ich bin die Tochter eines Fischers, wissen Sie, da liegt es ziemlich nahe, dass man irgendwann mal auch die Frau eines Fischers wird. Ja. Mein Richard ist ein guter Mann, es gibt keinen besseren. Und Piet, mein Junge ...«

Sie beobachtete, wie das überschüssige Seifenwasser vom Teller tropfte. Danach legte sie ihn in die zweite Schüssel und wischte sich mit dem feuchten Unterarm über die Stirn.

»Na ja, klar. Manchmal denke ich schon daran, was ich alles verpasse.« Ihr Gesicht nahm einen verträumten Ausdruck an. »Aber vielleicht komme ich ja doch noch mal in die Berge. Schneebedeckte Gipfel, eisblaue Gletscherseen. Garmisch-Partenkirchen.« Sie zögerte. »Ehrlich, ich glaub es aber nicht.«

Das Rumpeln umstürzender Kegel drang bis zu ihnen herüber. Kinder lachten.

Asta griff nach dem Teller und räusperte sich. »Hatte Kai viele Freundinnen nach seiner Scheidung?«

Einen Augenblick verharrte Franziska regungslos, dann hob sie den Blick, ohne die Hände aus der Seifenlauge zu nehmen.

»Hören Sie, Asta. Ich bin in so etwas nicht sehr gut. Dieses Gerede um den heißen Brei, das liegt mir nicht, und ich spiele nicht gern die Ahnungslose. Also lassen Sie uns offen reden. Kai ist mein Bruder, und er bedeutet mir und unserer Familie sehr viel. Ich weiß nicht, was Sie suchen. Aber hören Sie auf, es hier zu suchen. Lassen Sie ihn nicht noch einmal dasselbe durchmachen, wofür er schon einmal sehr lange gebraucht hat, um es zu überwinden.«

Asta wich ihrem Blick nicht aus. »Ich denke, Kai tut nichts, was er nicht will.«

Franziska schlug die Augen nieder. »Ja. Kai ist ein guter Mann, und goldene Hände hat der Bursche, da finden Sie hier keinen zweiten. Aber am Ende ist auch er nur ein Mann.«

...

Nachdem sie den restlichen Abwasch schweigend beendet hatten, verabschiedete sich Asta und schlenderte über die Festwiese.

Heinrich und Käthe Popp standen nur wenige Meter von ihr entfernt hinter einem dünnen Seil, das zwischen zwei Holzpfosten gespannt war, und sie hörte, wie Heinrich, in gewohnter Manier die Pfeife im Mundwinkel, den Kindern geduldig die Bedeutung einzelner Schifferknoten erklärte, während er ihnen zeigte, wie sie zu stecken waren. Konzentriert hörten sie zu und probierten es danach selbst. Einige bekamen es auf Anhieb hin, bei anderen dagegen war es wie verhext. Egal, wie sehr sie sich bemühten, am Ende hielten sie immer wieder die beiden losen Seilenden in den Händen. Aber Käthe hockte sich vor ihnen hin, fand tröstende Worte, und Heinrich zeigte es anschließend noch einmal.

Als Asta die Bezeichnungen der einzelnen Seemannsknoten hörte, fühlte sie sich einen Moment
lang zurück auf See versetzt, mitten hinein in die
Nacht, in der sie gemeinsam die Heringsnetze gestellt hatten. Heinrich, Piet, Kai und sie.

Kai!

Ihr Blick glitt suchend über die Wiese, und sie fand
ihn inmitten einer Schar Jungen auf einem Schemel
sitzend.

Langsam ging sie näher.

Sie erkannte, dass alle mit Schnitzen beschäftigt
waren.

Jeder von ihnen hielt ein Messer in der Hand und
versuchte, in ein länglich zugeschnittenes Kawelholz,
das Asta an einen Dominostein erinnerte, die jewei-
lige Hausmarke einzukerben.

»Du musst die Klinge flacher halten«, ermahnte
Kai einen der Jungen. »Sonst blockiert die Spitze im
Holz.« Als dieser hilflos zu ihm herübersah, beugte
er sich vor und nahm ihm ruhig das Holzstück aus
der Hand. »Siehst du, so.« Vorsichtig trennte er einen
schmalen Span von der Oberfläche ab, und eine gerade Einkerbung blieb im Holz zurück.

»Jetzt du.«

Asta betrachtete den blonden Jungen, der das Messer jetzt genau so hielt, wie Kai es ihm gezeigt hatte,
während seine Zungenspitze nervös über die Unterlippe wanderte. Angespannt drückte er die Schneide
ins Holz, und ein Span löste sich genau dort, wo er
es gewollt hatte. Dankbar und zufrieden zeigte er Kai
das Ergebnis.

»Sehr gut.«

Plötzlich kam abseits Bewegung auf den Platz, und Asta schaute sich um. Wasser wurde in Eimern herangetragen und in eine Zinkwanne gegossen, die auf einem Tisch thronte.

»Kinnings! Aalgreifen beginnt in wenigen Minuten«, rief Max Bredow unvermittelt und deutete mit dem Ende seiner Krücke auf die Wanne.

Sofort flogen die Gesichter der Jungs herum und schauten Kai fragend an. Der erhob sich von seinem Schemel. »Na, haut schon ab«, meinte er schmunzelnd.

»Danke! Up Weddersehen!«

Eifrig wurden die Messer zusammengeklappt und verschwanden mit den halbfertigen Kawelhölzern in den Hosentaschen. Ehe sie sich versahen, waren Asta und Kai allein.

Asta spürte, dass Kai sich freute, sie jetzt neben sich zu haben, in der Gewissheit, auch den restlichen Tag und den Abend mit ihr zu verbringen.

»Für dich habe ich auch was geschnitzt«, sagte er und reichte ihr ein kleines Geschenk.

»Für mich?«, fragte Asta, blickte ihn erstaunt an und griff danach.

Sie erkannte sofort, was es war. Eine Netznadel, mit deren Hilfe die Fischer die Löcher in den Netzen ausbesserten.

Aber diese hier war anders, etwas ganz Besonderes.

Lang, schmal und filigran. Ihre Oberfläche fühlte sich glatt an, und warm lag sie in ihrer Hand.

»Du hast sie mit einer Hausmarke versehen«, stellte Asta überrascht fest und betrachtete eingehend die Schnitzerei am unteren Ende.

»Ja, es ist deine.«

»Meine?« Sie wollte ihm entgegnen, dass ihr Häuschen einen Namen trug, doch sie sagte nichts, denn sie nahm an, dass er das sowieso wusste.

Kai deutete ihr Schweigen als gelungene Überraschung.

»Ich habe, wie früher bei den Kolonisten, den Anfangsbuchstaben deines Nachnamens genommen und die dazu passende Rune herausgesucht. N, für Nielsen. Siehst du?«

Behutsam strich Asta mit der Daumenkuppe über die Aussparungen im Holz. Ihre Stirn brannte, und auf ihrer Oberlippe stand ein kleiner Schweißfilm. Sie dachte an das Gespräch mit seiner Schwester. Goldene Hände. Wie wahr. Sie liebte Kai dafür, dass er ihr eine eigene Hausmarke zuschrieb, dass er voller Stolz mit ihr über die Festwiese und über die Insel schritt. Sie schluckte. Doch er war auch ein Mann, in dem der Wunsch nach Heimat und Tradition tief verwurzelt war, der als Fischer seinen Unterhalt verdiente und der jetzt bei ihr stand und sie liebte – auf seine ganz eigene Weise.

»Gefällt sie dir nicht?«, fragte er unsicher.

»Doch, sie ist wunderschön.«

Sie standen einen Moment lang schweigend da. Dann hob sie langsam den Blick.

Immer wieder diese blauen Augen, dachte Asta, die sie jetzt nachdenklich musterten. Wie zwei Strudel im Meer, die sie packten und bis auf den Grund ihrer eigenen Seele hinunterzogen. Sie räusperte sich.

»Ich möchte, dass du mir da ein kleines Loch hineinbohrst. Hier, unterhalb der Schnitzerei. Dann kann ich sie als Anhänger um den Hals tragen. Tust du mir den Gefallen?«

Auf seinem braunen Gesicht erschien ein breites Lachen. Fest packte er sie bei den Hüften und hob sie hoch. »Was immer du willst!«

Zärtlich ließ er sie zwischen seinen Armen herabgleiten, bis ihre Füße den Boden berührten. Wieder wurde Asta von der schwindelerregenden Mischung aus Liebe und Furcht erfasst, einem Gefühl, das sie erst seit diesem Sommer auf Hiddensee kannte.

Tatsache war, dass sie glaubte, man konnte dieses ungewohnte Gefühl nur damit erklären, dass sie in diesem Sommer ein Teil ihres alten Lebens hinter sich ließ. Darunter Menschen wie Grigori Chmara, Joachim Ringelnatz und Muschelkalk. Aber es war nicht ihr Verlust allein. Sie spürte, dass sich darüber hinaus auch die gewohnte und durchaus beruhigende Beständigkeit der letzten Jahre zu verflüchtigen begann, ohne dass sie etwas dagegen tun konnte.

Verdutzt stellte sie fest, dass sich dies im weitesten Sinne wie eine Mutprobe anfühlte. Nur hatte sie sich noch nicht entschieden, wie weit sie bereit war, dabei mitzugehen, und auch die Bedingungen der Probe waren ihr nicht klar.

Kai gab ihr die Netznadel zurück.

»Danke«, flüsterte sie, während sie den Verschluss ihrer goldenen Halskette öffnete, um den neuen Anhänger daran aufzufädeln.

Anschließend hielt sie ihm wortlos die beiden Enden hin und stellte sich so, dass er ihr die Kette um den Hals legen konnte.

Dabei küsste Kai sie zart im Nacken. Asta erschauerte.

Sie wollte sich gerade zu ihm umdrehen, als Willi Kollwitz auftauchte.

»Na, wie schaut's aus?«, fragte er verschmitzt. »Wollt ihr euer Glück auch mal beim Aalgreifen versuchen?«

...

Das Aalgreifen war für die Kinder der Höhepunkt eines jeden Fischerfestes und gleichzeitig ein uneingeschränktes Vergnügen für alle Beteiligten.

Als Asta und Kai eintrafen, hatte sich bereits ein beachtliches Spalier zu beiden Seiten einer Gasse gebildet, und Asta merkte, dass eine illustre Anspannung in der Luft lag. Überall standen die Fischerfamilien beieinander und beratschlagten, wer in diesem Jahr die Herausforderung annehmen würde. Dass es die Kinder reihum versuchten, stand außer Frage. Aber wer von den Erwachsenen würde sich der Aufgabe stellen? Auch auf die Gefahr hin, dass ihn die anderen Männer bei einem gescheiterten Versuch in den nächsten Wochen frotzeln würden.

Asta, die zwischen Kai und Piet stand, schaute ratlos in die Runde. »Wie funktioniert das überhaupt, dieses Aalgreifen?«

Kai deutete auf das eine Ende der Gasse, wo ein Fahrrad abgestellt war. »Dort ist der Start. Von da aus fährt man mit dem Rad bis zur Zinkwanne, in der ungefähr ein Dutzend Aale schwimmen. Während der Fahrt greift man hinein, packt einen Aal und behält ihn in der Hand, bis man zehn Meter weiter am anderen Ende der Gasse die Markierung am Boden passiert hat. Dann gehört der Aal dir.«

Astas Blick folgte abschätzend der Strecke. »Für mich klingt das nicht so schwierig. Mit ein bisschen Geschick müsste das doch zu lösen sein.«

»Auf den ersten Blick mag es leicht erscheinen«, erwiderte Piet. »Aber vergiss nicht, Asta, das hier ist eine Wiese, kein ebener Weg, und du darfst den Fuß nicht absetzen. Dazu kommt, dass der Aal von Natur aus ein schleimiger Fisch ist. Den zu erwischen und dann auch noch festzuhalten ...« Er verzog skeptisch das Gesicht.

Asta brauchte Kai nicht zu Rate ziehen, denn jetzt löste sich ein älterer Junge aus der Menge, den sie auf zwölf oder dreizehn schätzte, und stieg unter den Anfeuerungsrufen der Umstehenden aufs Rad.

Als er losradelte, verstand Asta sofort Piets Einwände. Die mit Luft gefüllten Räder hüpften über die Grassoden und ließen das Rad wie ein bockiges Pferd springen. Der Junge brauchte alle Kräfte, um den Lenker festzuhalten, denn das Vorderrad brach immer wieder zur Seite aus. Trotzdem versuchte er, auf Höhe der Zinkwanne den Arm auszustrecken, was ihm aber nur ansatzweise gelang, weil das Rad jetzt noch stärker schlingerte. Ergebnislos und enttäuscht erreichte er die Markierung und stieg ab.

Nach ihm kamen noch drei weitere Jungen, alle im ähnlichen Alter, denen es genauso erging. Einem von ihnen gelang es wenigstens schon, die Hand ins Wasser zu tauchen, jedoch war er weit davon entfernt, einen Aal zu greifen.

Schließlich traute sich mit Benno Gottschalk der erste Fischer aufs Rad. Die Mütze im Nacken, schnippte er die Kippe zur Seite weg, bevor er mit zusammengekniffenen Augen das Ziel anvisierte und sich mit dem Fuß abdrückte. Das Rad nahm holpernd Fahrt auf, und schnell war er auf Höhe der Wanne. Er griff hinein, bekam auch einen Aal zu fassen, doch das Tier wand sich aus seiner Hand heraus und fiel hinter ihm ins Gras.

Zwanzig Minuten und elf Kandidaten später, unter denen es auch Piet versucht hatte, kam Asta zu der Einsicht, dass es unmöglich war, einen Aal aus dem Wasser zu fischen und ins Ziel zu bringen.

»Ich zeig dir, dass es geht«, sagte Kai knapp und krempelte sich auf dem Weg zum Fahrrad die Hemdsärmel auf.

»Nächster Versuch, Kai Henning«, verkündete Willi Kollwitz und hielt ihm das Fahrrad hin. »Petri Heil!«

Kai stieg auf und trat kräftig in die Pedale. Dabei beugte er sich weit über den Lenker. Obwohl auch er denselben Weg durch die Wiese fuhr, sah es für alle so aus, als würde ihm das Rad besser gehorchen als all den anderen zuvor. Nichts konnte ihn von seinem Weg abbringen.

Als er die Zinkwanne erreichte, bremste er sanft, griff dabei blitzschnell ins Wasser und bekam einen stattlichen Aal zu fassen. Jeder sah, dass er den Fisch so gepackt hatte, dass es für ihn kein Entrinnen gab. Jetzt musste er es nur noch hinter die Absperrung schaffen. Die Anfeuerungsrufe wurden lauter.

Kai war nur noch zwei Meter von der Markierung entfernt, als mit einem lauten Knirschen die Kette zerbarst. Jene, die in unmittelbarer Nähe standen, konnten es hören.

Er merkte es erst, als seine Füße ins Leere traten. Doch noch reichte der Schwung, um vorwärts zu rollen. Die Ziellinie vor Augen, hob er die Beine von den Pedalen und stellte die Füße auf dem Rahmen ab. Dann wartete er kühn auf den Moment, an dem das Fahrrad einen halben Meter vor der Markierung beinahe zum Stillstand kam. Kurz davor riss er mit der linken Hand den Lenker herum, wodurch das Rad für einen winzigen Augenblick quer stand und er abspringen konnte. Der Fahrradlenker bohrte sich, als fühlte er sich hintergangen, tief in den Rasen. Kai aber landete sicher im Ziel, mit dem Aal in der Hand.

Die Begeisterung kannte keine Grenzen.

»Typisch Kai«, sagte Franziska und freute sich über den Fisch.

»Mein Onkel«, erklärte Piet stolz und lief zu Kai, um ihn zu beglückwünschen.

»Ich hatte keine Ahnung, dass man fürs Aalgreifen ein Artist sein muss«, sagte Asta zu Richard, der nur grinsend mit den Achseln zuckte.

Heinrich nahm seine Pfeife aus dem Mund und hüllte sich in eine Wolke Tabakrauch. »Man ist doch nicht gleich ein Artist, nur weil man vom Fahrrad springt. Der alte Kradel dagegen, der hat wirklich was gewagt, der ist in der Kirche in Kloster auf einem Engel geritten.«

Asta schaute Heinrich verdutzt an, aber der verzog keine Miene.

»Diesmal ist es kein Fischerlatein, Frau Asta«, fiel Richard ein. »Aber die Erklärung ist einfach. Dem

Mann rutschte bei der Renovierung der Kirchendecke die Leiter unterm Moors weg, und er konnte sich gerade noch so an den Holzengel klammern, der dort von der Decke hängt.«

»Nichts anderes hab ich gesagt«, brummte Heinrich.

Asta lachte herzlich. »Mein Gott! Und wie geht es hier weiter?«

»Wenn Kai zurück ist, essen wir gemeinsam zu Abend«, erklärte Franziska bestimmt. »Es gibt gekochten Hecht, Schweinebraten und Kompott.«

»Oh, das klingt gut, mei Deern«, freute sich Heinrich.

»Und danach wird getanzt«, sagte Franziska beschwingt und schaute ihren Mann herausfordernd an. Dessen schmales Gesicht wurde eine Spur verkniffener. Selbstbewusst hakte sie sich dennoch bei ihm ein und sagte an Asta gewandt: »Ich meine, gehört zu haben, dass heute eine Kapelle aus Stralsund spielt. Aber erwarten Sie nicht zu viel. Das hier ist nicht Berlin.« Plötzlich errötete sie, als wäre ihr diese Äußerung angesichts des vorhin geführten Gesprächs peinlich.

Asta erwiderte jedoch beruhigend: »Keine Sorge, Franziska, was die Qualität Berliner Kapellen angeht, glauben Sie mir, die wird auch schon mal überschätzt.«

•••

Das Abendessen war hervorragend, und Asta bedankte sich bei den Familien für die Einladung und die Bewirtung, die ihr an diesem Tag zuteil geworden war. Auf ihren Wunsch hin hatte Peter aus dem Karusel eine Flasche Aquavit geholt, die sie nun als Dankeschön in die Mitte des Tisches stellte und die schnell regen Zuspruch fand.

Die Sonne war inzwischen auf der anderen Seite der Insel untergegangen, und die letzten blassrosa Wolken waren einer Dunkelheit gewichen, in die nun Sturmlaternen an Holzstecken ihr flackerndes Licht warfen.

Franziska Hübner sollte mit beidem recht behalten: Die Kapelle kam aus Stralsund, und sie spielte nicht besonders gut. Aber es gelang den vier Männern wenigstens, den Takt zu halten, und so tanzten Jung und Alt ausgelassen unter den Reihen bunter Glühbirnen, welche die Szenerie erhellten.

Asta bemerkte erstaunt, dass es hier überhaupt nicht darauf ankam, wie man tanzte. Es ging nicht, wie in den Ballhäusern der Hauptstadt, um Pose, Haltung und Figur. Um Sehen und Gesehenwerden.

Nein, hier wurde getanzt, wie jeder konnte. Eine gewagte Mischung aus Polka und Rheinländer, an manchen Stellen unterbrochen von einem ausgelassenen Schunkeln. Piet wirbelte an ihnen vorbei, ein hübsches Mädchen im Arm, dessen Zöpfe flogen, dicht gefolgt von Franziska und Richard. Selbst Heinrich hatte seine Pfeife bei Seite gelegt und tanzte heiter mit seiner Käthe.

Alle waren so mit der beschwingten Tanzerei beschäftigt, dass niemand von ihnen bemerkte, wie im Logierhaus gegenüber ein Fenster im ersten Stock geöffnet und ein Radio auf dem Sims abgestellt wurde. Plötzlich, mitten hinein in die letzten

Takte einer Polka, dröhnte die verzerrte, schreiende Stimme Adolf Hitlers, als kratzte und quietschte die Nadel eines Plattenspielers ungebremst quer über das Schellack.

Ungläubige Blicke richteten sich auf das Fenster, und Asta erstarrte. Dort zeigte sich Ernst Riek in einer nagelneuen SA-Uniform, den rechten Arm stramm zum Hitlergruß erhoben.

»Ich weiß es, meine Kameraden«, brüllte Hitler mit sich fast überschlagender Stimme, und Asta sah den ihr verhassten Mann in seiner braunen Uniform und den einstudierten Gesten förmlich vor sich. »Es ist euch wohl oft schwergefallen, wenn ihr meint, es müsse nun ein Wandel kommen ...« Sie wusste, dass Hitler nun bühnengerecht beide Arme anwinkelte, die Fäuste ballte und das Kinn in Heldenpose reckte und damit die Zuhörer mit aller ihm zur Verfügung stehenden Macht einschwor. »Und er kam nicht, und immer wieder muss an euch der Appell gerichtet werden, es muss weitergekämpft werden, es geht nicht, ihr dürft nicht handeln, ihr müsst gehorchen, ihr müsst euch fügen, ihr müsst euch jedem unhaften Zwang beugen!«

»Heil!«, brüllten ihm die Massen im Radio zu, und Ernst Riek stimmte mit weit aufgerissenen Augen in den Gruß mit ein.

Betroffen sah Asta sich um.

Aus den Gesichtern war die Freude gewichen. Jetzt spiegelten die Mienen nur noch Unverständnis und Ärger wider.

Max Bredow, schwer gestützt auf seine Krücke, humpelte auf das Haus zu.

»Mach das aus!«, rief er schneidend.

»Es spricht der Führer!«, krakeelte Riek zurück.

»Jetzt spreche ich, und ich sage dir, mach das Radio aus.«

Als Riek bemerkte, dass sich auch die anderen Fischer anschickten, sich dem Haus zu nähern, drehte er widerwillig den Ton leise.

»Wo ist deine Fischerkluft?«

»Die habe ich abgelegt. Ich folge jetzt unserem Führer. Das ist die Zukunft, meine und die von Hiddensee.«

Max Bredow schaute zu Riek hinauf.

»Du hast nichts gelernt, Riek. Dein Führer spricht von Wandel, aber wir hier auf der Insel, wir wandeln uns nicht. Das solltest du wissen. Und es gibt nur einen Zwang, dem wir uns beugen, für den wir bereit sind zu kämpfen, und, wenn es sein muss, auch zu sterben, und das ist unsere Art zu leben, denn nur die sichert unsere Zukunft.«

Rund um Max Bredow hatten sich jetzt alle Männer aus der Fischerkompanie aufgestellt, auch Rieks Vater war darunter und ballte stumm die Fäuste.

»Die Mächtigen kommen, und die Mächtigen gehen. Was bleibt, ist der Hering, der zieht immer und jedes Jahr zur gleichen Zeit. Und jetzt schaff das Radio weg und begrüß wenigstens deine Eltern.«

Dann wandte sich Max Bredow wortlos um und gab der Kapelle das Zeichen weiterzuspielen. Riek verschwand im Inneren des Hauses.

Asta trat zu Kai und nahm stumm seine Hand. Sie blickte dem alten Mann hinterher, der sich, tief gebeugt, mit zitternder Hand einen Korn eingoss. Sie bewunderte unwillkürlich seine furchtlose Haltung, seine Entschlossenheit, die Unerschütterlichkeit in seiner Stimme. Er hatte die richtigen Worte für die Situation gefunden. Sie selbst hätte darauf nichts zu sagen gewusst.

Asta sah noch einmal hinauf zu dem Fenster. Jetzt war es geschlossen, und in der Scheibe spiegelte sich bleich die Sichel des Mondes.

•••

Später in der Nacht standen Asta und Kai seitlich des Tanzbodens, wo spärliches Licht über die Bänke fiel. Innerlich war Asta immer noch aufgewühlt, und das ganze Treiben erschien ihr unwirklich. Die Paare schwangen hinaus ins Licht und wieder zurück ins Dunkle, wie geisterhafte Gebilde, die vor ihren Augen als etwas Unruhiges, Schemenhaftes über die Dielen glitten.

»Was ist, wenn dieser Wahnsinn auch Hiddensee erfasst?«, fragte sie sorgenvoll.

»Du meinst, wegen dem jungen Riek?«

Sie nickte.

»Der braucht einfach eine Frau, dann kriegt er sich schon wieder ein.«

»Und wenn nicht?«

»Wir anderen sind auch noch da. Es wird sich nichts ändern. Hier bist du sicher.«

»Sicher.« Wiederholte sie, und für den Moment wollte sie ihm das glauben.

Die Kapelle war inzwischen leiser geworden und spielte jetzt einen langsamen Walzer.

Wortlos führte Kai sie auf die Tanzfläche, wo er

seine Hand auf ihr Schulterblatt legte und sanft ihre Finger umschloss.

Sie begannen zu tanzen.

Kai tanzte gut. Asta spürte, wie sie in seinen Armen langsam zur Ruhe kam. Sie hörte alles, den Walzertakt, die leisen Stimmen und das Aufsetzen der Schritte, aber es war wie etwas Fernes, das außerhalb ihrer Wahrnehmung existierte. Sie überließ sich ganz seiner sicheren Führung.

Sie fühlte, wie ihr Herz klopfte und ihre Wangen anfingen zu brennen, aber sie bat ihn nicht aufzuhören und sprach auch nicht. Hinterher wusste sie nicht, ob sie eine Minute oder eine Stunde getanzt hatten.

Asta hob den Blick.

»Sieht man die Sterne?«, fragte sie plötzlich und schaute nach oben.

»Nein«, erwiderte Kai, »dafür ist es hier zu hell. Aber wir können ans Meer gehen, da sehen wir sie.«

»Ja, lass uns gehen.«

Sie liefen die Stufen hinab und betraten den schmalen Pfad, der zwischen den Wiesen hindurch über die Düne an den Strand führte.

• • •

Als sie am Meer standen und die Milchstraße sich über ihnen aufspannte, strich er mit beiden Händen über ihr Haar und umfasste dann ihr Gesicht.

»Schließ die Augen«, flüsterte Kai und küsste ihre Lider, die Wangen, den Mund, und er bemerkte, wie sie auf seine Liebkosungen zu reagieren begann, den Mund leicht öffnete und wie sich ihre Zungen im Kuss fanden. Sachte hob er sie hoch und trug sie durch das seichte Wasser hin zu einer Sandbank. Dort legte er sie auf den noch warmen Untergrund.

Knopf für Knopf öffnete er ihr Kleid, und sie streifte mit beiden Händen sein Hemd hoch über Bauch und Brust, so dass er es über den Kopf ziehen konnte. Sie betrachtete ihn. Seine behaarte Brust und die starken Arme. Asta musste sich vergewissern, dass es wirklich passierte, und strich über seine Bauchmuskeln, öffnete den Gürtel seiner Hose, dann die Schließe. Mit beiden Händen zog sie seine Hose herunter. Er stöhnte leise, dann fasste er sie an den Schultern, und sie ließ sich nach hinten auf den pudrigen Sand gleiten.

Sie war so schlank, dass sich die Beckenknochen unter ihrer gebräunten Haut abzeichneten. Liebevoll strich er mit seinen Fingerkuppen darüber, fuhr so leicht über ihre Linien, dass sie meinte, Federn berührten sie, und er merkte, wie sich ihre Anspannung löste, sie sich einließ auf seine Berührungen und ihr Begehren erwachte. Sie seufzte leicht auf und legte die Hände auf seinen Kopf.

Sie fürchtete sich nicht mehr.

Ihr ganzes Leben lang hatte sie die Furcht im Herzen getragen, ein Samen, der plötzlich aufgehen konnte.

Doch Furcht wovor?

Vor allem und nichts.

Vor allem, was geschehen konnte, und auch vor allem, was nicht geschehen konnte. Der Krieg und die Armut hatten diese Furcht noch genährt. Um die Furcht zu besiegen, hatte sie frei und unabhängig sein wollen, doch je freier sie war, umso tiefer war die Furcht in ihre Seele gedrungen.

Jetzt wollte sie ohne Furcht sein.

In dieser Nacht fielen die Schranken.

Kai bemerkte, wie sie sich öffnete, sie ein heftiges, zuckendes Ziehen durchfuhr. Es ging viel weiter, als sie geahnt hatte. Es war, als würde sie zerreißen, hochgerissen werden und dann immer noch höher treiben. Es brach über sie herein und erfüllte sie ganz. Es war, als erlebte sie einen Moment ohne Dauer. Sie verlor den Halt, doch es kümmerte sie nicht, als sie das Gefühl wie eine Welle unaufhaltsam überschwemmte. Ein Schweißfilm bedeckte ihre Haut. Zärtlich strich Kai über ihr Haar.

Asta zog ihn zu sich heran und umklammerte ihn. Dann küssten sie sich voll Leidenschaft. Sein Kinn kratzte leicht, aber seine Lippen waren so weich und zärtlich. Wieder spürte sie dieses seltsame Gefühl, ganz im Moment zu sein.

Was machte es aus, wer er in der Welt da draußen war?

Jetzt war er ihr Mann. Sie spürte dem Rauschen in sich nach.

Vielleicht konnten sie sich nur hier, in dieser Nacht, auf einem namenlosen Stück Land, am Rande der Zeit, so bedingungslos lieben, sich so unvoreingenommen hingeben und ihre Seelen einander offenbaren.

21

Asta hielt das Messer so, wie Kai es dem Jungen auf dem Fest gezeigt hatte, und schnitt sorgfältig das letzte Blütenblatt aus dem Deckel eines Schuhkartons, den sie später als Schablone verwenden wollte. Alle Blumen des Sommers wollte sie in geschwungenen Girlanden darauf malen. Mohnblumen, Kornblumen, Stiefmütterchen und Rittersporn.

Wie Kai vorausgesagt hatte, reichte die Farbe, die er ihr vorbeigebracht hatte, nicht fürs ganze Bett.

Deshalb hatte sie vor zwei Tagen erst einmal damit begonnen, die Zierleisten an Kopf- und Fußteil sowie Teile des Rahmens in leuchtendem Blau zu streichen. Für die restlichen Flächen und das hölzerne Gitternetz oberhalb des Kopfendes wählte sie ein dunkles Gelb. Sie fand, dass die Kombination sehr gut passte.

Vor einer Weile hatte sie von der Pension Wieseneck aus begeistert das staubig schimmernde Gold eines Spätsommertages betrachtet, das verhalten leuchtend über dem Meer, den Häuptern der Kühe und den Wildblumen auf der Wiese hing. Es waren die Farben von Hiddensee.

Erleichtert, das Vorhaben gut zu Ende gebracht zu haben, legte sie das Messer aus der Hand und wischte den zuletzt abgetrennten Papierschnipsel mit den Fingerspitzen weg.

Anschließend hielt sie die Schablone gegen das Licht und pfiff zufrieden.

Deutlich zeichneten sich die Konturen der Blumengirlande ab. Sie malte sich aus, wie dekorativ die Reihe bunter Blütenköpfe auf den farbigen Flächen am Kopfende ihres Bettes aussah. Sie würde sich fühlen, als läge sie auf einer sonnigen Blumenwiese.

Aber bevor sie zur Tat schreiten konnte, musste erst einmal die Farbe trocknen, die sie zuvor aufgetragen hatte, und obwohl der Wind ums Haus strich und sie Tag und Nacht lüftete, klebte die Oberfläche der Lasur noch immer. Ungeduldig schaute Asta zum Bett hinüber.

Sie legte die Schablone zurück auf den Tisch und griff nach ihrer Tasse. Der Mokka war inzwischen kalt, und das bittere Aroma ließ sie das Gesicht verziehen.

Sie trug die Tasse hinüber in die Küche und stellte sie in die Abwaschschale. Dabei streifte ihr Blick zufällig die Wanduhr.

Erschrocken stellte sie fest, wie schnell die Zeit verflogen und dass es bereits kurz vor sechs war.

Sie blickte aus dem Fenster. Sie wusste nicht genau, wann die Schiffe heimkehrten. Doch sie wollte auf keinen Fall ihre Ankunft verpassen.

Asta sauste die Treppe hinauf, streifte im Gehen das Hauskleid von den Schultern, um sich rasch zu erfrischen, bevor sie in ein blauweiß gestreiftes Kleid stieg und die Kette mit der Netznadel anlegte. Schnell die Haare frisiert und etwas Parfüm hinters

Ohr getupft, dann griff sie nach einer leichten roten Strickjacke und sprang die Treppenstufen hinunter.

Als sie kurz darauf Johannes derbe Ledertasche auf dem Gepäckträger des Fahrrads festklemmte, musste sie über sich selbst lachen. Wenn ihr jemand in Berlin gesagt hätte, ihr bliebe nur eine Viertelstunde Zeit, um sich für ein Rendezvous zurechtzumachen, empört hätte sie ihm einen Vogel gezeigt.

...

Zwei der fünfzehn Meter langen Boote lagen bereits mit dem Kiel sicher auf dem Sand, als Asta die Düne erreichte. Neben den Schiffsrümpfen standen gedrängt die Fischerfrauen an einem Tisch, den man provisorisch aus zwei Holzböcken und Bohlenbrettern darüber errichtet hatte, und pokten den Fisch aus den Netzen. Der Wind zerrte an ihren Hauben.

Asta klemmte sich die Tasche unter den Arm und ging hinunter zum Landeplatz, wo die Männer damit beschäftigt waren, ein drittes Boot auf den Strand zu ziehen. Da es keine mechanische Winde gab, die den Vorgang unterstützte, mussten sich die Fischer auf ihre eigene Körperkraft verlassen. Alle packten mit an.

Asta sah, wie sich die Männer gleichmäßig auf beide Seiten des Bootes und am langen Tauende, das vorn am Bug befestigt war, verteilten.

Plötzlich vernahm sie einen warmen Bariton, der einsam in der Luft über dem Strand zu schweben schien und weithin das klatschende Aufrollen der Wellen übertönte.

Sie erkannte, dass es Kai war, der da sang. Er stand unmittelbar neben dem Bug.

»Ei ho! Faot em an! – So! ... Ei ho! Alle Mann! – So!«

Es war, als erlebte sie ihn noch einmal ganz in seinem Element. Sie spürte seine tiefe Vertrautheit mit dem Meer, dass er eins war mit der salzigen Flut und sie kannte.

Beim »So!« stemmten sich alle gleichzeitig mit ihrem ganzen Körper gegen die Planken oder zogen mit aller Kraft am Seil.

»Ei ho! Mit die Knei! – So! ... Ei ho! Dat deit weih! – So!«

Manche der Männer standen bis zu den Knien in der See. Aber auch den anderen, die vorne im seichten Wasser oder am Tau ihren Platz eingenommen hatten, erging es nicht besser. Ihre Gesichter waren gerötet vor Anstrengung, denn es fiel ihnen schwer, in dem weichen Sand festen Halt zu finden.

»Ei ho! Mit die Lenn! – So! ... Ei ho! Dat möt klemm'n! – So!«

Bewegt verfolgte Asta, wie im Takt mit jedem »So!« das Boot weiter auf den Sand hinaufgeschoben wurde. Weg von der rätselhaften Unheimlichkeit des Sturms, dem tosenden Spiel heranrollender Wellen, gekrönt von schäumender Gischt.

»Ei ho! Wi gewinn'n! – So! ... Ei ho! Lat em spring'n! – So!«

Asta legte den Kopf schräg. In diesem Augenblick verstand sie, welchen Wert der Einzelne darstellte. Alles funktionierte wie ein Organismus, der nur zusammen gegen die Naturgewalten ankam.

»Ei ho! Noch 'n Ruck! – So! ... Ei ho! Nu giw't 'n Schluck! – So!«

Asta kniff die Augen zusammen. Es war dieser ewige Kampf mit dem Element Wasser, das gemeinsame, unermüdliche Ringen im Takt pulsierender Anstrengung, die, einer Geburt gleich, am Ende das Menschenkind zu einem kühnen Seemann formte.

Ein letztes »So!« erklang, dann ließen die Männer erschöpft von Rumpf und Seilen ab. Das Boot hatte die gewünschte Liegeposition mit ausreichend Abstand zum Spülsaum erreicht.

Asta blickte sich um und entdeckte etwas abseits das Mädchen mit den Zöpfen, mit dem Piet getanzt hatte und das nun ebenfalls, etwas schüchtern, auf ihn wartete. Als sie ihren Blick bemerkte, sah sie scheu herüber und hob zögernd die Hand. Asta grüßte lächelnd zurück.

»Ist unser Kai nicht ein guter Vörsinger?« Ohne, dass sie es bemerkt hatte, war Max Bredow neben sie getreten.

»Ja, er hat zweifelsohne eine sehr schöne Stimme«, erwiderte Asta, bemüht, ihre Verlegenheit zu verbergen.

»Wenn der Junge die Reime upsingt, klappt das einfach.«

Sie schwiegen, denn jetzt löste sich eine Männergestalt aus der Gruppe und kam mit langen Schritten direkt auf sie zu. Asta fuhr mit der Hand an den Anhänger der Kette und zupfte ihr Kleid zurecht.

»Guten Abend, Max!« Kai reichte ihm ein in Zeitungspapier gewickeltes Paket. »Deine Dorsche. Ich hab sie bereits an Bord ausgenommen.«

Bredow nickte dankbar. »Dann will ich mal wieder«, sagte er, legte die Hand an die Mütze und humpelte davon. Sie sahen, wie Piet auf das Mädchen mit den Zöpfen zuging und sie in die Arme schloss. Als die Kleine in ihre Richtung zeigte, winkte er ihnen übermütig zu.

Kai und Asta küssten sich.

»Warum hast du die Tasche dabei?«, fragte Kai neugierig.

»Eine Überraschung.«

»Für mich?«

Asta zuckte spielerisch mit den Achseln. »Aber nur, wenn du mich, wie versprochen, zum Essen einlädst.«

Kai grinste. »Hatten wir nicht etwas anderes vor?«

Asta zupfte ihn am Ohr. »Sei nicht so frech. Du hast gesagt, du willst was für uns kochen.«

Kai präsentierte ihr ein zweites Paket. »Dorsch mit Stampfkartoffeln und Frühlingszwiebeln? Wäre das der Dame angenehm?«

Asta gab ihm einen schnellen Kuss auf die Wange. »Klingt verführerisch. Ich habe einen Bärenhunger.«

Gemeinsam verließen sie den Strand. Als sie so nah neben ihm ging, fiel ihr erneut der schwache Duft nach geschältem Holz und Tabak auf, den er verströmte.

Unauffällig beobachtete sie ihn aus den Augenwinkeln. Er war ein imposanter Mann, groß und kräftig an Leib und Seele, entscheidungsfreudig und besonnen. Ihre Hand rutschte in seine.

»Sag mal«, sagte sie, »der Max Bredow, den sieht man immer nur allein. Hat er niemanden?«

Kai sah sie von der Seite an. »Er hat eine Frau, falls du das meinst. Sie heißt Marie und ist seit vielen Jahren leidend. Hat es mit den Nieren. Aber die beiden kommen klar.«

»Haben sie Kinder?«

»Sie hatten. Zwei Söhne. Sind im Krieg gefallen.«

Nebeneinander erklommen sie die Düne. Dahinter, in einer Senke, warteten die Räder.

Kai räusperte sich. »So, Frau Nielsen. Wer zuletzt auf dem Hof ist, schält Kartoffeln. Also: Auf die Plätze, fertig ...«

Asta wartete das Ende seines Kommandos nicht ab. Hurtig streifte sie den Taschengriff über den Lenker, sprang aufs Fahrrad und trat eifrig in die Pedale.

»Hey, du schummelst!«, hörte sie Kai mit gespielter Entrüstung sagen.

»Ich will nur keine Kartoffeln schälen«, rief sie lachend zurück.

•••

Asta hatte keine Ahnung, wie er das gemacht hatte. Vielleicht gab es noch einen anderen Weg, einen kürzeren, von dem sie bisher nichts wusste. Doch ganz egal, wie Kai es angestellt hatte, zu guter Letzt lehnte sein Fahrrad bereits an der Werkstatttür, als sie, noch völlig außer Atem, den Hof erreichte.

Pfeifend sah sie ihn aus dem Hühnerstall kommen, in der Hand eine Schale aus Weidenbast, in der sechs frische Eier lagen. Er wartete, bis sie das Rad abgestellt und die Tasche vom Lenker gezogen hatte.

»Kannst du die nehmen?«, bat er und deutete, während er ihr die Tür aufhielt, auf ein Körbchen mit Kartoffeln. »Für dich ...«, grinste er.

Asta griff nach dem Henkel. Der Korb war nicht schwer, und der Inhalt roch angenehm nach trockener Erde.

Sie ging voran und fand sich in einem weiß gekalkten Flur wieder, dessen Seitenwände und Decke von schweren Balken gestützt wurden. Eine Holztreppe führte von hier aus unters Dach, und es gab drei Türen, von denen zwei verschlossen waren. Sie nahm an, dass sich dahinter weitere Zimmer verbargen. Im Tageslicht, das jetzt ungehindert hereinflutete, konnte sie neben der Treppe einen dunkel gebeizten Kleiderschrank ausmachen, massiv, solide und ohne Schnörkel. Seitlich davor stand eine Schifferkiste mit Griffen an den Seiten und wuchtigen Metallbeschlägen.

Die Luft war warm und roch nach Lehm, Holzleim, Gewürzen und Fisch. Ein wenig streng, aber nicht unangenehm.

Sie wandte sich der Küche zu und blieb überrascht stehen. Wenn sie ehrlich war, wusste sie nicht, was sie erwartet hatte.

Wie sah die Küche eines Mannes aus, der allein wohnte? Ohne Frau und ohne Familie?

Sie hatte eine Kochnische vermutet, vielleicht einen Herd und ein Regal darüber, nicht größer als die Kombüse auf einem Schiff. Aber das hier war eine richtige Wohnküche.

Asta blickte sich um. Unter den zwei Sprossenfenstern, von denen man auf die Salzgraswiesen blicken konnte, stand eine gemütliche Holzbank, bedeckt mit schwarzen und grauen Schaffellen, davor ein wuchtiger Tisch, auf dem noch halb heruntergebrannte Kerzen in Leuchtern steckten, flankiert von mehreren Stühlen, auf denen ebenfalls Schaffelle lagen.

Gleich rechts neben der Tür thronte ein eiserner Ofen, dahinter waren Holzscheite ordentlich aufgestapelt.

Dann gab es eine schmale Tür, gefolgt von einem elfenbeinfarbenen Buffet mit geschliffenen Scheiben und Horngriffen. Frontal an einer Wand mit gebrannten Ziegeln stand ein weiterer Holztisch, der als Arbeitsplatte diente. Darüber hingen an einer langen Metallschiene Pfannen in unterschiedlicher Größe und diverse Kasserollen. Links davon befand sich ein großer gusseiserner Herd, bei dem Kai soeben einen der Ofenringe öffnete und zwei Holzscheite auf die noch glimmende Glut legte.

Auf dem Regalbrett darüber reihten sich Metalldosen und Gläser mit Gewürzen, Ölen und getrockneten Speisepilzen.

»Komm rein«, hörte sie Kai sagen. »Stell die Kartoffeln auf den Tisch. Willst du was trinken? Ein Bier?«

Erst jetzt spürte Asta, dass ihr nach der wilden Wettfahrt die Zunge am Gaumen klebte. »Ein Bier wäre gut.«

Kai verschwand hinter der schmalen Tür, die augenscheinlich zur Speisekammer gehörte, und kehrte mit zwei Flaschen und einem Bund Frühlingszwiebeln zurück. Die Verschlüsse ploppten auf. Sie prosteten sich zu.

Asta tat einen langen Schluck. Das kalte Bier schmeckte köstlich. Sie legte ihre Tasche auf die Bank neben dem Tisch.

Währenddessen breitete Kai einen Zeitungsbogen aus und stellte das Körbchen darauf. Dann nahm er einen Topf, füllte ihn halb mit Wasser und brachte ihn, zusammen mit einem kleinen Küchenmesser, an den Tisch. Dann bückte er sich und zog einen Hocker hervor.

»Dein Part. Du hast verloren«, sagte er freimütig und deutete mit der Hand auf die Sitzfläche. Er ging zurück zum Herd, wo inzwischen kleine rotgelbe Flammen knisternd emporzüngelten. Er schaute prüfend hinein, dann legte er noch einmal Holz nach und verschloss die Öffnung, bevor er Wasser in einem Teekessel aufsetzte.

Während Asta nach der ersten Kartoffel griff, beobachtete sie, wie er den Dorsch auswickelte, wusch und trocken tupfte, bevor er ihn zu filetieren begann. Anschließend schnitt er geschickt die Frühlingszwiebel in kleine Ringe und gab sie in ein Sieb, dass er in eine Kasserolle hing, wo er sie mit kochendem Wasser überbrühte.

Seine Bewegungen wirkten routiniert, er wusste genau, was er tat. Mit einem Mal fühlte sich Asta wohl. Obwohl das hier nicht ihre Küche war und jeder ihrer Freunde wusste, dass sie dem Kochen nicht viel abgewinnen konnte, wollte sie in diesem Augenblick nirgendwo anders sein.

Sie lauschte dem Wind, der im Kamin heulte, dem trockenen Holz, das laut vernehmlich knackte. Dieser Raum, der so anders war, so voller fremder

Gerüche. Sie blickte auf das Messer in ihrer Hand, die halbgeschälte Kartoffel.

Und dann dieser Mann, der sie wie selbstverständlich Dinge tun ließ, die sie lange nicht mehr getan hatte, und sie verspürte dabei erstaunlicherweise eine Zufriedenheit, wie sie sie zuvor nur selten empfunden hatte.

Asta löste die restliche Schale ab und griff nach der nächsten Knolle.

»Weißt du«, sagte sie, »irgendwie beneide ich deine Mutter.«

Kai, der gerade die Filets würzte, drehte ihr das Gesicht zu und sah sie fragend an.

»Wirklich«, fuhr Asta fort. »Das muss einfach toll sein. Wenn man so alt ist wie sie und einen Punkt im Leben erreicht hat, an dem keine Fragen mehr offen sind. Wenn man keine Angst mehr vor Entscheidungen haben muss ... und auch dann ist es egal, die ganzen Fehler, die man gemacht hat, sind genauso wertvoll und ... auch sinnvoll, wie alles, was man richtig gemacht hat. Ich ...«, sie atmete tief aus. »Was muss das für ein tolles Gefühl sein. Das stelle ich mir unter Frieden vor.«

Kai spülte die Hände ab und wischte sie an einem Tuch trocken. Dann kam er zum Tisch und schaute ihr zu, wie sie eine weitere Kartoffel schälte und sie in den Topf warf. Er griff nach seinem Bier.

»Ich persönlich glaube nicht, dass man so alt sein muss, um diesen Frieden zu finden.«

»Ja, aber wie soll das gehen? Wenn man nicht schon alles hinter sich hat. Empfindest du Frieden?«

Er setzte die Flasche ab und stellte sie zur Seite.

»Ja, manchmal. Nicht immer, aber manchmal.«

»Wann?«

»Wenn ich morgens hier auf der Insel aufwache und weiß, was mich am Tag erwartet. Dann bin ich zu Hause.«

Kai nahm den Topf mit den Kartoffeln, stand auf, ging zum Herd, gab Salz hinzu und schob ihn auf die Kochplatte.

Asta sah zu, wie er den Deckel auf den Topf stülpte.

»Mmh. Wenn ich morgens aufwache, weiß ich gar nichts. Ich frage mich, ob es richtig war, wie ich mein Leben gelebt habe. Je mehr ich versuchte, alles richtig zu machen, desto mehr ging zu Bruch.«

Kai lehnte sich gegen die Wand.

»Sei nicht so streng mit dir. Du hast das alles verdammt gut hingekriegt. Aber manchmal ist es besser, den Dingen ihren Lauf zu lassen.«

»Ich kann das nicht.«

»Was?«

»Den Dingen ihren Lauf lassen. Ich muss immer das Gefühl haben, dass ich es kontrollieren kann, damit die Dinge mir nicht entgleiten, verstehst du das?«

»Nein.«

Eine kurze Pause entstand.

Kai zog eine Pfanne aus der Halterung, stellte sie auf dem Herd ab und begann, Fett darin auszulassen. Er hörte, wie Asta sich erhob und sich neben ihn stellte.

»Meinst du, es war richtig diesen Sommer hierherzukommen?«, fragte sie leise.

Das Fett bildete goldbraune Bläschen, als Kai die Filets in die Pfanne legte.

»Hier heißt es: Zwischen Reden und Tun liegt das Meer. Ich kann es dir nicht sagen, Asta.«

Er drehte den Kopf und sah, dass sie mit der Antwort unzufrieden war.

»Ich werde es erfahren, wenn ich einen Fehler gemacht habe. Spätestens meine Schwester sagt mir dann Bescheid.«

Kai zog die Kartoffeln von der Platte und schmunzelte.

»Johanne hat Charakter. Genauso wie du.«

Er goss das Kochwasser ab, nahm einen Stampfer und fing an, die Kartoffeln zu zerkleinern. Kräftig rührte er den Inhalt um, gab Milch, eine Prise Salz und Pfeffer dazu und säbelte am Ende ein ordentliches Stück von der Butter ab, das er auf den Stampfkartoffelbrei fallen ließ, wo es goldgelb zerlief.

»Mach mal hier weiter. Ich muss mich um die Filets kümmern«, sagte er und reichte ihr den Stampfer und das Sieb mit den blanchierten Frühlingszwiebeln, die sie unter die Kartoffelmasse heben sollte.

Ratlos hielt sie die Gegenstände in den Händen. und ihr Blick wanderte zwischen dem Sieb und dem Berg Stampfkartoffeln hin und her.

Kai, der ihr Zaudern bemerkte, zog die heiße Pfanne vom Herd und kam zu ihr herüber. Er stellte sich hinter sie, nahm ihr das Sieb aus der Hand und schüttete den Inhalt in den Topf. Dann legte er das Sieb fort, und sie spürte, wie sich seine Finger auf ihre legten. So wie in der Nacht an der Pinne begann ihr Herz wie wild zu schlagen.

»Es ist ganz einfach«, flüsterte er und führte eine Hand zum Topfgriff, während die andere den Stampfer hob. »Die Frühlingszwiebeln werden nur ganz sacht untergerührt.«

Sie hörte seinen Atem, fühlte die Wärme und das Gewicht seiner Hand auf ihrer, und es fiel ihr schwer, sich nicht davon ablenken zu lassen. Er stand so dicht hinter ihr, und sie spürte seinen Körper so nah an ihrem, dass sie sich nur leicht hätte nach hinten zu lehnen brauchen ... Aber dann wäre das Essen höchstwahrscheinlich ausgefallen.

Behutsam bewegten sie gemeinsam das Küchengerät durch das Püree, bis das kleine Häufchen Frühlingszwiebeln sich in der Masse verteilt hatte.

»Wunderbar«, hörte sie Kai sagen, der sich wieder von ihr löste, um aus dem Regal zwei Teller zu nehmen, auf denen er das Mahl anrichten wollte.

Asta holte inzwischen zwei weitere Flaschen Bier aus der Speisekammer und stellte sie auf den Tisch.

»Was ist denn nun mit meiner Überraschung?«, fragte Kai und deutete mit der Gabel auf die Tasche, die immer noch auf der Bank lag.

Asta nahm sie, und während sie die Verschlüsse öffnete, fragte sie ihn: »Gibt es hier ein Grammophon?«

Kai schaute sie überrascht an. »Ja, nebenan in der guten Stube.«

Asta trat durch die zweite Tür im Flur und entdeckte es in dem kleinen Raum auf einer Anrichte, die vermutlich mit weißer Wäsche gefüllt war. Sie nahm es mit in die Küche und stellte es auf die Bank.

»Was willst du uns denn auflegen?«, fragte Kai ungeduldig.

»Warte ab. Das ist ja die Überraschung.«

Sie zog eine Schallplattenhülle heraus. »Enrico Caruso. O Sole Mio«, las sie leise und legte die Platte auf.

Als die schmelzende Stimme des Tenors den Raum füllte, wurde Asta klar, dass sie sich wünschte, sie wäre für Kai kein fremdes Land mehr. Sie wünschte sich, dass er wusste, was sie mochte und womit sie ihre Zeit verbrachte, wenn sie nicht hier bei ihm auf der Insel war. Sie wünschte sich, dass er verstand, warum sie ihren Beruf liebte und was er ihr bedeutete.

Und als sie dann mit dampfenden Tellern nebeneinander am großen Tisch Platz nahmen und der Stimme Carusos lauschten, war es ihr, als würde urplötzlich inmitten ihrer alten Welt eine begehrenswert neue entstehen. Voller Gewissheiten und Zuversicht, aber mit eigenen Sitten und einer fremden Sprache. Und sie begab sich dort hinein, so wie sie einst Dänemark verlassen hatte, um nach Deutschland zu gehen. Noch wusste sie nicht, was diese neue Reise für sie bereithalten würde. Aber sie wusste, dass sie diesen Mann, der aus einer anderen Welt kam, liebte, dass sie ihn nicht mehr missen mochte.

22

In diesem Sommer ging sie beinahe jeden Morgen ans Meer, um ungestört zu schwimmen. Am liebsten nackt. Und das nicht nur bei Strandwetter.

Selbst, wenn die Sonne sich noch hinter Schleierwolken versteckte, erwartete sie dort frische Luft und der weiche, unberührte Sand. Das Wasser war klar, und die See spannte sich meistens spiegelglatt über den Meeresgrund, als hätte nie zuvor ein Mensch gewagt, darin einzutauchen.

Sie mochte die Jungfräulichkeit und Sanftheit des Moments, diese Unberührtheit fernab von allen Ereignissen und Gemütslagen, die ein Tag mit sich bringen konnte.

Wenn sie ins Meer schritt und die seidige Kühle an ihrem Körper emporstieg, bereit, die Spuren der letzten Nacht auf ihrer Haut zu tilgen und die Müdigkeit abzuwaschen, fühlte sie sich hinterher, eingewickelt in ihren Bademantel, wie neugeboren.

Danach lief sie noch einige Schritte am Strand entlang und beobachtete die Schwalben, die in tollkühnen Manövern über die dunklen Bänder aus getrocknetem Seegras flogen. Früher oder später machte sie sich auf den Rückweg.

Aber es gab auch Tage, die besonders heiß zu werden versprachen. Dann kam Johanne nach, und sie blieben am Meer, besetzten eine Strandburg oder, wenn sie in Begleitung von Freunden waren, auch gleich mal zwei oder drei. Sie verbrachten die Zeit mit ausgelassenem Herumtollen im Wasser, dem unauffälligen Beobachten der Nachbarn, die eifrig den Wall ihrer Burg mit Muscheln verzierten, oder unterhielten sich angeregt beim mitgebrachten Picknick über dies und das. Wurden einem die Lider schwer, streckte man die Glieder aus, schloss die Augen und genoss das Nichtstun.

Auch heute, an ihrem Geburtstag, hatte Asta keine Ausnahme gemacht. Früher als sonst war sie zum Strand gegangen. Denn Kai war bereits vor der Morgendämmerung aufgebrochen.

Als sie eintraf, war der Sand noch feucht, Möwen hockten verschlafen auf den Holzbuhnen, und Dunstschleier schwebten silbrig über dem Meer.

Als Asta kurz darauf mit ruhigen Bewegungen durchs Wasser glitt, fragte sie sich, warum sie früher Geburtstage nicht gemocht hatte. Vielleicht lag es daran, dass sie in ihrer Kindheit arm gewesen war und die Erwartungen, die sich an diesen Tag knüpften, meistens unerfüllt geblieben waren.

Später, als sie älter war, empfand sie Geburtstagsfeiern als anstrengend und völlig überbewertet. Nicht selten wurde ein kompletter Tag den Vorbereitungen geopfert, nur damit zur Party Menschen erschienen, die man ohnehin nur selten sah und noch seltener mochte und die Dinge verschenkten, die niemand brauchte. Überdies verschandelten diese Berge von

Überflüssigem die Räume der Wohnung, so dass oft ein weiterer Tag nötig wurde, um alles wieder an seinen gewohnten Platz zu rücken und die ungewollten Gaben irgendwo zu verstauen.

Asta drehte den Kopf und meinte, weit genug rausgeschwommen zu sein, dann wandte sie sich wieder dem Ufer zu.

In diesem Jahr war einiges anders. Sie freute sich auf das ungezwungene Zusammensein mit ihren Freunden im Karusel und spürte bereits einen Anflug von Ausgelassenheit in sich.

Vor allem gefiel ihr der Gedanke, ihren Geburtstag mit Kai zu verbringen.

Als Asta zwei Minuten später in den Bademantel schlüpfte, ahnte sie nicht, dass der Tag noch einiges mehr an Überraschungen für sie bereithalten würde.

...

Am Nachmittag lag die Sonne mit goldenem Gewicht auf jedem Gegenstand im Zimmer. Die Tür stand offen, und sie hörte unten Johanne hantieren. Barfüßige Schritte tapsten durchs Haus, und Gläser klingelten.

Gerade eben hatten sie noch gemeinsam alle Sitzmöbel, die im Haus vorhanden waren, hinaus in den Garten getragen und weiträumig um den Esszimmertisch herum aufgestellt. Ihr Grammophon thronte seitlich auf dem runden Korbtisch, die Platten türmten sich auf einem Hocker daneben.

Sie bezweifelte, dass sie genügend Platz für alle Gäste hatten, aber Johanne zeigte sich zuversichtlich. Zudem würde der Bäcker zusammen mit der Torte noch ein Mädchen aus dem Dorf schicken, das bei der Bewirtung der Gäste helfen sollte.

Asta goss einen Schwall Wasser aus der Emaille-Kanne in die Schale, wusch sich das Gesicht und putzte die Zähne. Anschließend bürstete sie ihr Haar. Dann erhob sie sich und öffnete ihren Kleiderschrank. Die Auswahl fiel ihr nicht leicht, aber schließlich stand sie heute im Mittelpunkt, und da konnte es auch gern etwas mehr sein. Also entschied sie sich für ein langes weißes Seidenkleid, über das sie elegant eine Polarfuchsstola drapierte. Dazu ein Paar mit Kristallen besetzte Handschuhe, die bis zu den Ellenbogen reichten, und Perlenketten in unterschiedlicher Länge.

Als sie sich so im Spiegelbild betrachtete, schob sich eine vage Erinnerung an eine frühere Begegnung vor ihr inneres Auge. Damals vor dem Theater ...

Asta strich über die glatten Perlen.

Dann wandte sie sich um und begab sich nach unten. Doch nach ein paar Schritten hielt sie inne, lauschte, wartete. Plötzlich drangen Wortfetzen an ihr Ohr, deren Inhalt sie nicht verstand – sie vermutete, dass eine der Stimmen Pastor Gustavs gehörte, und vernahm, wie Johanne kurz darauf eilig zurückkam, in der Küche eine Schranktür klappte und ihre Schwester wieder ging.

Einen Moment lang hatte sie das Gefühl, als stünde sie hinter den Kulissen im Theater und wartete auf ihr Stichwort, um die Bühne betreten zu dürfen.

Warum zögerst du?, fragte sie sich im Stillen. Es gab doch keinen Grund.

Das Muster der Tapete schimmerte matt, und die Treppe knarrte leise, als sie ihr Gewicht verlagerte.

»Asta?«, schallte es plötzlich durchs Haus.

»Bin schon auf dem Weg«, antwortete sie, stieg die letzten Stufen hinab, durchquerte den schmalen Flur und wollte soeben durch die Veranda hinaus auf den Rasen schreiten, als sie wie angewurzelt stehen blieb.

Alle Gratulanten hatten sich in einem Halbkreis aufgebaut, und auf einem Podest standen vier junge Männer im Frack und Zylinder, die, als sie Astas ansichtig wurden, charmant ihre Kopfbedeckungen lupften. Dann stimmten sie a cappella einen Geburtstagskanon an, in den alle Anwesenden einfielen.

»Viel Glück und viel Segen auf all deinen Wegen, Gesundheit und Frohsinn sei auch mit dabei.«

Danach bildete sich rasch eine Schlange von Gratulanten. Vorneweg Otto, im dunklen Anzug, und Hilde, im samtroten Brokatkleid, die blonden Haare elegant hochgesteckt. Sie schenkten ihr ein gemeinsames Essen in ihrem Lieblingsrestaurant in Berlin.

Asta bedankte sich herzlich bei ihnen und reichte die Karte mit der Einladung an Johanne weiter. Sie bemerkte, dass ihre Schwester vorsorglich einen Geburtstagstisch vorbereitet hatte, den bereits ein Dutzend bunter Dahlien in einer Vase zierte, die in ihrer prunkvollen Üppigkeit die Hitze und Helligkeit eines ganzen Sommers gespeichert zu haben schienen.

Henni Lehmann, die in Begleitung von Elisabeth Büchsel erschienen war, überreichte ihr ein gerahmtes Aquarell, auf dem das Karusel abgebildet war, gefolgt vom Pastor und Helene, deren Geschenk aus einem Gesangbuch und einer Flasche selbstgemachtem Wacholderlikör bestand.

»Beides auf seine Art geistreich«, sagte der Pastor lächelnd und gab ihr die Hand. »Das Hotel Hitthim war übrigens so nett«, setzte er erklärend hinzu, »uns für den heutigen Nachmittag ihre Sänger auszuborgen. Damit verbunden richtet Ihnen die Geschäftsleitung herzliche Glückwünsche aus.«

Nachdem das Pastorenehepaar gegangen war, übergab sie die beiden Geschenke an ihre Schwester.

»Hast du Kai schon gesehen?«, flüsterte sie ihr unauffällig zu und suchte dabei den Garten ab.

Stumm schüttelte Johanne den Kopf. Asta wandte sich wieder ihren Gästen zu.

Jetzt war die Reihe an Gerhart Hauptmann, der gemeinsam mit seiner Frau Margarete vor sie hintrat. Der Dichter beugte sich leicht vor, als hätte er Bedenken, Asta könnte seine Worte nicht richtig verstehen.

»Frau Nielsen. Ich darf ihnen herzlich zu Ihrem Ehrentag gratulieren und Ihnen Gesundheit, Wohlergehen und Schaffenskraft wünschen.«

Asta erwiderte den Händedruck. »Ich danke Ihnen von Herzen, Herr Hauptmann, dass Sie an mich gedacht haben und mich mit Ihrer Frau besuchen kommen.«

»Gern doch.« Der würdige Dichter richtete sich auf, und ein Luftzug zauste seine weißen Haare. Sein Blick blieb abwesend auf einem Baum in der Umgebung haften.

»Das Buch«, raunte Margarete ihm zu und berührte sanft den Einband, der aus Hauptmanns Jackentasche hervorschaute.

»Selbstverständlich habe ich Ihnen auch etwas mitgebracht«, fuhr er fort, als hätte es die Unterbrechung nie gegeben. »Mein neuestes Werk. Es heißt ›Das Meerwunder‹. Ich war so frei, es für Sie zu signieren.« Er warf ihr einen prüfenden Blick zu.

Anerkennend blätterte Asta bis zu dem mit schwungvollen Buchstaben notierten Eintrag: *In Freundschaft verbunden, Ihr Gerhart Hauptmann*, las sie da und dachte, dass er seinen Stolz hatte und dass sie darauf Rücksicht nehmen musste. Sie blätterte weiter, überflog die Titelseite, bevor sie das Büchlein behutsam wieder schloss und lächelte.

»Es erscheint mir zauberhaft. Ich freue mich sehr darauf, es zu lesen.«

Sie sah an seiner Regung, dass sie den richtigen Ton getroffen hatte.

»Das freut mich«, erwiderte er, wandte sich ab und strebte nun einen der freien Stühle im Schatten an.

»Von mir auch alles Gute«, ergänzte Margarete freundlich und folgte ihrem Mann.

Den Abschluss bildete Max Bredow, dessen Besuch sie überraschte. Asta sah, dass er für sie extra die Sonntagskleidung angelegt hatte. Er trug eine Fischerjacke, an der noch die frisch polierten Knöpfe glänzten, und auch die Hose war aufgebügelt. Humpelnd kam er auf sie zu, klemmte sich die Krücke untern Arm und zog einen in Stoff gewickelten Gegenstand aus der Hosentasche.

»Herzlichen Glückwunsch, Frau Asta.«

Überrascht nahm sie das seltsam umhüllte Stück entgegen und öffnete langsam die Verpackung, indem sie die Stoffzipfel nacheinander zurückschlug.

Ein prächtiger Bernstein, fast so groß wie ein Hühnerei, kam zum Vorschein. Honigfarben schimmerte er im Licht. Einen winzigen Moment musste sie an Ringelnatz denken, und ein trauriger Schatten streifte sie. Wie stolz wäre er gewesen, jemals einen solchen Bernstein zu finden.

»Es ist das Gold des Meeres«, erklärte Bredow ruhig. »Es wird in der Tiefe der See geboren und von uns Fischern gehoben, für einen Tag wie diesen, wo eine Frau wie Sie geehrt wird.«

Zuerst wollte Asta sich bedanken, aber dann spürte sie, dass ihr die Stimme versagte. Wortlos ging sie einen Schritt auf ihn zu, nahm seine schwielige Hand, und ihre Lippen formten lautlos ein Dankeschön. Max Bredow nickte und humpelte auf die Seite.

Auf einmal trat Johanne hinter sie, und ehe sie protestieren konnte, verband sie ihr mit einem Seidenschal die Augen. Asta rätselte, was das zu bedeuten hatte, aber sie kam nicht dahinter. Sie war viel zu überrumpelt.

Doch ehe sie weiter darüber nachdenken konnte, führte Johanne sie vor das Haus, und sie hörte die Schritte der anderen, die ihnen im geringen Abstand folgten, und das Getuschel, welches jetzt einsetzte.

Johanne hielt inne und bat sie, sich zu setzen. Asta kam der Aufforderung behutsam nach. Sie wusste zwar nicht, worauf sie sich niederließ, aber sie fühlte warmes Holz, und ihre Hände erkundeten den Gegenstand, der weiträumig und bequem war, und ... Asta erschrak, als sie bemerkte, dass sie nicht allein darauf saß.

Freudig erkannte sie die vertraute Berührung von Kais fester Hand, die sich schwer auf ihre legte.

»Herzlichen Glückwunsch, Asta«, sagte er bewegt und küsste sie auf die Wange.

Ungeduldig zog sie den Seidenschal vom Kopf und kniff geblendet die Augen zusammen. Sie sah die gleißend helle Wiesenfläche vor dem Haus, Lerchen, die in der Luft flatterten, und das glitzernde Meer im Hintergrund. Ungeduldig sprang sie auf, zog Kai mit sich hoch und drehte sich um.

Die Holzbank, die vor ihr stand und die Kai für sie gebaut hatte, war in ihrer Klarheit bestechend schön. Er hatte sie mit dem gleichen Blau wie ihr Bett gestrichen und ebenso mit einer kleinen Blumengirlande verziert, die ihrer ähnlich war.

»Ich dachte mir, vor deinem Haus fehlt eine Bank, von der aus wir abends den Sonnenuntergang betrachten können, während wir Caruso hören. Ich hab da nämlich so eine Platte ...«

»Jederzeit gern!«, fiel Asta ihm ins Wort, stellte sich auf die Zehenspitzen, warf ihre Arme um seinen Hals und küsste ihn.

Die Umstehenden lachten und applaudierten.

»Asta, Teuerste!«, rief Otto laut. »Wie sieht's aus? Bekommt man bei dir auch was zu trinken? Ich weiß ja nicht, wie es den anderen ergeht, ich jedenfalls bin am Verdursten.«

Sie hörten laut und deutlich den Knall eines Korkens. Darauf den einer zweiten Flasche.

Otto verschwand mit langen Schritten um die Hausecke in den hinteren Teil des Gartens, worauf die vier Sänger »Ein Freund, ein guter Freund ...« anstimmten.

Asta, ein wenig verunsichert, folgte ihm zusammen mit Kai und den anderen Gästen. Sie erblickten mitten auf der Wiese einen Tisch, darauf eine aufgeschichtete Pyramide aus Glasschalen, die im Licht funkelten. Unmittelbar dahinter hatte sich Piet auf einem Stuhl in Position gebracht.

»Herzlichen Glückwunsch!«, rief er strahlend aus und begann, zwei Flaschen Champagner gleichzeitig über das oberste Glas auszugießen. Die schäumende goldgelbe Flüssigkeit schoss in die Schale und füllte sie bis zum Rand. Danach trat der Champagner über die Glaskante, lief am Fuß der Schale herab und verteilte sich von da an kaskadenförmig nach unten, bis alle weiteren Gläser mit dem prickelnden Getränk gefüllt waren.

Otto und Hilde verteilten die Schalen, und die Gäste nahmen sie erfreut entgegen. Als Asta und all die anderen mit Champagner versorgt waren, schlug Arnold Gustavs sacht mit einem Löffel gegen das Glas, und die Gespräche verstummten.

»Liebe Asta Nielsen. Wann bitte, wenn nicht an einem Tag wie diesem, ist es an der Zeit, einer großartigen Frau, Schauspielerin, Künstlerin und Visionärin zu danken? Da ich selbst nur Pfarrer auf einer entlegenen Ostseeinsel bin, sei mir erlaubt, dass ich mir für meine kleine Laudatio Unterstützung von bedeutenderen Menschen geholt habe, die Sie und ihr Lebenswerk wahrscheinlich besser einschätzen können als ich. In der Berliner Zeitung vom 26. September 1928 nannten Sie, liebe Asta Nielsen, es selbst ›beseelte Kunst‹, was Sie Ihrem Publikum vermitteln wollen. Denn nur mit der Seele, und davon verstehe ich als Pastor auch etwas, lässt sich nach dem großen Mysterium des Films, dem Sie als Künstlerin zu dienen verpflichtet sind, suchen. Nur mit der Seele lässt das Mysterium sich erkennen und durchdringen.« Der Pastor schaute in die Runde, und Gerhart Hauptmann nickte ihm beipflichtend zu.

»Aber das sagt noch nichts über den faszinierenden Menschen aus, der sich dahinter verbirgt, und deshalb sei mir gestattet, mich einer Liebeserklärung anzuschließen, die ein treuer Freund von Ihnen, Georg Brandes, Ihnen zu Ehren bei einem ähnlichen Anlass verlesen hat.«

Gustavs wandte sich direkt an Asta.

»Ein jeder kennt ihre ausdrucksvollen Augen, ihre Geschmeidigkeit und Verwandlungsfähigkeit, den Weltruf, den sie genießt. Nähme ich die Schwingen der Morgenröte und ginge ich zu dem äußersten Meere, auch dort würde ich Astas Namen begegnen.«

»Hört, hört!«, riefen die Musiker im Chor und hoben die Gläser. Der Pastor fuhr fort.

»Und Willy Haas, einer unserer bekanntesten Filmkritiker, schrieb über Sie: Die Wandlungsfähigkeit, Ausdrucksfähigkeit dieses Gesichtes ist völlig unbegrenzt. Jederzeit kann sie in ein anderes ›Ich‹ hinüberschwanken. Es wäre einfältig und lächerlich, in ihren Filmen von ›guten Momenten‹ zu sprechen, wo sie doch in weit über sechzig Filmen bewiesen hat, dass jede Sekunde meisterhaft ist.« Pastor

Gustavs erhob jetzt ebenfalls sein Glas. »Und deshalb sei Ihnen, liebe Asta Nielsen, hier und heute versichert, dass wir, als Ihr ergebenes Publikum, diese seltene Gabe honorieren, Ihren unbändigen Fleiß, Ihre hohe Konzentration und Ihre nie versiegende Kreativität. All dies lässt uns, Ihr Publikum, nicht müde werden, immer wieder in die Kino- und Theatersäle zu strömen, um Sie in den vielfältigsten Variationen Ihres Spiels zu erleben. Und heute verneigen wir uns dafür vor Ihnen in Dankbarkeit.«

Asta stockte der Atem, und Tränen der Rührung traten ihr in die Augen, als wirklich alle, selbst Gerhart Hauptmann, für einige Sekunden ihre Häupter senkten, um anschließend mit lauten »Prosit« anzustoßen.

...

Spät in der Nacht, als alle gegangen waren, sah Asta nur die rote Glut ihrer Zigarette aufglimmen, so dunkel war es um sie herum. Gemeinsam mit Kai, der seinen Arm um sie gelegt hatte, saß sie auf der Bank vor dem Haus. Sie lehnte sich zurück, sah hinauf zu den Sternen und spürte ein Gefühl von Frieden, das sich in ihr ausbreitete.

23

Asta schlug die Augen auf.

Das Klopfen war in ihren Traum gedrungen. Immer tiefer, bis sie aus dem Schlaf hochgeschreckt war. Jetzt saß sie regungslos im Bett und horchte.

Da, schon wieder.

Jemand klopfte von außen heftig an die Haustür.

»Frau Nielsen? Sind Sie da?«

»Soll ich gehen?«, bot Kai an, der neben ihr lag und nach seiner Hose hangelte. Sie legte ihm die Hand auf den Arm.

»Schon gut. Ich mache das.«

Schlaftrunken richtete sie sich auf, griff nach der dünnen Zudecke, zog sie zu sich heran und erhob sich.

»Hier ist Ihr Postbote«, meldete sich die eindringliche Stimme erneut. »Ich habe ein Telegramm für Sie! Aus Berlin!«

Als der Name der Stadt fiel, hielt Asta kurz darin inne, sich den Stoff wie eine Tunika um ihren nackten Körper zu wickeln.

Sie wandte sich zu Kai um, und ihre Blicke trafen sich. Rasch fuhr sie sich mit der Hand durchs Haar, bevor sie barfuß hinaus in den Flur trat.

Noch bevor sie die Tür öffnete, wusste sie, dass es Ärger gab.

Sie konnte es förmlich spüren.

»Guten Morgen«, sagte sie.

Der Mann sah sie mit einer Mischung aus Erleichterung und Verwunderung an. »Ja, Frau Nielsen. Ihnen auch einen schönen Tag. Wie ich gesagt habe, ein dringendes Telegramm für Sie.«

Er händigte ihr das Kuvert aus und ließ sich die Übergabe bestätigen.

Er verabschiedete sich und ging mit steifen Schritten zurück zum Rad.

Asta betrachtete den Umschlag, und ein kalter Schauer lief ihr über den Rücken. Sie hörte, wie Kai hinter ihr in den Flur trat.

Sie zählte bis drei, holte dann tief Luft und riss das Kuvert auf.

Hastig überflog sie die wenigen Sätze.

Langsam ließ sie das Telegramm sinken und starrte durch die offene Tür nach draußen in den herrlichen, von der Sonne durchfluteten Morgen, während ihre Hand mechanisch das Papier zerknüllte, als könnte sie damit den Inhalt auslöschen.

· 24 ·
Berlin, 1934

Asta wusste es. Sie wusste es, weil Berlin sein Gesicht veränderte. Man sah es der Stadt an, dass sie bemüht war, sich dem Lauf der Zeit und der neuen Stimmung anzupassen, welche der Wandel unweigerlich mit sich brachte.

Obwohl Asta chauffiert wurde, wollte sich nicht das wohlige Gefühl des abgekapselten Dahinschwebens einstellen, das sie üblicherweise verspürte. Vielmehr wurde ihr bewusst, dass sie an dem Geschehen hinter der Fensterscheibe nicht unbeteiligt blieb, obwohl sie nur für ein paar Stunden hierher zurückgekehrt war.

Auf der fünfzehnminütigen Fahrt von ihrer Wohnung in Charlottenburg zum Wilhelmplatz stellte sie fest, dass der bis dahin ausgetragene stumme Kampf um den weißen oder gelben Streifen auf den Flaggen ein für allemal vorüber war. Weder den Befürwortern der Republik noch den Anhängern der Monarchie war es gelungen, sich durchzusetzen. Jetzt dominierten riesige blutrote Hakenkreuzfahnen das Bild, an deren Enden breite goldene Bänder hingen, die im Wind flatternd ein gleißendes Spalier über den Straßen bildeten.

An einer Kreuzung mussten sie warten. Asta schaute aus dem Fenster und bemerkte auf dem Gehsteig eine Gruppe Männer in braunen Uniformhemden. Anmaßend marschierten sie durch die Stadt, wie jemand, für den es selbstverständlich war, hier zu sein und dies zu tun. Auch wenn es nicht viele Männer waren, so klang das Dröhnen der Stiefel auf dem Asphalt trotzdem wie ein Echo in ihr wider und beschwor Bilder einer längst vergangenen Zeit herauf.

Schon einmal hatten Berlins Straßen einem aufgewühlten Menschenmeer geglichen. Truppen waren in endlosen Kolonnen mit klingendem Spiel und mit Blumen an den Bajonetten an die Front marschiert. Frauen klammerten sich schluchzend an die Arme der Soldaten. Nicht einen Augenblick ließen sie die Hand los oder hörten sie auf, unter Tränen in das geliebte, verlegene Gesicht zu blicken. Schüchtern strichen ab und zu ein paar Soldatenfinger über eine bebende Frauenhand. Nicht den Mut verlieren, wir müssen ja alle hinaus, nicht wahr? Ich bin mir sicher, das Ganze wird nicht lange dauern.

Schon einmal war sie mit Johanne vor diesem »Deutschland über alles!« in der Nacht über Kiel nach Dänemark geflohen.

Und jetzt?

Sie hielt sich die Ohren zu. Wie hatte es so weit kommen können? Wo waren sie hin, all die rauschenden Feste, die Melodien der Big Bands, das ungezwungene glamouröse Leben der Zwanziger. Stattdessen waren kriegerisches Getöse und Siegergehabe zu Berlins neuem Klang geworden.

Der Wagen setzte die Fahrt fort.

Asta zwang sich, ihre Aufmerksamkeit auf das bevorstehende Treffen im Propagandaministerium zu lenken. Prüfend warf sie einen Blick in den Taschenspiegel und steckte ihn zurück in die Handtasche. Danach schloss sie den obersten Knopf ihrer dunkelbraunen Nerzstola und schaute auf die Uhr. Sie würde pünktlich sein.

Wenig später bog ihr Wagen auf den Wilhelmplatz ein und hielt vor dem ehemaligen Prinz-Karl-Palais, das nach dem Erlass von Hindenburg zum Reichsministerium für Volksaufklärung und Propaganda geworden war. Heute arbeitete und residierte Joseph Goebbels hier.

Astas Blick glitt über die klassizistische Fassade mit den hohen Fenstern, dem steinernen Balkon und der Rampe, die zum Portal hinaufführte. Sie sah aber auch das Baugerüst, das sich seitlich daran anschloss, die Stapel von Steinen, die ihr verrieten, dass der Propagandaminister weitreichende Pläne hatte.

Asta holte tief Atem.

Aber Ministerien dieser Art standen auch noch für etwas anderes, nicht nur für eine bestimmte Anordnung von Büros und Korridoren und Festsälen. Asta fand, dass es etwas Gesichtsloses war, wie ein Bienenstock, hektisch, aber gut organisiert, nicht direkt nutzlos oder unsinnig, aber beunruhigend und auch gefährlich. Niemand begab sich freiwillig oder freudig dorthin. Nur wenn man unbedingt musste oder dazu gezwungen wurde wie sie.

Der Fahrer öffnete die Tür.

»Ich werde hier auf Sie warten«, sagte er, und sie fand, es klang irgendwie mitfühlend.

Asta bedankte sich und stieg aus. Dabei packte sie für einen winzigen Moment der schwindelerregende Wunsch, einfach auf der Stelle umzudrehen und zurück nach Hiddensee zu fahren. Wenn sie jetzt aufbräche, würde sie noch den letzten Dampfer auf die Insel erwischen.

Aber schon als sie den Saum des Kleides anhob, damit er nicht über den Boden schleifte, verwarf sie den Gedanken wieder. Sie schritt langsam und gemessen aus.

Die Luft war stickig. Die Fenster spiegelten den Himmel und die schwarzen Äste der Lindenbäume wider, welche unruhige Schatten auf die hellen Granitplatten warfen. Ansonsten war der Wilhelmplatz bis auf den Grafen von Schwerin, dessen Bronzefigur einsam auf einem verwitterten Sockel stand, leer.

Asta war erleichtert, dass sie sich für das lange taubenblaue Seidenkleid mit der Goldborte entschieden hatte. So sah wenigstens keiner, wie ihr jetzt die Knie zitterten, als sie die wenigen Schritte zum Palais hinüberging, dessen Zugang von zwei Soldaten bewacht wurde.

Die Tür stand offen, und sie trat in die feierlich gedämpfte Helligkeit des Foyers. Ihre Augen benötigten einen Moment, bis sie die vielen bekannten Gesichter von Film und Theater erkannte und unterscheiden konnte. Man stand in kleinen Gruppen zusammen und unterhielt sich angeregt. Einige lächelten, andere nickten ihr ernst zu.

Von der Seite rauschte Käthe Dorsch in einem roten Kleid heran, schlank und zierlich wie eine Ballerina. Ihre wilde dunkle Lockenpracht umrahmte ihr schönes Gesicht, in dem zwei grüne Augen blitzten. Die rot geschminkten Lippen verzogen sich zu einem breiten Lachen.

»Du bist hier?« Sie reichten sich kurz die Hände. »Haben sie sogar dich aus deinem Paradies zurückbeordert?« Sie wartete die Antwort nicht ab. »Was für eine Schande, uns den wohlverdienten Urlaub zu unterbrechen. Aber Parteifreunden ist das wurscht. Na ja, immerhin sitze ich bei Hermann am Tisch.« Sie hielt ein graues Zettelchen hoch, und die Perlenketten um ihren Hals klimperten. »Der ist wenigstens unterhaltsam, nicht so verstockt wie die andern beiden. Wo sitzt du?«

Asta schmunzelte. Typisch Käthe, immer ein loses Mundwerk.

»Wo ich sitze? Keine Ahnung. Wieso fragst du das? Man schrieb mir nur, dass ich mich hier im Foyer melden soll.«

Katharina reckte den Kopf. »Genau. Da drüben ist die Anmeldung. Komm mit.«

Asta folgte der Schauspielerin durch die Menschenmenge zu einem Pult, hinter dem ein Mitarbeiter in hellem Anzug mit akkuratem Seitenscheitel wartete. Als er ihrer ansichtig wurde, glitt eine Spur von Erleichterung über sein Gesicht.

»Guten Tag.« Sie reichte ihm das Schreiben aus dem Ministerium.

»Frau Nielsen! Wie ich mit Freude feststellen kann, hat Sie das Telegramm unseres Reichsministers doch noch rechtzeitig erreicht. Schön, dass Sie es einrichten konnten. Willkommen.«

Asta schürzte die Lippen. Die Bemerkung blieb an ihr hängen. Sie wollte etwas darauf erwidern, etwas, das zum Ventil für ihren plötzlich auflodernden Zorn wurde, aber sie schluckte die Entgegnung hinunter. Was für eine Farce.

Der Mann zog die Liste auf einem Klemmbrett zu sich heran, machte mit wichtiger Miene einen Haken an der vorbestimmten Stelle und reichte ihr anschließend ein Billett, auf dem ihr Name und die Zahl 1 notiert waren.

»Sie dürfen sich glücklich schätzen, Frau Nielsen.« Asta glaubte, so etwas wie Rührung in seiner Stimme mitschwingen zu hören. »Sie werden heute an der Seite des Führers den Tee einnehmen.«

Er wollte eigentlich weiterreden und ihr erzählen, wer neben Adolf Hitler noch an ihrem Tisch saß, aber sie erwiderte nur knapp: »Da habe ich aber Glück gehabt«, und griff nach dem Zettel. Energisch stopfte sie ihn in die Handtasche und wandte sich um, während sie die Taschenbügel schloss. Sie ging einige Schritte zur Seite und wartete, bis der Ärger etwas abflaute.

Kurz darauf erschien ein junger Mann in schwarzer Uniform ein Stockwerk höher auf einem Absatz, knallte laut mit den Stiefelhacken und forderte alle Anwesenden auf, jetzt zu ihm heraufzukommen.

Asta und Katharina stiegen nebeneinander die breiten, an den Kanten über die Jahrhunderte hinweg rund getretenen Steinstufen hinauf. Wie sie überrascht feststellten, geleitete man sie in einen riesigen Saal. Die Wände bestanden aus weißem Marmor, nur von raumhohen Pilastern und Spiegeln unterbrochen. In dem auf Hochglanz polierten Steinboden spiegelten sich mächtige Kristalllüster und erweckten den Eindruck, als ginge man über eine funkelnde Eisfläche.

»Guck dir das an, wie im Schloss der Schneekönigin«, raunte Katharina.

»Hm, und genauso kalt und unpersönlich«, antwortete Asta. Sie assoziierte den blanken Fußboden mit der Tücke von Glatteis. Einmal den Fuß falsch aufgesetzt, bestand unweigerlich die Gefahr auszurutschen.

Jetzt ging es nur noch langsam vorwärts. Denn obwohl der Raum gigantische Ausmaße besaß, die Kolonne der Theater- und Filmschaffenden geriet immer wieder ins Stocken, da es sich das Ehepaar Goebbels zur Aufgabe gemachte hatte, jeden Gast persönlich zu empfangen.

Als Asta ihnen schließlich gegenüberstand, begrüßte sie zuerst Magda Goebbels, die herzlich ihre Hand ergriff. »Es ist reizend, Sie zu sehen«, sagte die Ministergattin schwärmerisch.

»Vielen Dank«, antwortete Asta zurückhaltend.

»Wirklich!«, versicherte ihr die Frau mit Nachdruck. »Ich habe mich ganz besonders auf Ihren Besuch gefreut.«

Einen Moment lang verlor Asta die Fassung. Sie zog die Hand zurück, als hätte sie sich verbrannt, und strich über den Pelz ihrer Stola. Sag einfach das, was du zu jedem anderen in so einer Situation sagen würdest, dachte sie.

Aber das war nicht so leicht. Sie empfand die Äußerung von Magda Goebbels, gerade im Beisein von Katharina Dorsch, die dicht hinter ihr stand, und den anderen Kollegen als ausgemachte Taktlosigkeit. Deshalb verzog sie den Mund nur zu einem stummen Lächeln und richtete ihre Aufmerksamkeit auf Goebbels, der ihr kühl die Hand entgegenstreckte, um sie zu begrüßen. Asta nahm die Hand, und er drückte sie kräftiger als erwartet.

»Bitte nehmen Sie Platz«, sagte er nur.

»Danke sehr.«

Asta wartete nicht auf Katharina, denn der waren sowieso ein anderer Platz und ein anderer Tischherr zugewiesen worden. Suchend blickte sie sich um.

Im Raum verteilt befand sich ein Dutzend kleiner Tische, die mit weißem Tischtuch und feinen Teeservices eingedeckt waren. Junge Männer in schwarz schimmernden Uniformen standen in regelmäßigen Abständen an den Wänden und schienen, vorerst tatenlos, den Fortgang der Veranstaltung abzuwarten. Ihr Anblick erinnerte Asta an einen Schwarm Krähen, der geduldig am Rand des Geschehens ausharrte, bis sich der geeignete Zeitpunkt ergab, zuzuschlagen.

»Darf ich Ihnen behilflich sein?«, schnarrte plötzlich eine Stimme neben ihr. Asta schrak zusammen, ließ es sich aber nicht anmerken. Sie drehte den Kopf und erkannte in dem Mann den Stiefelknaller von vorhin.

»Wenn Sie wissen, wo Tisch eins ist«, sagte Asta tonlos.

Der Mann brachte sie zum Platz, rückte ihr den Stuhl zurecht und verabschiedete sich mit einem zackigen Kopfnicken.

Asta setzte sich. Sie kam nicht mehr dazu, die anderen am Tisch zu begrüßen, denn nun wurde, wie von Geisterhand, ein Seitenportal geöffnet, und herein trat Adolf Hitler.

Äußerlich war er eher klein und unscheinbar. Er trug einen dunklen zweireihigen Anzug, darunter ein weißes Hemd und eine gestreifte Krawatte. An seiner Gestalt wirkte der Kopf als das Beherrschende. Rumpf, Beine und Arme hingen gleichsam an ihm.

Hitler tat drei ziemlich schnelle Schritte in den Saal herein, wobei er mit dem Hacken zuerst auftrat, blieb dann stehen, wippte kurz auf dem Ballen und begrüßte die Versammelten mit dem üblichen Nazigruß. Nun ahnte wohl jeder, dass der Führer eine dementsprechende Erwiderung des Grußes erwartete, dass einheitlich die Hände in die Luft flogen und »Heil Hitler« gerufen wurde.

Asta sah sich unbemerkt um. Bei den meisten Künstlern und Intellektuellen in Deutschland war die Nazibewegung verpönt. Sie war der Meinung, dass jeder, der noch selbst denken konnte, inzwischen erkannt hatte, wohin diese Bewegung führte. Schon jetzt verschloss sie sorgfältig die Fenster und stellte das Grammophon an, wenn Freunde wie Paul Wegener, Ernst Legal und Ringelnatz zu ihr in die Wohnung kamen. Früher war laut und heftig diskutiert worden, heute tuschelten sie nur noch, und die Unterhaltung geriet sofort ins Stocken, wenn ein

Hausmädchen oder eine Angestellte durchs Zimmer ging.

Zu ihrem Erstaunen stellte Asta fest, dass beinahe alle langsam den rechten Arm hoben, bis auf einige.

Asta blieb still neben ihrem Stuhl stehen und tat nichts. Ihr Widerstand war sanft und beharrlich. In ihren Augen reichte es völlig aus, wenn sie dem Reichskanzler die Hand gab.

Nachdem der Führer das Treffen mit einigen markigen Worten im Beisein von Goebbels und Göring eröffnet hatte, kam er an ihren Tisch.

Er wirkte aufmerksam, als er auf Asta zukam, sie begrüßte und aus seinen blauen, leicht hervorstechenden strahlenden Augen eindringlich musterte. Asta hatte bereits davon gehört, dass es eine Angewohnheit Hitlers sei, Menschen lange in die Augen zu blicken, da er sich der suggestiven Wirkung der eigenen Augen bewusst sei. Er schlug sogar die Lider langsamer nieder, um den Eindruck noch zu verstärken.

Asta konnte er damit nicht beeindrucken. Sie hatte Kollegen mit ähnlich faszinierenden Augen und gewandterem Auftreten erlebt. Darüber hinaus fand sie im restlichen Gesicht des Führers nichts Attraktives. Seine Nase war hässlich, sie glich einer Pyramide, und der unangenehme Eindruck, den die großen, breiten Nasenlöcher auslösten, wurde durch den kurz geschnittenen Schnurrbart spärlich gemildert. Sein Mund war verhältnismäßig klein, der Kiefer nicht stark, und die Lippen wirkten schmal und eingekniffen. Die hohe Stirn wurde durch eine pedantisch frisierte Stirnlocke verdeckt.

Als er sich der anderen Tischpartnerin zu seiner Linken zuwandte, einer jungen Schauspielerin aus dem Staatstheater, spannte sein Sakko unvorteilhaft und umschloss den Oberkörper wie ein Sack.

Während sich Asta auf dem Stuhl niederließ, bemerkte sie seine dünnen Beine, um welche die Hose schlotterte. Sie kam zu der Einsicht, dass dem Mann jedwede Eleganz fehlte. Sie schauderte. Und noch etwas hatte sie gesehen, tief verborgen hinter dem eisigen Blau seiner Augen. Unbändiger Zorn wohnte in ihm, gepaart mit verzehrender Leidenschaft. Beidem war sie schon einmal begegnet, vor langer Zeit in Kopenhagen. Ein junger Mann peitschte an einer Straßenecke mit revolutionären Parolen eine kleine Menschenmenge so weit auf, bis einige Männer nach Steinen griffen und sie in die Auslagen eines Warenhauses warfen.

Sie war sich sicher, dass Hitlers Seele etwas zutiefst Bestürzendes und Unerträgliches innewohnte, und sie nahm sich vor, es an diesem Nachmittag mit Ironie und Fröhlichkeit zu erdulden.

Die jungen Männer in den schwarzen Uniformen lösten sich von den Wänden und traten mit bauchigen Teekannen und Tellern mit Gebäck an die Tische.

Während sich der Tee in die Tassen ergoss, wandte sich Adolf Hitler an sie. »Sind Sie von weit her angereist, Frau Nielsen?«

Asta nahm mit der Zange einen Zuckerwürfel aus der Dose und ließ ihn in ihre Tasse fallen. »Von Hiddensee, Herr Hitler.«

Sie sah ihm an, dass ihn die Antwort irritierte.

»Das ist eine Insel in der Ostsee«, schob sie nach. »Ich besitze dort ein kleines Häuschen und verbringe die Ferien am Meer. Mögen Sie das Meer?«

»Wie Sie sicher wissen, stamme ich aus dem Binnenland. Da fehlt einem der Bezug zum Meer. Was mich betrifft, ich wandere lieber in den Bergen.«

Asta spürte, dass er die Frage als zu persönlich empfand und sie nur beantwortete, weil er ihr gegenüber höflich erscheinen wollte. Sie wechselte das Thema.

»Was gedenken Sie als Nächstes zu unternehmen?«

Hitler beugte sich leicht vor. »Ich will Berlin zu der Stadt in Europa machen, in der es die größten und schönsten Plätze gibt«, antwortete er. »Ich werde die Reichshauptstadt zu einem Ort umgestalten, in dem jedem Besucher der unbändige Fleiß und die Schaffenskraft des deutschen Volkes vor Augen geführt wird. Dafür entwickeln wir ein neues Verständnis in der Architektur, in der Kunst und im Film.« Er stützte den Arm auf der Tischplatte auf. »Jedes Volk ist das, was man aus ihm macht. Und was man aus dem deutschen Volk machen kann, das haben wir zur Genüge bewiesen.«

»Großartig!«, pflichtete ihm die junge Schauspielerin auf der anderen Seite mit leuchtenden Augen bei.

»Ich denke, das Leben selbst muss wieder Inhalt des Films werden. Man muss das Leben mit Mut und Kühnheit anfassen, mit Inhalten, die wieder mit dem unsterblichen deutschen Volk zu tun haben. Mit Menschen, die niemand besser kennt als wir.«

Asta drehte sich ihm jetzt halb zu. »Sie sprechen davon, ein neues Verständnis für den Film entwickeln zu wollen. Soweit mir bekannt ist, genießt der deutsche Film in der Welt bereits ein hohes Ansehen. Der künstlerische Anspruch am Film, den übrigens nicht nur ich vertrete, sowie der weltoffene Umgang mit Schauspielern und Regisseuren legten für den Erfolg den Grundstein.«

Sie spürte, wie ihr plötzlich das Herz bis zum Hals schlug. Impulsiv hatte sie sich weit vorgewagt, und jetzt gab es kein Zurück mehr. Aber es lag ihr schon zu lang auf dem Herzen, und die Worte kamen ihr beinahe von allein über die Lippen. »Viele meiner Freunde und Kollegen in der Film- und Theaterbranche sind Juden, Herr Hitler, die ich bewundere. Namen, die Sie bestimmt schon gehört haben: Ernst Lubitsch, Fritz Lang, Richard Ostwald, alles hervorragende Regisseure. Sie haben den deutschen Film mit ihrer Kunst beeinflusst, mit mir gearbeitet und mir geholfen, eine gute Schauspielerin zu werden. Genauso unterstützten mich in all den Jahren die jüdischen Berichterstatter und Kritiker in der deutschen Presse, ebenso wie die jüdischen Intendanten der wirklich guten Theater in Berlin. Nun aber verloren viele ihre Arbeit, erhielten Auftrittsverbot oder sind bereits emigriert.«

Asta brach ab, auch wenn es ihr schwerfiel. Sie hatte noch erwähnen wollen, dass Kollegen von ihr Selbstmord begingen, weil sie in diesem Land für sich keine Zukunft mehr sahen.

Doch noch weiter traute sie sich nicht vor. Schon bei ihren letzten Worten hatte Hitler die Augenbrauen zusammengezogen, so dass sie sich über der Nasenwurzel berührten.

Am Tisch herrschte Totenstille, in die hinein sich Hitler vernehmlich räusperte. »Alles das, was Sie hier anführen, Frau Nielsen«, sein Tonfall verriet, dass sich ein Abgrund zwischen ihnen öffnete, »hätte sicherlich ebenso funktioniert, wenn – und das möchte ich hier betonen – es den Ariern erlaubt gewesen wäre, die Filmindustrie in die eigene Hand zu nehmen.«

Er richtete seinen Blick auf Asta, und dann, als würde er sich an etwas erinnern, lächelte er verbindlich. »Mir ist bekannt, Frau Nielsen, dass Ihr letzter Film zwei Jahre zurückliegt und Sie danach der Filmindustrie den Rücken zugekehrt haben, um ausschließlich Theater zu spielen.« Er machte eine kleine Pause. »Was, wie ich finde, für das deutsche Volk einen ausgesprochenen Verlust bedeutet, da jetzt eine Zeit anbricht, in der wir die größten Künstler des Films wieder brauchen.«

Ihr wurde klar, dass er gerade im Begriff war, ihr eine goldene Brücke zu bauen.

»Das kann mich kaum betreffen«, antwortete Asta. »Weder gehöre ich einer politischen Partei an, noch würde ich mich jemals darauf einlassen, in politischen Filmen zu spielen.«

Hitler betrachtete kurz seine Hände. »Das brauchen Sie auch nicht.« Er hob den Kopf. »Die Sache verhält sich nämlich so: Ich kann auf einer Bühne stehen und zweitausend Worte von mir geben, ohne dass mich jemand versteht. Bei Ihnen ist das etwas völlig anderes. Eine einzige Bewegung von Ihnen versteht die ganze Welt.«

Asta widerstrebte die anbiedernde Atmosphäre, in

die das Gespräch abzugleiten drohte. Sie hob unvermittelt den rechten Arm zum Hitlergruß. »Sie meinen aber nicht diese Bewegung?«

Hitler schnaubte leise. Was das anging, verstand er keinen Spaß. Die Gräben zwischen ihnen wurden unüberwindbar.

Da meldete sich die junge Schauspielerin von der anderen Seite mit verträumtem Blick. »Ach, mein Führer, mich interessiert nur noch die Bewegung, nicht mehr das Theater.« Aufreizend nagte sie an ihrer Unterlippe.

»Das ist dumm von Ihnen«, entgegnete Asta schroff an Hitler vorbei.

»Warum?«, fragte er. »Jeder sollte sich für Politik interessieren.«

»Nur, wenn man etwas davon versteht«, erwiderte Asta. »Aber ehrlich, Künstler tun das nur selten. Ebenso wenig habe ich noch nie einen Politiker getroffen, der etwas von Kunst verstand.«

Bevor Hitler darauf antworten konnte, trat der Stiefelknaller an den Tisch und erklärte, dass für den Fototermin nun alles bereitstehe. Hitler erhob sich stumm, dicht gefolgt von der jungen Schauspielerin, die sich die einmalige Chance nicht entgehen lassen wollte, zusammen mit dem Führer aufs Foto zu gelangen.

Asta erhob sich ebenfalls. Ihr Mund war trocken, obwohl sie Tee getrunken und auf das Gebäck verzichtet hatte. Sie zupfte am Kleid und hing noch dem Gedanken nach, was geschehen würde, wenn sie die Veranstaltung sofort verließe, als Joseph Goebbels auf sie zusteuerte.

»Hat der Führer mit Ihnen über Ihre zukünftige Rolle im Deutschen Film gesprochen?«

»Er hat es erwähnt«, wich sie aus.

Goebbels verzog keine Miene. »Hat er Ihnen gegenüber auch erwähnt, dass Deutschland Ihnen eine eigene Filmgesellschaft anbietet, die der Staat finanzieren würde?«

Asta hielt kurz den Atem an. Damit hatte sie nicht gerechnet. Goebbels bemerkte ihre Verunsicherung und legte nach. »Wir geben Ihnen völlig freie Hand im Hinblick auf die Auswahl der Filmstoffe und des Repertoires. Es muss der Anspruch gelten, das Ausland künstlerisch zu überflügeln, was bisher ...«, er beugte sich vertraulich vor, »unter den obwaltenden Verhältnissen unmöglich war.«

In diesem Punkt stimmte sie Goebbels widerstrebend zu. Bürokratie und fehlende Finanzmittel hatten in der Vergangenheit die Produktion von Filmen vor beinahe unüberwindliche Herausforderungen gestellt. Aber warum bot man ausgerechnet ihr an, in den Genuss solcher Vergünstigungen zu kommen?

»Was denken Sie über meinen Vorschlag?«, fragte Goebbels.

Sie zögerte. Wem würde es nutzen, wenn sie das Angebot annähme? Sollte hinter all dem Entgegenkommen der Wunsch verborgen liegen, durch das Engagement eines fremdländischen Filmstars das Ausland über die wahren Zustände im neuen Deutschland hinwegzutäuschen? Es war eine Falle. Asta kam zu dem Schluss, dass Ablehnung keine Last war, sondern Selbstschutz – besonders, wenn die Annahme des Angebotes totale Abhängigkeit bedeutete.

Sie sah Goebbels direkt ins Gesicht. »Ich bedanke mich bei Ihnen für Ihre künstlerische Begeisterung und für das großzügige Angebot«, sagte sie, während sie ihre Handtasche mit beiden Händen wie ein Schutzschild vor ihre Brust hob. »Aber ich muss Ihnen mitteilen, ich habe dem Film für immer Lebwohl gesagt.«

»Bedauerlich«, sagte Goebbels verstimmt, bevor er sie grußlos stehen ließ.

Asta beschloss, dass es für heute genug war, und ging zu Hitler hinüber, der auf sonderbare Weise allein inmitten des Saales stand. Die Hände übereinandergelegt, machte er einen abwesenden Eindruck.

»Herr Hitler.«

»Ah, Frau Nielsen.«

»Ich wollte mich verabschieden.«

»Auf Wiedersehen«, sagte er kühl und reichte ihr formell die Hand.

Als sie den Raum verließ, befiel sie zunächst Erleichterung, doch dieses Gefühl hielt nicht an. Sie erkannte, dass nach dem heutigen Treffen ihr Ruhm sie nicht länger würde schützen können. Sie wollte keine Lebenszeit mehr einer Diktatur opfern, in der die Wahrscheinlichkeit stetig näher rückte, dass sie eines Tages eine kritische Aussage tätigte oder einem Freund, der in Not geraten war, half, was ihr zum Verhängnis werden konnte.

Sie blieb stehen, rührte sich nicht. Für den Moment hatte sie keine Ahnung, wohin sie jetzt gehen sollte, was sie mit sich anfangen sollte. Stattdessen keimten unerwartet Gedanken an ein neues, von Notwendigkeit getriebenes Leben auf, deren Wucht und Konsequenzen sie ängstigten, weil sie alles Bisherige in Frage stellten.

Asta hatte gerade das Treppenhaus erreicht, als ihr schwarz vor Augen wurde, ihre Knie gaben nach. Mit einem Reflex und unter Aufbietung letzter Kräfte gelang es ihr, sich am Geländer festzuhalten.

25

Hiddensee, 1934

Es war zehn Uhr am Vormittag, als sie endlich in Stralsund ablegten. Der Dampfer war bis auf den letzten Platz gefüllt, und an eine behagliche Überfahrt nach Hiddensee war nicht zu denken, denn der Himmel hatte sich zugezogen, und erste Regenschauer gingen nieder. Nur dank des aufmerksamen Stewards gelang es Asta überhaupt, einen Stuhl an einem Vierertisch im Unterdeck zu ergattern, an dem ein älterer Mann und – wie sich später herausstellte – seine beiden Söhne saßen. Die drei Männer begrüßten sie kurz und unterhielten sich dann angeregt weiter. Rasch hörte sie heraus, dass die drei als Landvermesser tätig waren und im Auftrag der Regierung auf die Insel reisten. Sie erfuhr, dass sie nach Kloster wollten, um dort Flurstücke zu kartographieren, auf denen eine Häusersiedlung errichtet werden sollte.

Auf Hiddensee sollte eine Siedlung gebaut werden? Wortlos starrte sie auf die feinen Perlen in ihrem Sektglas. Und wer würde später in diesen Häusern wohnen?

Ihre Gedanken wurden immer wieder von dröhnendem Lachen und lautem Gekreische unterbrochen, denn das Schiff teilten sie heute mit einer lärmenden Urlaubergruppe des neu gegründeten Reichsreisedienstes »Kraft durch Freude«, die beinahe den gesamten Dampfer für sich beanspruchte.

Ungehalten beobachtete Asta das Treiben über den Rand ihres Glases hinweg und fragte sich im Stillen, wohin sie verschwunden waren, die ihr vertrauten dunkelhaarigen, intellektuellen Künstlertypen, die jetzt von kräftigen blonden Männern und breithüftigen Frauen mit Gretchenfrisur ersetzt wurden, die großspurig über das Deck der »Swanti« stampften, alles herausfordernd kommentierend, umsorgt von einem stetig grinsenden, stämmigen jungen Mann, mit Bürstenhaarschnitt und einem KdF-Wimpel in der Hand.

Asta stellte das Glas ab und wandte sich dem Fenster zu.

Die Frage, wohin ihre jüdischen Freunde, die früher mit ihr die Ferien auf Hiddensee verbracht hatten, entschwunden waren, war rein rhetorischer Natur. Selbstverständlich kannte sie die Antwort bereits. Regisseure wie Fritz Lang, Ernst Lubitsch und Richard Ostwald waren bereits emigriert, genauso wie ihre Kollegen Tilla Durieux, Alexander Granach und Oskar Homolka. Carl Zuckmayer, der sie mit Frau und Kindern besucht hatte, war ebenso gegangen wie Lion Feuchtwanger, Max Ernst und George Grosz.

Ihr Blick folgte einem Wassertropfen auf der angelaufenen Fensterscheibe. Sie wusste, dass die Nazis Max Ehrlich in ein Konzentrationslager verschleppt hatten, genauso wie Julo Levin, einen Maler, den sie vor ein paar Jahren in der Blauen Scheune getroffen hatte. Hinter vorgehaltener Hand hatte sie von Kollegen gehört, die Auftrittsverbot oder Hausarrest erhielten und für sich keine Zukunft mehr sahen.

Sie ballte die Fäuste. Ausgerechnet sie, Asta Nielsen, wollten die Nazis mit ihrem Angebot korrumpieren...

Sie zuckte zusammen. Der Älteste des Trios hatte eine Frage an sie gerichtet.

»Bitte?«

»Entschuldigen Sie, wissen Sie, wann wir dieses Vitten erreichen?«

Asta bemerkte, wie sich seitlich der Leuchtturm auf dem Dornbusch in ihr Blickfeld schob. »Es heißt Vitte. Gleich, in wenigen Minuten.«

»Danke sehr.« Wie auf ein unsichtbares Zeichen hin, erhoben sich die drei Männer von ihren Stühlen. »Dann dürfen wir Ihnen, Frau Nielsen, noch einen schönen Tag wünschen«, sagte der Vater verhalten mit einer leichten Verbeugung, und die Söhne nickten ihr zum Abschied schüchtern zu. Anschließend bahnten sie sich einen Weg zum Heck, wo ihre Ausrüstung lagerte.

Asta holte tief Luft. Sie öffnete ihre Handtasche, drehte den roten Lippenstift aus der Hülse und zog die Konturen ihres Mundes nach. Dann verschloss sie die Handtasche wieder und wartete, bis sich das Schiff geleert hatte.

Erst dann erhob sie sich.

•••

»Wie war deine Reise?«, fragte Kai und wechselte den Griff der Tasche von einer Hand in die andere.

»Anstrengend«, antwortete Asta ausweichend und massierte mit der Hand ihre Schläfe.

»Mmh.«

Sie waren dem Verlauf der Sprenge gefolgt und liefen jetzt hinab zum Norderende. Für Asta war es immer wieder unbegreiflich, wie rasch die Wetterwechsel hier aufeinander folgten. Die Wolken hatten sich beinahe vollständig aufgelöst.

Die Sonne stand hoch, und die Luft über den Wiesen flirrte. Unerwartet war es noch ein heißer Spätsommertag geworden.

Asta blieb stehen und nahm ihre weiße Pelzkappe ab. Dabei entdeckte sie eine Gruppe kleiner Jungen in braunen Hemden, die stramm in der Mittagshitze marschierten, die Gesichter rot vor Anstrengung.

Verärgert starrte sie auf den Kindertrupp, der wenige Meter vor ihnen abbog und jetzt im Gleichschritt durch den losen Sand hinauf zur Düne trampelte.

Astas Augen verengten sich. Das ungute Gefühl, dass sie schon auf dem Dampfer hatte, verstärkte sich weiter. Sie zeigte auf die Jungen und wandte sich an Kai.

»Und du hast gesagt, hier ändert sich nichts, alles bleibt, wie es ist.« Sie verschränkte die Arme vor der Brust. »Das stimmt nicht. Du hast es ja eben selbst gesehen, auch hier beginnt sich bereits alles zu verändern.« Asta deutete auf die Düne, hinter der die Gruppe Hitlerjungen verschwunden war. »Du weißt, wozu der ganze Drill notwendig ist. Ich sage dir, am Ende wird es Krieg geben.«

Widerspruch flackerte in Kais Augen auf.

»Jetzt übertreibst du, Asta. Das sind doch nur Kinder! Glaub mir, keiner in Deutschland will noch einen Krieg.«

Ungehalten ging er weiter, und Asta folgte ihm.

»Da irrst du dich gewaltig«, widersprach sie ihm lebhaft, darauf bedacht, mit ihm Schritt zu halten.

»Du und ich, wir haben das alles schon einmal erlebt, und jetzt fängt es wieder genauso an!«

Kais Mine verfinsterte sich schlagartig. »Ich sehe das nicht so! Menschen lernen dazu«, sagte er gereizt und lockerte mit einer heftigen Bewegung das rote Tuch an seinem Hals. »Alle, die ich kenne, wollen einfach nur in Frieden leben. Ich sage dir, es wird keinen zweiten Krieg geben.«

Sie verbiss sich eine scharfe Bemerkung dahingehend, wen er wohl hier am Ende der Welt schon kannte.

Schweigend erreichten sie das Karusel. Er stellte ihre Tasche auf der obersten Stufe der Treppe ab.

»Ich muss gleich noch zum Hafen. Heute ist Zahltag, die Männer warten«, sagte er, ohne zu bemerken, dass Asta jetzt dicht neben ihn getreten war. »Sehen wir uns nachher?« fragte er ungeduldig. »Ich könnte uns wieder was kochen.«

Sie blickte ihn an. Seine Stimme hatte einen reizbaren Unterton. Eine Geschäftigkeit, eine Spannung um ihn, die ihr verriet, dass es nicht der richtige Zeitpunkt war, um das Gespräch fortzusetzen und ihm ihre Pläne mitzuteilen, wenn man sie überhaupt schon so nennen konnte. Sie zwang sich zu einem Lächeln.

»Gern. Du weißt doch, wie ich mich die ganze Reise über gefreut habe, dich zu sehen.« Sie gab ihm einen flüchtigen Kuss auf die Wange.

...

Der Tisch war gedeckt, Kerzen brannten, und Kai hatte sogar von irgendwoher eine Flasche Wein besorgt. Auf dem Ofen brutzelten Bratkartoffeln und Zanderfilets.

Asta hockte sich mit angezogenen Beinen auf die Bank.

Einen Moment lang schloss sie die Augen, genoss die behagliche Abgeschiedenheit, in der sie sich gern der trügerischen Hoffnung hingab, den Grausamkeiten des Lebens noch einmal zu entkommen.

»Kann ich dir helfen?«, fragte sie nebenbei und überlegte immer noch fieberhaft, wie sie das Gespräch beginnen sollte.

Sie war sich nicht sicher, ob sie den Mut finden würde, mit ihm offen zu reden. Sie bewegten sich auf dünnem Eis. Schon am Nachmittag hatte sie gespürt, wie viel Angst sie beide vor der Wahrheit hatten.

»Nein, das Essen ist fertig. Aber du kannst den Wein einschenken.«

Während sie den losen Korken aus dem Flaschenhals zog und die beiden Gläser füllte, brachte Kai die Teller zum Tisch.

Es roch deftig nach Kartoffeln, Gemüse, frischen Kräutern und Fisch.

»Prost!« Kai hob das Glas, sie stießen an.

Dann widmeten sie sich dem Essen. Während Asta gedankenversunken in den Bratkartoffeln herumstocherte, aß Kai mit konzentriertem Ernst, den er bei allem, was er tat, an den Tag legte. Unvermittelt drehte er ihr das Gesicht zu.

»Was wollten sie nun in Berlin von dir?«, fragte er interessiert.

Asta platzierte Messer und Gabel auf den Rand des Tellers und holte tief Luft. Dann berichtete sie ihm von ihren Gesprächen mit Hitler und Goebbels und dass sie ihr eine eigene Filmfirma in Aussicht gestellt hatten.

Kai hob eine Augenbraue. »Und?«

»Ich habe natürlich abgelehnt.«

Ungläubig schaute er sie an.

»Ja, ich dachte, es wäre das Beste«, rechtfertigte sie sich.

»Das Beste? Für wen?«

Asta wusste seinen Tonfall nicht zu deuten. Auch Kai legte das Besteck zur Seite.

»Ich meine ja nur, du hättest es dir wenigstens mal genauer anhören können. Was sie sich vorstellen. Eine eigene Filmfirma, frei in der Auswahl der Stoffe ... Du hast dich doch beschwert, dass dir keine anspruchsvollen Rollen mehr angeboten werden, jetzt könntest du selbst wählen. Du musst ja keine Propaganda für die Partei drehen. Also, in meinen Ohren klingt das annehmbar, ich versteh ehrlich nicht, wo das Problem liegt.«

Ihre Lippen wurden zu einem schmalen Strich.

»Wo das Problem liegt? Kai, dass du das nicht siehst ... Man kann nicht nur ein bisschen schwanger sein. Verstehst du? Entweder ganz oder gar nicht. Wenn ich mich mit den Nazis ins Bett lege, dann ist das ein Fakt. Ein Signal. Damit zeige ich der ganzen Welt, wo ich stehe, und sie benutzen mich als Feigenblatt, mit dem sie ihre wahren Absichten verdecken.« Kai wirkte immer noch wenig überzeugt, und sie fuhr erregt fort: »Wenn ich auf ihr Angebot eingehe, verrate ich alles, woran ich glaube. All meine politischen Überzeugungen, ich hintergehe meine Freunde, meine Kollegen, wenn du willst, verrate ich damit sogar mein Heimatland Dänemark, und was am schlimmsten ist, ich betrüge mich selbst dabei.«

Ihre Worte hallten in der aufkeimenden Stille nach.

»Deine Entscheidung«, sagte Kai schließlich, nahm seine Gabel und aß weiter, während Asta neben ihm auf die Maserung der Tischplatte starrte. Wie leicht und glücklich hatte sie sich gefühlt, als sie das letzte Mal hier mit ihm gesessen hatte. Konnte es nicht noch eine Weile andauern? Wie gern würde sie die Zeit zurückdrehen.

Kai ließ die Hand mit der Gabel sinken.

»Und was ist, wenn du deine Karriere beendest?«

Zuerst glaubte Asta sich verhört zu haben. Dann spürte sie, wie sich etwas Wildes in ihr aufbäumte, sie zu zerreißen drohte, und sie starrte ihn an.

Er hob die Hand, um Asta, die ihm in einem ersten Impuls widersprechen wollte, zum Schweigen zu bringen. »Ich weiß, was dir dein Beruf bedeutet. Versteh mich bitte nicht falsch. Du hast mehr als sechzig Filme gedreht. Die größten Rollen sind durch dich im Film und auf der Bühne zu einem eigenen intensiven unnachahmlichen Leben erweckt worden.« Sie stellte fest, dass Kai nicht ungehalten war, aber auch nicht freundlich. Er war eher energisch, aber ausdruckslos, so als zähle er eine Reihe wichtiger, unbestrittener Tatsachen auf. »Du bist ein Filmgenie, eine Göttin, ein Ideal. Für Generationen von Schauspielerinnen unerreichbar.«

Asta verschränkte die Arme und wippte ungeduldig mit dem Fuß, aber Kai fuhr unbeirrt fort.

»Vielleicht irre ich mich ja, und du kannst mich auch gern korrigieren, aber ich kann mir nicht vorstellen, dass man in deinem Beruf noch mehr erreichen kann.«

Eine kurze Pause entstand.

»Du brauchst das nicht so höflich zu formulieren«, erwiderte Asta mit einem bitteren Lächeln. »Sag doch, was du denkst. Ich habe ein bestimmtes Alter erreicht. Nun soll ich meine Karriere beenden und es dabei belassen.«

Kai deutete ihre Offenheit als eine Form von Einverständnis. »Du hast auch andere Talente«, fuhr er unbeirrt fort. »Nimm deine Freude am Malen. Ich hab deine Bilder gesehen, du bist gut darin. Vielleicht würde es dir Spaß machen, hier mit mir zu leben und deine Tage damit auszufüllen. Wir wissen beide, dass du nie eine Fischerfrau wirst. Aber das musst du gar nicht, das erwarte ich nicht von dir.«

Sie merkte, wie er sich bemühte, ihr ernsthafte Angebote zu unterbreiten, die wenigen Gemeinsamkeiten herauszustreichen, und wie weit er zu gehen bereit war.

Doch wie weit war das?

Für einen winzigen Moment schwebte ihr ein Bild vor Augen. Sie sah sich in einer Blumenwiese hinter der Düne an der Staffelei sitzen. Kai kam vom

Fischen nach Hause, und sie verbrachten den restlichen Tag zusammen. Aber dann schob sich das hässliche Bild der Hitlerjungen zwischen sie, die großmäuligen KdF-Urlauber und die emsigen Vermesser, die aufgebrochen waren, um den Grundstein für Hiddensees sichere Verwüstung zu legen.

Nein!

Abgesehen von der intellektuellen Einsamkeit, die sie hier unweigerlich erleben würde, wenn alle Freunde abgereist waren, war es für Tagträume jeder Art definitiv zu spät.

Sie hatte es in den starren Augen dieses Monsters, das sich Führer des Volkes nannte, gesehen. Deutschland würde brennen, und es gab kein Entrinnen für sie, auch nicht hier auf dieser Insel am Ende der Welt, weder als Schauspielerin, Malerin noch als Frau eines Fischers.

Sie legte ihre Hand auf seine.

»Ich kann hier nicht bleiben. Versteh doch, die Nazis werden keine Ruhe geben. Mein Ruhm kann mich nicht ewig schützen. Deshalb muss ich zurück nach Dänemark gehen.« Sie schaute ihm direkt in die Augen. »Aber ich möchte nicht allein gehen. Ich will, dass du mitkommst. Mich dorthin begleitest. Du hast die Insel schon mal verlassen. Tu es noch einmal, mir zuliebe. Komm mit.«

Schon als sie die Worte aussprach, wusste sie, dass alles, was sie ihm anbieten konnte, nichts bringen würde.

Kai würde hierbleiben wollen, bei seinen Leuten, auf der Insel, die so eng mit seinen Vorfahren verwurzelt war.

Er war bereit gewesen, ihr ein Leben nach ihren Vorstellungen hier an seiner Seite zu bieten, und sie lehnte das ab. Tiefer konnte sie den Stolz eines solchen Mannes nicht verletzten. Asta spürte die jähe Kälte zwischen ihnen, und sie begriff, dass er sich in einen Panzer zurückzog und ihre Weigerung, auf sein Angebot einzugehen, als Zurückweisung empfand.

Plötzlich kam ihr alles Prekäre ihrer Situation zu Bewusstsein. Was konnte sie ihm denn wirklich in Dänemark bieten, außer ihrer Liebe?

Als Grischa damals nach Moskau hatte zurückgehen wollen, da hatte sie gewusst, dass sie dort nicht hätte leben können, und sie war bereit gewesen, ihn gehen zu lassen. Doch jetzt, hier, war es eine andere Situation. In Russland waren ihr die Menschen fremd, sie wäre immer von Grigoris Leben unter Russen und den Zusammenkünften mit seinen Freunden ausgeschlossen gewesen.

Und Kai? Würde nicht auch er in Dänemark immer nur ein Fremder sein?

Sie spürte, wie ihre Augen anfingen zu brennen. Eine Träne rollte ihr über die Wange.

Durfte sie dieses Opfer von ihm verlangen? Sie wünschte sich in diesem Moment nichts sehnlicher, als dass sie zu einer Einigung kämen, einer Übereinstimmung, mit der sie beide leben konnten. Sie wollte ihn um keinen Preis aufgeben.

»Du kannst doch auch in Kopenhagen fischen gehen, es liegt am Meer«, schlug sie verzweifelt vor, und sie fühlte, wie das Blut aus ihren Wangen wich. »Ich kaufe dir ein Boot. Wir müssen auch nicht mitten in der Stadt wohnen, wir können in ein Haus an der Küste ziehen. Wir wären unabhängig, ohne jedwede Forderungen an uns. Ich könnte ab und zu im Theater in Kopenhagen gastieren, und du müsstest nicht bei jedem Wetter rausfahren. Wir könnten im Sommer deine Familie besuchen und in Ruhe abwarten, wie die Dinge sich entwickeln.«

»So stellst du dir das vor?«, erwiderte Kai wütend und sprang so unbändig auf, dass die Teller klirrten. »Nun, ich glaube nicht, dass ich als ausgehaltener Mann von deinem Geld leben will. Da hast du dich gründlich getäuscht. Die Wahrheit ist, du würdest doch nie nur die Frau eines Fischers sein wollen! Aber ich bin nun mal Fischer, und ein Fischer bleibt, wo er ist, und verdient seinen Unterhalt mit eigenen Händen.«

Sein Gesicht war wie versteinert, und er hatte Mühe, ein Zittern in den Mundwinkeln zu beherrschen. Sie schaute ihn an, und mit einem Mal fand sie ihn in seiner Sturheit borniert, und gleichzeitig rührte sie diese Beherztheit, unter der er seine Hilflosigkeit verbarg.

Asta griff nach seinem Arm, um ihn zu beschwichtigen. Doch er befreite sich aus ihrem Griff.

»Wir wussten doch beide, dass es nicht leicht werden würde, aber ich will, dass wir zusammen sind. Das willst du doch auch. Dass du bei mir bist. Ich liebe dich«, sagte sie leise.

»Das hilft jetzt auch nichts«, sagte er frostig und nahm seine Jacke und seine Mütze, die er auf der Bank abgelegt hatte. »Wir fahren heute Nacht raus.« Er hielt ihr den Mantel hin. »Du bist müde von der

Reise, ich bringe dich jetzt nach Hause. Lass uns morgen weiterreden.«

Erst wollte sie protestieren, doch dann fügte sie sich.

Er lief schweigend neben ihr, und Asta bemühte sich, so nah, wie es ging, neben ihm zu gehen, ohne dass sich ihre Körper berührten.

In dem fahlen Licht, das durch das Glas der Veranda fiel, konnte er sie nicht küssen. Er beugte sich zu ihr herab, legte kurz seine Schläfe an ihre Wange, dann wandte er sich ab, um sein Gesicht vor ihr zu verbergen, drehte sich grußlos um und verschmolz mit den Schatten der Nacht.

»Bis morgen«, flüsterte sie leise.

26

In der Nacht war sie erwacht, weil es im Schlafzimmer regnete. Eine Sturmbö hatte die Balkontür aufgedrückt, und Feuchtigkeit wehte herein. Die Tropfen wirbelten durch die Luft, bevor sie aufs Parkett fielen, dort zerplatzten und kleine Pfützen bildeten. Asta hatte die Nässe zuerst an den Zehen gespürt, bald jedoch wanderte sie an ihren Beinen empor.

Schließlich schlug sie die Augen auf und sah sich gezwungen aufzustehen. Als sie über die feuchte Bettumrandung huschte, um die Balkontür zu schließen, stellte sie überrascht fest, dass die Stärke des Windes zugenommen hatte, dass er jetzt pfeifend ums Haus wehte, über das Dach hinwegfegte und sich scheppernd unter den Gauben brach.

Sie griff mit beiden Händen nach dem Gardinenstoff, der wild in der Zugluft flatterte. Plötzlich erhellte ein Blitz für Sekunden das Zimmer, und unweigerlich begann Asta zu zählen. Ihre Mutter hatte ihnen als Kinder erklärt, dass man so feststellen könnte, wie weit ein Gewitter noch entfernt war. Sie kam nur bis zwei, als bereits der krachende Donnerschlag folgte.

Asta zuckte zusammen.

Den Kopf zwischen den hochgezogenen Schultern, schob sie die Gardine auf die Seite, wo sie den Stoff in einer Schlaufe befestigte, und wandte sich der offenen Tür zu. Ein neuer Blitz zerteilte mit weiß gezacktem Licht die Nacht. Mitten in der Bewegung hielt sie inne.

Ein furchtbarer Schreck fuhr ihr in die Glieder.

Erst jetzt begriff sie, was sich dort draußen in der Finsternis ereignete.

Ohne auf den Regen zu achten, trat sie auf den Balkon hinaus und starrte fassungslos auf das Inferno. Wolkenbänke schichteten sich in dichten Lagen hoch aufgetürmt übereinander, jede Wand noch dunkler und bedrohlicher als die vorhergehende.

Darunter tobte ein seltsam verändertes Meer. Das starke Brausen und der wütende Wind ließen sie beinahe taub werden.

Der Sturm riss an ihren Kleidern. Entsetzt blickte sie auf die Wellenberge, schwarz und kompakt, wie Mauern aus Wasser rollten sie, Lawinen gleich, gegen den schmalen Ufersaum und rissen große Stücke davon mit.

So laut, so gewaltig und ungehemmt war das gespenstische Treiben, als stünde das Karusel mitten in den tobenden Wellen. Asta spürte die Erschütterung unter ihren Füßen, es war ihr, als würden sich die Gegenstände im Haus bewegen, das Wasser in der Kanne schwappte, und aus der Küche kam ein klirrendes Geräusch.

Sie wischte sich über die Augen, die blind vom Regen waren. Auf einmal erfasste sie panische Angst, kein anderer Gedanke als nur diese Angst, die sie normalerweise von hier wegtreiben müsste und ihr gebot, irgendwo Schutz zu suchen, sich in Sicherheit zu bringen. Ihr wurde übel und schwindelig vom Anblick der rasenden Flut. Doch etwas in ihr zwang sie, weiter hier draußen hinter der Brüstung stehen zu bleiben.

»Kai!«

Das Wasser tropfte ihr von den Haaren, rann über ihre Schultern und den Körper hinab, aber sie rührte sich nicht.

Nach wie vor zerrissen Blitze die Dunkelheit, krachte der Donner, brachen sich ohrenbetäubend die Wellen am Ufer.

Sie senkte den Kopf. Sie hatte keine Ahnung, was sie jetzt tun oder wohin sie sich wenden sollte.

Plötzlich wurde es hinter ihr hell, dann vernahm sie Schritte, die sich schnell näherten.

»Asta! Herrgott, was machst du denn da draußen?«

Sie hörte, wie Johanne die Sturmlaterne abstellte und aufgeregt im Zimmer umherlief, um sie kurz darauf in eine Decke zu hüllen.

»Bist du nicht ganz bei Trost?«, schrie sie ihr ins Ohr und zerrte an ihrem Arm.

Einen Moment lang starrte Asta ihre Schwester verwundert an, dann ließ sie sich widerstandslos zurück ins Zimmer führen. Johanne schloss die Balkontür, doch Asta hatte keine Ruhe.

»Ich muss zu ihm«, brachte sie zwischen blau gefrorenen Lippen hervor, riss die Lederjacke vom Haken und stürmte die Treppe hinunter.

•••

Asta streifte die Kapuze aus dem Gesicht. Deutlich erkannte sie durch die grauen Regenschleier das gelbe Licht, dass zwischen den Brettern hindurch sickerte. Sie hatte sich nicht geirrt.

Die Frauen waren im Schuppen versammelt, um gemeinsam auf die Rückkehr ihrer Männer zu warten. Sie hielt auf den Eingang zu. Inzwischen hatte sich ringsum der Untergrund in Schlamm verwandelt und gab nur widerwillig die Sohlen ihrer Stiefel frei.

Sie mühte sich, doch als sie schließlich vor dem Tor stand, zögerte sie und kämpfte gegen den Drang, einfach kehrtzumachen.

Was suchst du hier? fragte sie sich. Was erwartest du von diesen Frauen? Zugehörigkeit? Beistand? Vergebung?

Sie wusste es nicht.

Abwesend strich sie mit den Fingern über das rissige Holz und meinte, selbst durch die Nässe den Geruch von Holzteer wahrzunehmen. Sie empfand dabei eine seltsame, aber nicht unangenehme Vertrautheit. Sie entschied sich einzutreten.

Asta öffnete den Torflügel und schlüpfte durch den Spalt hinein. Drinnen streifte sie die Kapuze vom Kopf und wischte sich die Feuchtigkeit aus dem Gesicht. Sie öffnete den obersten Knopf ihrer Lederjacke.

Gespannte Ruhe schlug ihr entgegen, bis sich im Halbdunkel eine Frau erhob, die eine der Petroleumlampen nahm und schlurfend an sie herantrat. Als sie die Lampe auf sie richtete, sah Asta, dass es Käthe Popp war.

»Frau Nielsen?«, fragte die Frau überrascht. »Sind Sie das?«

Sie schluckte, um den Kloß im Hals loszuwerden. Es gelang ihr nicht ganz.

»Ja.« Sie hörte, wie ihre Stimme kratzte. »Ich mache mir solche Sorgen. Ich wusste keinen anderen Ort, an dem ich ...« Sie brach ab.

»Ich verstehe.« Käthe Popps Gesicht wirkte seltsam friedlich, als sie sich neben sie schob und die Lampe höher hob, damit ihr Lichtschein möglichst weit reichte. »Ihr Frauen hier«, sagte sie laut, »rückt ein wenig zusammen. Heute Nacht sind wir eine mehr.«

Dann geleitete sie Asta hinüber, wo sie zwischen den Fischerfrauen auf einer umgestülpten Kiste Platz nahm. Die alte Frau Riek schälte sich aus der Dunkelheit und reichte ihr eine Tasse Tee, und Franziska gab Asta förmlich die Hand, ohne sich in irgendeiner Weise anmerken zu lassen, was sie über ihr Erscheinen dachte.

Bald hatten die Frauen die unvorhergesehene Störung vergessen und fingen an, sich leise miteinander zu unterhalten.

»Der Sturm damals, 1912, der war noch heftiger, wisst ihr das noch?«, fragte Käthe Popp in die Runde, und ihre Stimme war gegen den pfeifenden Wind kaum zu verstehen. Einige ältere Frauen in der Nähe nickten zustimmend, andere verneinten. »Na ja, jedenfalls haben sie es damals alle heil überstanden.«

»Ja, ich erinnere mich, mein Vater war dabei«, warf eine alte Frau ein.

»Richtig, sie haben keines der Boote verloren, kamen alle wieder ...«

»Ja, damals schon ...«, seufzte Trude Riek und faltete ihre abgearbeiteten Hände ineinander.

Jede der Frauen hing ihren eigenen Gedanken nach. Asta musterte die Gesichter. Was wäre, wenn es dieses Mal ... Sie verbot sich, diesen Gedanken weiterzuspinnen, und versuchte, sich ganz auf das Hier und Jetzt zu konzentrieren, doch immer wieder drängten sich Bilder auf von der Nacht, die sie gemeinsam mit den Fischern auf dem Boot verbracht hatte.

»Unsere Männer«, hörte sie Franziska leise sagen. »Was sollen wir bloß machen?«

Doch plötzlich mitten hinein in das Gemurmel platzte Willi Kollwitz. Mit einem Schlag wurde es still.

»Ein Boot kommt rein«, sagte er nur.

»Eines der unsern?«, fragte Käthe Popp.

Willi Kollwitz zuckte mit den Achseln. »Lässt sich wegen des Regens nicht erkennen, Käthe. Aber es hält Kurs auf Vitte.«

Ein Raunen erhob sich.

Asta begann mit zitternden Fingern ihre Jacke zu schließen. Alle Luft schien aus ihren Lungen gepresst, dennoch war sie unfähig, Atem zu schöpfen. Flach und schnell hob sich ihre Brust, und sie sah, dass es den anderen Frauen ähnlich ging. Stumm hüllte sich jede in ihr Ölzeug und ging eilig zum Tor.

Als Letzte erhoben sich Franziska und die Mutter von Ernst Riek.

»Wir warten am Bollwerk«, sagte Kais Schwester und hakte sich bei der alten Frau unter.

Asta signalisierte ihr, dass sie verstanden hatte. Die beiden Frauen verschwanden.

Das Bollwerk.

Asta zog die Kapuze über den Kopf. Sie konnte sich noch gut daran erinnern, wie die Fischerfrauen bei der nächtlichen Ausfahrt dort oben gestanden und den Booten nachgeblickt hatten. Und jetzt? Würde auch sie dort hinausgehen, sich einreihen, um ebenso gespannt und mit bangem Herzen auf die Rückkehr eines Mannes zu warten, den sie noch vor wenigen Stunden hatte überzeugen wollen, die Insel mit ihr für immer zu verlassen?

Asta stand auf und blickte an sich herab. Sie trug die alte Jacke, die Kai ihr damals überlassen hatte, und ihre Füße steckten in Stiefeln, die rundherum mit Schlamm bespritzt waren.

Die Petroleumlampen rußten. All die Gegenstände, die sie hier umgaben und von denen sie wusste, dass sie da waren, erschienen ihr auf einmal fremd und ließen sich in den Konturen nur erahnen.

Sie dachte daran, dass sie gleich dort hinausgehen würde. Es machte sie wütend, und gleichzeitig fühlte sie sich hilflos, sie schämte sich, und wenn sie atmete, spürte sie eine Sehnsucht nach ihm, die ihr beinahe den Verstand raubte.

...

Es waren nur wenige Meter, bis sie die ersten Frauen erreichte. Ihr kam es so vor, als hätte der Sturm ein wenig nachgelassen, obwohl die Wolken noch immer tief hingen und es ununterbrochen regnete.

Asta schritt die stumme Reihe der Frauen ab, die ihr alle den Rücken zuwandten, und bemerkte, dass sich zwischen Franziska und Trude Riek eine Lücke auftat. Als sich keine der beiden Frauen zu ihr umdrehte, stellte sie sich einfach zwischen sie. Die beiden Frauen blickten weiter hinaus auf die See, und Asta konnte ihre Gesichter hinter den Kapuzenrändern nicht erkennen.

Dann tauchte endlich das angekündigte Boot an der Hafeneinfahrt auf. Asta spürte, wie ihr Herz vor Aufregung gegen die Rippen schlug.

Es war Jochen Wolter, der Mann, der Kai damals, als er sie mit an Bord genommen hatte, mit dem Spruch über den feinen Leichtmatrosen geneckt hatte, als sie sich im Schuppen umzog.

Aber jetzt war jede Heiterkeit aus Wolters Gesicht verschwunden. Müde, blass und starr vor sich hinblickend hockte er erschöpft an der Pinne.

Vier Frauen lösten sich aus der Reihe und verließen wortlos die Seebrücke. Keine von ihnen zeigte irgendeine Regung der Freude oder der Erleichterung. Sie wussten, dass die anderen Frauen auf ihre Schritte achteten, während sie weiter verzweifelt im Regen standen und warteten.

»Ich sehe dahinten noch welche von uns«, rief Willi Kollwitz, das Fernglas vor den Augen, und die Nachricht wurde hoffnungsvoll weitergegeben.

Zusehens lichtete sich die Reihe der wartenden Frauen, und es war, als würde sich der Hafen aus einer Art Totenstarre erheben, als wäre das Leben wieder nach Vitte zurückgekehrt.

Das Boot von Richard Hübner war das letzte, das am Steg festmachte. Franziska ging ihrem Mann mit raschen Schritten entgegen. Asta bemerkte, dass die Fock zerfetzt war und einer der Männer seinen Arm in einer provisorischen Schlinge trug.

»Gehen wir zu ihnen«, sagte Käthe Popp tonlos und hakte sich bei Asta ein.

»Du kommst mit uns, Trude«, befahl Käthe der alten Mutter Riek und stellte ihren Ellenbogen aus, damit sie ihren Arm darunter schieben konnte. Gemeinsam liefen sie hinüber zum Steg, wo Franziska heftig gestikulierend mit Richard sprach.

Asta verstand nicht, worüber sie redeten, aber sie erkannte die Bedeutung ihrer Gebärden, das Mienenspiel auf ihren Gesichtern.

Ihre Kehle war wie zugeschnürt.

Sie verstand, dass etwas Schreckliches passiert sein musste.

Dann hörte sie, wie Franziska plötzlich gellend aufschrie wie ein Tier. Es war Ausdruck tiefster Qualen und besinnungsloser Schmerzen. Franziska hob die Fäuste und schlug auf die Brust von Richard ein, der linkisch gebeugt vor ihr stand, die Mütze über dem blassen Gesicht, bis sie tränenüberströmt in sich zusammensank und auf dem Boden kauerte.

Käthe Popp ließ augenblicklich Astas Arm los und rannte vier schnelle Schritte auf Richard zu. Sie blieb vor ihm stehen, beide Hände flach auf ihre Brust gedrückt. »Sag es mir, Richard, was ist passiert?«

Der Fischer wusste nicht, wohin er schauen sollte. In seinen Augen standen Tränen, er ballte die Fäuste, presste die Luft heraus und rang nach jedem einzelnen Wort.

»Sie haben es nicht geschafft ...«, dann brach er ab.

Für Asta stürzte der Himmel ein.

27

Asta glaubte, sie müsste sofort hinüber zum Hof der Hübners laufen, um dort durch ein Fenster ins Haus zu steigen.

Noch immer war sie wach. Die geöffnete Packung mit den Schlaftabletten lag vor ihr auf dem Tisch, und sie grübelte, was sie unternehmen sollte.

Sie musste ihn sehen. Bisher hatten sie ihr kaum Zeit dafür gelassen.

Sie richtete sich im Sessel auf und dachte an das Zimmer, in dem er sich jetzt befand. Die Aufbahrung der Särge musste inzwischen beendet sein, und vermutlich waren bis auf die Totenwache alle schlafen gegangen. Aber konnten sie in dieser Nacht schlafen?

Sie wusste, dass die beiden, Kai und Peter, in der guten Stube lagen, dem einzigen Raum, der groß genug war, um zwei Särge nebeneinander aufzustellen.

Asta schniefte.

Aber das Schlimmste war noch nicht ausgestanden. Morgen erwartete sie der Weg zur Kirche, der Trauergottesdienst und die Beerdigung.

Und die beiden Familien, die Hübners und die Hennings, würden alle Hände voll zu tun haben mit den Nachbarn und den Freunden, mit allen, die ihre Aufwartung machen wollten, um ihr Beileid zu bekunden.

Wenn überhaupt, würde ihr morgen nur ein flüchtiger Moment bleiben, in dem sie mit Kai allein sein konnte. Selbst wenn sie bei Richard darauf bestünde, dass er ihr ein wenig Zeit für einen persönlichen Abschied gewährte, wäre sie sich doch ständig bewusst, dass sie in diesem Abschiedsreigen eine Fremde war, die in der Reihe der Kondolierenden an letzter Stelle kommen würde, weit hinter jedem Freund und Familienangehörigen, die draußen vor der Tür leise flüsternd und ungeduldig darauf warten würden, dass sie es endlich hinter sich brächte.

Nein, es würde ihr nichts nützen, wenn Richard ihrer Bitte zustimmte und sie mit Kai ein paar Minuten zusammen sein könnte. Kai, der friedlich in seinem hellen Tweedanzug dalag, die Hände viel zu still auf der Brust übereinandergelegt, während die Wanduhr unbarmherzig die Zeit wegtickte.

Konnte denn niemand verstehen, dass sie ihn noch einmal ganz für sich haben wollte? Ohne zeitliche Begrenzung.

Sie wollte ihn hinauf auf das Plateau unterhalb des Dornbusches tragen und dort neben ihm sitzen und mit ihm auf seine Insel hinabblicken, solange sein Antlitz noch unverändert war.

Sie wollte noch einmal mit ihren Fingern durch sein Haar fahren, sich an seine Schulter lehnen und Liebkosungen in sein kaltes Ohr flüstern.

Astas Hände umkrampften die Sessellehnen. Sie schluchzte, Tränen liefen ihr über die Wangen.

Ja, wenn man ihr das erlauben würde, dieses letzte Zugeständnis, wäre sie womöglich bereit, Kai nach nur einem gemeinsamen Sommer wieder herzugeben, ihn auf so unumkehrbare Weise ziehen zu lassen. Vermutlich könnte sie ihn dann betrauern und das eigene, sich im Moment völlig absurd und sinnlos anfühlende Dasein ertragen, weil es der einzige Weg war, um weiterzuleben.

Asta erhob sich aus dem Sessel, öffnete die Schranktür, nahm einen schweren grauen Mantel heraus und zog ihn über ihr Kleid. Dann verließ sie leise das Zimmer.

Johanne schlief oben. Ihre Schwester hatte ein Schlafmittel eingenommen und würde ihr Fortgehen nicht bemerken.

Auf Strümpfen tapste sie über die Steinfliesen im Flur und schlüpfte in ein Paar Sandalen. Leise öffnete sie die Haustür.

Sie fuhr mit dem Rad zum Hof von Hübners und bremste vor der Einfahrt. Das Licht ihrer Lampe erlosch, als sie zum Stehen kam, und sie blieb regungslos auf dem Sattel hocken.

Aufmerksam betrachtete sie die dunklen Fensterquadrate in der hellen Wand, die zugezogenen Gardinen dahinter.

Der flackernde Lichtschein einer Kerze erhellte eines der Fenster schwach. Das musste es sein.

Asta wusste nicht genau, warum sie hergekommen war. Sie hatte nicht vor, bei Hübners durchs Fenster zu klettern, auch wenn sie es gerade noch ernsthaft erwogen hatte.

Selbst wenn sie unbemerkt ins Haus hineinkäme,

was wollte sie dort? Der Totenwache umständlich erklären, dass sie gekommen war, um Kai mitten in der Nacht mitzunehmen?

Auf einem Fahrrad? Und wohin?

Absurde Hirngespinste waren das. Asta schüttelte verzweifelt den Kopf. Trotzdem tat es ihr gut, hier zu sein. Sie spürte seine Nähe. Keine Minute war vertan.

Sie lehnte das Fahrrad an einen Baum, zog den weiten Mantel enger um ihren Körper und hockte sich auf einen großen Findling. Sie stellte sich vor, sie käme zu ihm, und er nähme sie in seine starken Arme, und sie tanzten leicht im Walzertakt über den Strand. Er lächelte sie an, während sie leise die Melodie summte.

So träumte sie.

Manchmal erhob sie sich, ging einige Schritte hin und her, und das Mondlicht zeichnete dabei ihren Schatten auf den Kies.

Sie lauschte ohne Angst auf die Geräusche der Nacht, bevor sie zu dem Stein zurückkehrte, sich wieder darauf niederließ und stumm zum Haus hinüberstarrte.

Sie hielt die ganze Nacht Wache.

Erst als sich im Osten der Himmel blass gelbrot zu verfärben begann, radelte sie nach Hause. Dort setzte sie sich auf die Hollywoodschaukel, zog die Knie unters Kinn und wartete, bis Johanne erwachte.

•••

Ein Leiterwagen, mit schwarzem Tuch bedeckt und von zwei Rappen gezogen, brachte am Vormittag die

Särge nach Kloster. Das Gespann hielt unterhalb der Kirche, wo es bereits von Richard Hübner und den anderen Fischern erwartet wurde.

Schweigend schulterten die Männer die Särge und trugen sie die Steinstufen hinauf und durch ein Tor, das zwei halbhohe Säulen flankierten und deren Simse schlichte Metallkreuze zierten.

Dahinter folgten sie dem schattigen Pfad zur Kirche, unter Eichen hindurch und vorbei an den verwitterten Grabsteinen ihrer Vorfahren. Am Eingang angekommen, bat Pastor Gustavs sie, die Särge vor dem Altar abzustellen.

...

Die Welt um sie herum war stumm geworden, und Asta hatte nicht vor, ihr Schweigen zu brechen. Stattdessen beobachtete sie alles. Ein Tagpfauenauge, das mit flatternden Flügeln auf einer Blüte landete, die scharf geschnittene Silhouette ihres Häuschens, die sich kantig auf der sonnigen Wiese abzeichnete, und eine getigerte Katze, die soeben die Grenze überschritt und aus dem staubig flimmernden Licht in den Schatten wechselte, ohne dabei den Blick vom Boden zu lösen.

»Wird es gehen?«, fragte Johanne und stellte zwei Tassen Mokka vor ihr ab, bevor sie sich neben sie setzte.

Asta legte den Kopf zurück. Sie erinnerte sich, wie sie nach dem Tod der Mutter allein zurückgeblieben waren. Damals dachte sie, dass es für lange Zeit das letzte Mal wäre, dass sie schwarze Kleidung zu so einem Anlass tragen würde.

Sie hatte sich geirrt. Das Leben war nicht vorhersehbar. War es nie.

Beharrlich hatte sie ihre Haare gebürstet und das Gesicht geschminkt. Ihre Sorgfalt dabei erschien angesichts der Umstände töricht, war ihr aber ein Bedürfnis. Sie hatte die letzten Nächte nicht geschlafen und kaum etwas gegessen. Das sollte ihr niemand ansehen. Es gelang ihr jedoch nicht, sich selbst etwas vorzumachen, warum sollte sie auch, und was Johanne betraf ... Ihre Schwester las sowieso in ihr wie in einem Buch.

Asta seufzte und schloss müde die Augen.

...

In der Kirche waren die vorderen Reihen den beiden Familien und näheren Verwandten vorbehalten. Als Asta und Johanne durch den Glockenstuhl hindurch die Kirche betraten, kam ihnen sofort Franziska entgegen. Ihr Gesicht war verändert, als würde ein Schleier darüberliegen. Die Augen waren rot vom Weinen, aber jetzt hatte sie keine Tränen mehr.

»Danke, dass Sie gekommen sind«, sagte sie mit brüchiger Stimme. »Wir wissen das zu schätzen.«

»Gern.« Asta schenkte ihr ein schwaches Lächeln und blickte sich um.

Sie bemerkte, dass die Särge geschlossen waren, und für einen Moment durchflutete sie eine Welle von Enttäuschung. Wie sehr hatte sie darauf gehofft, noch ein letztes Mal sein Gesicht zu sehen.

Doch dann erblickte sie Richard vorneübergebeugt in der Reihe sitzend, er hatte die Ellenbogen auf die Knie gestützt und die Hände vors Gesicht geschlagen, als wäre er ein Kind, das darauf hoffte, das Unheil würde verschwinden, wenn er seiner nicht ansichtig wurde.

Zu seiner Linken saß Kais Mutter und sah zu ihr herüber.

Sie nickte Martha Henning zu, die ihren Gruß mit einer Miene erwiderte, aus der sowohl Kummer wie auch Mitgefühl für sie sprachen.

»Bei uns ist alles besetzt«, hörte sie Franziska sagen. »Ich hoffe, es macht Ihnen nichts aus, wenn Sie ...« Die Frau brach ab und schaute in den hinteren Teil der Kirche.

»Nein. Überhaupt nicht«, entgegnete Asta. »Mein Beileid.«

Franziska zögerte, als wollte sie etwas entgegnen, gab dann aber den Weg frei, denn der Andrang war groß, und nur mit Mühe fanden die Schwestern noch zwei freie Plätze.

Plötzlich war Asta dankbar über die Regelung, nicht vorn bei Kais Familie zu sitzen. Hier hinten blieb es ihr erspart, ständig die beiden schlichten Särge vor Augen zu haben und sich Kais Gesicht unter dem gehobelten Holzdeckel vorstellen zu müssen. Sie schaute stattdessen nach oben, und ihr fielen die Rosenblüten an der Decke auf, die sich wie ein Himmel über sie wölbten, und der Gedanke gefiel ihr, dass Kai, wie auf einem Teppich, darüber wandelte und zu ihr herabsah.

Es war Pastor Gustavs, dessen Worte ihre Aufmerksamkeit wieder auf das Geschehen in der Kirche lenkten, denn er stand neben den beiden Särgen und deutete jetzt hinüber auf ein Votivschiff, das seitlich über dem Taufbecken hing.

Ein Fischerboot, eine Zeese, die weinroten Segel am Mast.

»Liebe Angehörige, liebe Freunde ... deshalb glaube ich fest daran, dass ein Fischer jenseits dieser Welt und dieses Lebens über ein anderes Meer segelt. Es gibt dort keine Fische, keine Netze. Keinen Horizont und auch nicht Ebbe und Flut. Es gibt dort nur ein Schauen, und alles Geschaute ist Wahrheit.«

...

Johanne hatte sich nach der Trauerfeier verabschiedet. Der Heimweg nach dem Begräbnis schien lang.

»Asta, Liebes, wie geht es dir?«

Sie drehte sich um. Es war Otto. Verunsichert stand er da.

»Hallo«, sagte sie, zitternd schlang sie die Arme um ihre Brust und rang nach Fassung.

Otto kam auf sie zu und zog sein Sakko aus, um es ihr um die Schultern zu legen. »Entschuldige, was für eine dumme Frage. Kümmere dich nicht darum, lass uns lieber ein Stück zusammen gehen«, sagte er und bot ihr seinen Arm an.

Sie hakte sich bei ihm ein.

Nebeneinander gingen sie über die weite Wiesenfläche.

»Ich mache mir schreckliche Vorwürfe«, sagte Asta leise, und die Stimme drohte ihr zu versagen.

»Wieso das denn, Liebes?«

Stirnrunzelnd blickte sie auf ihre Füße. »Wir hatten uns gestritten«, sagte sie. »Vielleicht war er immer noch davon abgelenkt, nicht ganz bei der Sache, und dadurch kam es zu diesem Unglück.«

»Ihr habt euch gestritten?«

Asta stöhnte leise auf. »Ich wollte, dass er mit mir kommt. Nach Dänemark.«

Otto wartete, aber Asta hatte nicht vor, noch mehr Details von dem Gespräch preiszugeben.

»Quäle dich nicht«, sagte er nach einer Weile und hob den Arm. »Was euren Streit angeht, daran hat es definitiv nicht gelegen.« Er sah das feuchte Glitzern in Astas Augen. »Ich habe mit dem Hafenmeister gesprochen«, fuhr er ruhig fort. »Sie waren am weitesten draußen. Die Wellen gingen zu hoch ... Man will sich das gar nicht so genau vorstellen.« Er räusperte sich. »Jedenfalls haben die Fischer gesagt, Kai und die anderen hatten nicht den Hauch einer Chance. Trotz ihrer Erfahrung.«

Asta begann wieder zu zittern. »Als ob das etwas ändern würde.«

Otto nahm sie in den Arm und drückte sie an sich. »Doch Asta, das ändert alles. Es war einfach Schicksal.«

»Ach, Otto!« Ein Weinkrampf schüttelte sie.

»Ist ja gut«, murmelte er und hielt sie fest, bis sie sich wieder beruhigt hatte.

Asta löste sich von ihm und strich sich das Haar aus der Stirn. »Hast du eine Zigarette für mich?«

Otto wühlte in seiner Hosentasche, holte eine verbeulte Packung hervor und schnippte eine heraus. Dann gab er ihr Feuer. Tief inhalierte Asta den Rauch.

»Was hast du jetzt vor?«, fragte er, nachdem er sich auch eine Zigarette angesteckt hatte.

»Was ich vorhabe?«, wiederholte sie mit einem bitteren Zug um den Mund. »Ich habe fast alles gepackt.«

Sie näherten sich dem Haus.

»Kommt, es ist angerichtet«, rief Johanne ihnen von Weitem zu.

»In Ordnung«, gab Otto laut zurück, und Johanne verschwand wieder im Haus.

Astas Blick blieb auf dem Punkt haften, wo ihre Schwester soeben noch gestanden hatte. »Meine arme Familie. Erst habe ich sie auseinandergerissen, weil ich unbedingt aus Dänemark wegwollte, und nun, wo keiner mehr da ist, werde ich zurückkommen.«

Astas Worte klangen zwischen ihnen nach.

»Meinst du das wirklich?«

»Aber ja doch.«

Otto sah sie an. »Lass mich dir helfen.«

Asta holte tief Atem. »Das ist lieb von dir. Aber du hast mit deiner Frau und Hilde genug eigene Sorgen. Die Zeiten ändern sich.«

»Was wirst du tun?«

»Ich werde abreisen. Morgen nach Stralsund und von dort weiter nach Berlin.«

Asta ließ die Zigarette fallen und trat sie aus. Dann hob sie langsam den Kopf. »Danke, Otto. Für alles.«

Otto erwiderte nichts.

Sie wandte sich ab und ging in Richtung Haus. »Du hattest recht, weißt du, nichts ist für die Ewigkeit gemacht.«

»Ich kann mich geirrt haben.«

Asta sah zum Himmel hinauf, wo mit pfeifendem

Flügelschlag zwei Schwäne der offenen See entgegenstrebten. Ihr Gefieder glänzte eigenartig rosa in der Abendsonne. Sie konnte ihren Blick nicht von ihnen lösen.

»Na komm, Johanne wartet bestimmt schon auf uns.«

Als sie das Häuschen erreichten, warf Asta einen Blick auf die Verandatür. Ihre Konturen spiegelten sich unscharf im Glas.

»Ich sehe mal nach, ob Johanne Hilfe benötigt. Geh du in den Garten«, sagte sie zu Otto, bemüht, ihrer Stimme einen festen Klang zu geben. »Ich bin gleich wieder da.«

»Schon gut«, erwiderte er.

Asta stieg unsicher die Stufe hinauf und ging in die Küche. Johanne hatte aus dem Speisezimmer eine Schale und einen Vorlegeteller geholt und das Essen darauf angerichtet. Da waren die unterschiedlichen Filets gegrillten Fisches, und über allem schwebte eine rauchige Note. Gleich daneben in einer weißen Porzellanschale lagen die dampfenden Pellkartoffeln, ihre Haut schimmerte wie angelaufenes Silber, schwarz getupft, mit dem würzigen Duft der Erde, der noch an ihnen haftete.

Ein leichter Schwindel erfasste Asta, und sie lehnte sich, nach Halt suchend, gegen die Anrichte. Johanne reichte ihr ein Glas Wasser, an dem sie nippte.

Als der Schwächeanfall vorüber war, trugen die beiden Frauen das Essen hinaus.

Am blassblauen Himmel standen kupferrote Wolken, und auf dem Meer, das sich zunehmend in Dunkelheit hüllte, schwamm die untergehende Sonne wie große Stücke rotglänzenden Metalls. Ein trockener, warmer Duft stieg aus dem Gras auf, bevor eine leichte Brise vom Meer herüberkam und am Tischtuch zerrte.

Sie stellten die Schale und den Vorlegeteller in die Mitte des Tisches, daneben die Vase mit weißen Lilien.

»Sehr schön«, sagte Johanne.

»Einem Abschiedsmahl würdig«, ergänzte Otto und schwieg.

Astas Gedanken wanderten zu all denen, die nie wieder mit ihr an einer Tafel sitzen würden.

Einen Moment standen sie reglos vor dem Essen. In seiner Einfachheit erkannte man seine lange Tradition an einem Ort wie diesem.

Asta kam es für einen Augenblick so vor, als würde das Essen – dieses verderblichste aller Dinge – noch bestehen, selbst nachdem sie und die anderen verschwunden wären; nachdem sie alle, selbst das junge Mädchen Hilde, gestorben wären.

Asta stellte sich vor, dass das Essen noch hier wäre, hier in ihrem Garten am Karusel, und irgendwie immer noch frisch, unberührt, auch nachdem sie und die anderen die Insel verlassen hatten, einer nach dem anderen, für immer.

28

Die Tür zum Hafenmeisterhäuschen stand offen. Im Grunde gab es nichts mehr zu bereden.

»Bitte schicken Sie mir die Post an diese Adresse nach«, sagte Asta nur. »Fasanenstraße, in Berlin.«

»In Ordnung.« Willi Kollwitz klemmte den Zettel zwischen die Seiten seines Dienstbuches.

Dann hob er vorsichtig den Blick und sah sie bittend an.

»Frau Asta. Die Männer würden sich gern von ihnen verabschieden.«

Asta fixierte einen Tintenfleck auf der zerkratzten Tischplatte, als würde sie dort einen Hinweis finden, wie sie sich verhalten sollte. Dann schaute sie in Kollwitz' Gesicht und erkannte, wie viel ihm dieser Wunsch bedeutete.

»Einverstanden«, sagte sie und trat einen Schritt zur Seite, damit der Hafenmeister an ihr vorübergehen konnte.

Die Männer erwarteten sie im Fischerschuppen. Fast alle waren versammelt. Still harrten sie aus und warteten geduldig auf ihr Kommen. Jeder von ihnen hielt ein gefülltes Glas in der Hand. Max Bredow stand dicht bei ihnen.

Willi Kollwitz reichte Asta eins von den zwei Schnapsgläsern, die neben einer fast leeren Flasche Korn auf einer Holztonne standen, und nahm selbst das andere.

Asta spürte die Blicke, die auf sie gerichtet waren. Sie hob das Glas und musste alle Willensstärke aufbieten, um ein Zittern ihrer Hand zu unterdrücken. Entschlossen schaute sie in die Runde, betrachtete jedes einzelne Gesicht.

»Der Fischer ist aus Eisen, und aus Holz ist sein Boot. Das Segel ist aus Leinen, und Branntwein ist sein Brot. Prost!«

»Prost, Frau Nielsen!«, schallte es ihr entgegen.

Sie stürzte den Schnaps hinunter und stellte leise das Glas zurück.

»Ich danke Ihnen, meine Herren.«

Sie versuchte ein Lächeln, aber es misslang. Stumm nickte sie Willi Kollwitz zu. Sie bemerkte, wie Max Bredow humpelnd einen Schritt nach vorn tat und schweigend die Hand zum Gruß hob. Kurz trafen sich ihre Blicke.

Sie sah ihm an, dass er es nicht über sich brachte, zu ihr zu kommen, um ihr persönlich auf Wiedersehen zu sagen. Dass er es vorzog, um seiner selbst willen, Abstand zu wahren.

Sie gewährte ihm die Distanz, denn ihr erging es ebenso.

Wortlos drehte sie sich um. Eine Leere breitete sich in ihr aus, und eine nie gekannte Furcht erfasste sie.

Die Füße voreinander zu setzen, fiel ihr unglaublich schwer.

Vergebt mir, sagte sie insgeheim. Vergib mir, Kai!

Das Tor war weit geöffnet. Johanne erwartete sie davor auf dem Weg. Asta rang nach Luft. Sie taumelte, hatte das Gefühl, ihr Herz hätte aufgehört zu schlagen.

Johanne machte einen schnellen Schritt auf sie zu. Asta spürte, wie sie besorgt die Hand um ihre Taille legte, bereit, sie jederzeit zu stützen.

Eine Glocke verkündete die baldige Abfahrt des Dampfers.

Gemeinsam gingen sie auf die »Swanti« zu.

Asta bemühte sich, nicht zu weinen, aber es gelang ihr nicht. Tränen stiegen ihr in die Augen, und sie begann vor Verzweiflung heftig zu schluchzen, so dass ihr ganzer Körper erbebte. Einige Leute sahen besorgt zu den beiden Frauen herüber, Asta wandte sich von ihnen ab.

Johanne reichte ihr ein weißes Seidentaschentuch und führte sie zu einer Bank am Rande des Bollwerks, wo Asta einen Moment lang ungestört war und abwesend aufs Meer hinausblicken konnte.

Wie ahnungslos war die Welt, dachte sie. Alles lief so weiter, als wäre nichts geschehen.

Erst als einer der Matrosen sich anschickte, nach dem Tau zu greifen, tippte Johanne sie leicht an. Asta nickte, stopfte das Taschentuch in ihre Jackentasche und versuchte, die aufwallenden Emotionen, die sie erneut zu überwältigen drohten, in den Griff zu bekommen.

Hastig und mit gesenktem Kopf bestiegen sie nacheinander den Dampfer. Hinter ihnen wurde das Fallreep eingezogen.

»Dort hinten ist genügend Platz«, sagte Johanne knapp und lief zum Heck des Schiffes. Asta folgte ihr dankbar. Unter Deck wäre sie erstickt.

Das Signalhorn ertönte. Die Tauenden klatschten ins Wasser. Schiffsschrauben wühlten den Hafengrund auf, und kreischend erhoben sich die Möwen.

Die »Swanti« nahm gemächlich Fahrt auf, ging auf Kurs und strebte dem offenen Meer entgegen.

Sie waren beinahe allein. Sehnsüchtig blickte Asta zurück.

Kinder winkten, ein Mann knipste eifrig Erinnerungsfotos.

Ein Fischerboot kreuzte ihren Weg, das rote Segel gerefft, steuerten die Männer auf den Hafen zu. Einer der Fischer legte zum Gruß den Zeigefinger an den Mützenschirm, der Kapitän erwiderte die Geste.

Astas Hände umklammerten die Reling. Der Boden unter ihren Füßen vibrierte. Die Landungsbrücke, die Menschen und die Dächer von Vitte begannen zu schrumpfen. Sie stellte sich auf die Zehenspitzen, reckte den Kopf, um besser sehen zu können.

Da endlich tauchte es auf. Dicht am Ufer. Einsam in der Weite der Wiesen.

Ihr Karusel. Ihr Haus der Winde.

Deutlich konnte sie es in der glasigen Luft erkennen. Ein letztes Mal durchlief sie in Gedanken die Zimmer. Das Bett war nie fertig gestrichen worden und stand jetzt in ihrem Schlafzimmer. Das Mobiliar des Speisezimmers hatten sie an die Wände gerückt und mit Laken abgedeckt. Alle Gartenmöbel hineingeräumt. Würde je wieder ein Mensch auf ihnen sitzen? In den Fenstern stand das helle Licht.

Sie stöhnte auf. Die Bilder und Erinnerungen, die in ihr aufstiegen, die sie jetzt überfluteten, drohten ihr Innerstes zu zerreißen. Wie lebendig die Toten waren und wie tot die Lebenden, dachte sie.

Wieder holte sie das Taschentuch hervor und wischte sich die Tränen von den Wangen.

Asta starrte noch immer hinüber zur Insel, als ein unerwarteter Windstoß ihr das Taschentuch entriss und es davontrug.

Durch den Tränenschleier hindurch verfolgte sie das Stück Stoff, das jetzt fächelnd emporstieg, höher, immer höher hinauf, um dort oben einige Sekunden auszuharren, bevor es wieder herabschwebte, nur, um vom Wind erneut empor gehoben zu werden. Doch diesmal bot das Taschentuch der Sonne seine seidig schimmernde Oberfläche dar, worauf diese einen Regenbogen aus Licht hineinzauberte.

Asta streckte den Rücken und beschattete mit zitternden Händen ihr Gesicht.

Für sie war es, als würde sie eine kleine Tänzerin betrachten, die ihren Schleier mit beiden Armen über dem Kopf ausgebreitet hatte und nun hingebungsvoll zwischen einem unfassbar hohen Himmel und golddurchwirkten Wellen tanzte.

Nur für sie.

Einzig, um sie von ihrem Schmerz abzulenken.

Asta wischte sich über die Augen, und als sie wieder hinsah, lag das Taschentuch auf dem Wasser. Silbern trieb es auf den Wellen, wie die funkelnden Leiber eines Heringsschwarms, der kurz an die Oberfläche kam, bevor er wieder hinunter in die schattigen Tiefen der See glitt.

Ihre Lippen umspielte ein leises Lächeln.

Das hätte Kai gemocht.

Wenn sie sich Mühe gab, konnte sie ihm davon erzählen.

Plötzlich verspürte Asta bei dem Gedanken eine Art heiteres Mitleid. Einen unerwarteten Anflug von zärtlicher Fröhlichkeit, die sich wie kühle Seide tröstend auf ihre frischen Wunden und Narben legte.

Zumindest für den Augenblick.

ANMERKUNGEN

In diesem Roman treten eine Reihe historischer Persönlichkeiten auf. Da stellt sich die Frage, wie und wo wir die Grenze zwischen Wahrheit und Fiktion ziehen. Diese Frage ist berechtigt, und wir wollen sie gerne beantworten:

In einigen Fällen – zum Beispiel, als Asta Nielsen im Propagandaministerium auf Adolf Hitler trifft – werden die Leser Zeugen eines Ereignisses, das sich tatsächlich so zugetragen hat. Was Asta Nielsen in dieser Szene sagt, entspricht der Darstellung in ihrer Biographie.

Manchmal begibt sich eine reale Person an einen fiktiven Ort, zum Beispiel, wenn Asta Nielsen am Boccia-Turnier teilnimmt. Das Turnier fand regelmäßig im Sommer auf Hiddensee statt, und der Händler Karl Haertel war der Organisator. In diesem konkreten Fall haben wir uns vergewissert, dass es für Asta Nielsen nicht ungewöhnlich war, Veranstaltungen auf der Insel zu besuchen, und dass sie zu dem im Roman gewählten Zeitpunkt tatsächlich die Gelegenheit dazu gehabt hätte.

Was auf Asta Nielsen zutrifft, bestimmt auch den literarischen Umgang mit anderen historischen Persönlichkeiten, die auf Hiddensee lebten oder ihre Ferien dort verbrachten. Sei es Gerhart Hauptmann, Joachim Ringelnatz, Otto und Hilde Gebühr, Henni Lehmann oder Pastor Arnold Gustavs. Ihre Darstellungen beruhen alle ebenfalls auf biographischem Material.

Der Fischer Kai Henning hingegen ist ein erfundener Charakter. Er ist an »lebende Vorbilder« angelehnt und ermöglichte uns, das Leben auf Hiddensee in den dreißiger Jahren zu schildern. Eine Liebesbeziehung zwischen Asta Nielsen und einem Fischer gab es unseres Wissens nie.

Zeitlich jedoch wäre 1934 eine solche Begegnung möglich gewesen, da die Trennung von ihrem Lebensgefährten Grigori Chmara zu diesem Zeitpunkt vollzogen war.

Über das Datum, wann Asta Nielsen endgültig Deutschland verließ, gibt es unterschiedliche Angaben. Ziemlich gesichert scheint, dass sie von 1928 bis 1936 die Sommer auf Hiddensee verbrachte und Anfang 1937 zurück nach Dänemark ging. Dort spielte sie Theater und wandte sich später der Bildenden Kunst zu, indem sie aus Stoffresten Collagen erstellte. Asta Nielsen starb 1972 im Alter von einundneunzig Jahren. Sie kehrte nie nach Hiddensee zurück.

Arnold Gustavs war fünfundvierzig Jahre lang als Pastor auf der Insel Hiddensee tätig, bevor er 1956 mit einundachtzig Jahren starb.

Die Malerin Henni Lehmann verkaufte 1934 unter dem steigenden Druck der NS-Herrschaft die Blaue Scheune (Sitz des Künstlerinnenbundes) an Elisabeth Niemeier. Das Landhaus der Lehmanns wurde später von der Gemeinde genutzt. Henni Lehmann nahm sich 1937 in Berlin das Leben.

Otto Gebühr blieb seiner Rolle als »Friedrich der Große« treu. Das Ende des Krieges erlebte er mit seiner Familie auf Hiddensee, da sie in Berlin ausgebombt waren. Ab 1947 spielte er am Theater und in Heimatfilmen mit. Er starb 1954. Seine Tochter Hilde wurde ebenfalls Schauspielerin.

Joachim Ringelnatz starb am 17. November 1934 in Berlin.

DANKSAGUNG

Wir bedanken uns sehr herzlich bei Dr. Reiner Ziegler, dem Leiter der Landesfilmsammlung Baden-Württemberg, der unser Manuskript in einer ersten Entstehungsphase gelesen hat und uns wichtige Hinweise zu filmhistorischen Fakten und dem Umfeld der von uns beschriebenen Protagonistin gegeben hat. Beispielsweise machte er uns darauf aufmerksam, dass das in unterschiedlichen Biographien und zeithistorischer Sekundärliteratur beschriebene Treffen zum fünfzigsten Geburtstag von Joachim Ringelnatz, an dem auch Asta Nielsen teilnahm, nicht im Hotel Kaiserhof stattgefunden hat, da dieses seit den zwanziger Jahren deutsch-national war, sondern im Hotel Eden, wie das auch von Asta Nielsen in ihrer Autobiographie: »Die schweigende Muse« beschrieben wird. Unser Dank gilt darüber hinaus dem Filmmuseum Potsdam und dem Stummfilmkino BABYLON in Berlin.

Vielen herzlichen Dank auch den Mitarbeiterinnen und Mitarbeitern, die uns im Karusel und im Gerhart-Hauptmann-Haus bereitwillig Auskunft gegeben haben. Es gibt diese Orte heute tatsächlich noch, auch viele andere im Buch beschriebene Gebäude auf Hiddensee wie das Hotel Hitthim, die Blaue Scheune, die Pension Wieseneck, das Haus von Otto Gebühr, die Inselkirche in Kloster und den Friedhof. Man kann übrigens auch im Sommerpalast Vitte einen Mokka genießen und Kringel, nach der Art gebacken, wie der legendäre Stummfilmstar Asta Nielsen sie mochte.

Der Fischer Roberto Brandt im Ostseebad Baabe war unser Berater in technischen Fragen, welche die historische Fischerei betrafen. Er gab uns Auskunft darüber, wie Reusen aufgebaut sind und die Mansenfischerei in den dreißiger Jahren betrieben wurde. Mit eigenen Händen zeigte er uns, wie man Steine eintengt und ein Doppelter Schotstek gesteckt wird. Zahlreiche Informationen verdanken wir darüber hinaus den Gesprächen mit den Fischern auf Rügen und auf Hiddensee. Vielen Dank dafür.

Zu dem geistlichen Leben und den historischen Predigten beriet uns Pastor Olav Metz aus Groß Zicker, der uns auch mit Literatur unterstützte. Ebenso wie Martina Korth von der Mönchgut Bibliothek und Ruth Hochmuth aus der Bibliothek am Kleinbahnhof im Ostseebad Binz.

Hilfreich waren auch die persönlichen Recherchen in den Mönchguter Museen, dem Fischereimuseum Hiddensee und dem Heimatmuseum Hiddensee, wo wir neben Fischereigerät und Mobiliar auch zahlreiche Fotos und Aufzeichnungen prominenter Besucher und damaliger Bewohner der Insel vorfanden. Dadurch konnten wir uns ein detailliertes Bild vom Leben auf Hiddensee in den dreißiger Jahren machen.

Weitere Informationen verdanken wir auch dem Deutschen Meeresmuseum Stralsund, dem Nautineum Dänholm und dem Stralsund Museum.

Besonderer Dank gilt unserem Agenten Dirk Meynecke und unserer Lektorin Constanze Bichlmaier, die die Entstehung dieses Buches feinfühlig und aufmunternd begleitet haben und uns dabei alle schöpferische Freiheit ließen. Dank gilt dabei auch Brigitte Dörner für die professionelle Unterstützung.

Wir danken allen Mitarbeitern des Aufbau Verlags für das in uns gesetzte Vertrauen, die Begeisterung, Unterstützung und die unkomplizierte, wunderbare Zusammenarbeit.

Wir lieben das Cover dieses Buches!

Wir danken Bianca und Andreas Gnoss für »Kai Henning«, Monika und Bodo Thürmann, Sibylle und Jens Gunder, Anett und Martin Sklorz, Andreas Kondler, Katrin, Eva und Peter Hoffmann sowie Marita und Achim Seyer für die guten Tipps und die motivierende Unterstützung.

Ein herzliches Dankeschön möchten wir an Sr. Ingrid Herkommer für ihre begleitenden Gebete seit vielen Jahren richten und an Pater Georg Maria Roers SJ, für seine Freundschaft und kompetente Beratung bei unseren Buchprojekten.

Vielen Dank an Steffi Michalski und Thomas Klitzsch, die liebevoll unsere Katze Charlie betreuen, während wir auf Lesereisen sind.

Danke an unsere Familien; schön, dass es euch gibt.

In Erinnerung an unsere liebe Freundin Elisabeth Peter, die uns über die Dinge des Lebens staunen ließ, als wären sie gerade erst erschaffen worden.

QUELLENNACHWEIS

Beuys, Barbara: »Asta Nielsen. Filmgenie und neue Frau«, Berlin 2020.

Brömel, Hans-Joachim/Hege, Fritz: »Hiddensee«, Schwerin 1958.

Ewe, Herbert: »Hiddensee«, Rostock 1983.

Faust, Manfred: »Das Capri von Pommern. Geschichte der Insel Hiddensee von den Anfängen bis 1990«, Rostock 2001.

Findeisen Hans, in Seidel, Renate (Hrsg.): »Hiddensee. Ein Lesebuch«, Frankfurt/Main 1991.

Fritsch, Ute: »Mit Ringelnatz auf Hiddensee. Ein poetischer Spaziergang«, Berlin 2017.

Gustavs, Arnold: »Die Insel Hiddensee. Ein Heimatbuch«, Rostock 1958.

Hitler, Adolf: »Ansprache zur SA und SS, 1933«, Text Pesni.

Hoffmann, Katrin & Peter/Vitense, Birgit: »Rügen Kochbuch. Geschichten und Rezepte von Rügen & Hiddensee«, Stralsund 2011.

Hörner, Unda: »Auf nach Hiddensee! Die Boheme macht Urlaub«, Berlin 2014.

Kalbus, Oskar: »Vom Werden deutscher Filmkunst. Teil 2 – Der Tonfilm«, Bahrenfeld 1935.

Nielsen, Asta: »Die schweigende Muse«, Berlin 1977.

Nielsen, Asta/Theede, Christian: »Liebe mit Achtzig. Briefe«, Potsdam 1997.

Peesch, R.: »Die Fischerkommünen auf Rügen und Hiddensee«, Berlin 1961.

Rudolph, Wolfgang: »Die Insel der Schiffer«, Rostock 2000.

Schlieker, Egon: »Hiddensee – Die Insel und ihre Fischer«, Hiddensee-Reihe, Band 1, Vitte 2009.

Seidel, Renate/Hagedorff, Allan (Hrsg.): »Asta Nielsen. Ihr Leben in Fotodokumenten, Selbstzeugnissen und zeitgenössischen Betrachtungen«, Berlin 1981.

LENA JOHANNSON

Zwischen
DEN
Meeren

Vier Frauen und ein Jahrhundertbauwerk,
das die Welt verändert

Roman

atb

Prolog

Mimi

Dunkelblau und glitzernd windet sich der Kanal zwischen sattgrünen Wiesen hindurch. Schlanke Birken neigen sich in der sanften Brise elegant mal hierhin, mal dorthin. Nur an wenigen Stellen ist das Ufer durch Beton befestigt. Mimi setzt behutsam einen Fuß vor den anderen. Kleine Schritte. In ihrem Alter macht man keine großen Sprünge mehr. Sie hat noch ein ausgesprochen feines Gehör, nimmt das Summen einer Hummel wahr, die von einer Butterblume zur nächsten fliegt. Sie lauscht dem Plätschern des Wassers, das über die unzähligen nass glänzenden Steine schwappt, jeder einzelne von ihnen meist schon vor langer Zeit mit Bedacht platziert. Ein Segelschiff zieht geschmeidig vorbei. Ein Mann an Bord hat Mimi entdeckt und winkt. Sie hebt lächelnd die Hand. Am Horizont taucht ein mächtiger Frachter auf. Er kommt aus Richtung Kiel. Auf einer Strecke von knapp hundert Kilometern wird er Felder und Weiden passieren, Städte und Dörfer, Brücken und Schleusen, ehe er sich bei Brunsbüttel in die Elbe schieben und dem Land zwischen den Meeren Lebewohl sagen wird. Mit dumpfem Wummern kommt er näher, immer schneller klatschen kleine Wellen an Land. Es ist, als hätte jemand das blaue Band, das eben noch ruhig unter dem weiß betupften Frühsommerhimmel lag, an beiden Enden gepackt und zum Schwingen gebracht. Mimi lässt ihren Blick schweifen. Für einige ist dieser Kanal wohl einfach nur die Verbindung von Nord- und Ostsee. Das Wattenmeer mit seinen Gezeiten, Inseln, der Halligwelt, mit seinen Salzwiesen, auf denen Schafe grasen auf der einen Seite, die sanften Buchten, weit ins Land vordringenden Förden, die Städte und feinen Seebäder auf der anderen Seite. Für so manche ist es ein Brückenschlag von Ost nach West, von den baltischen Ländern zum Vereinigten Königreich und weit darüber hinaus. Für Mimi würde der Kanal immer das Band zwischen den Seelen ihrer Eltern sein. Ein Band, das ihre Mutter mehr als einmal zu ersticken gedroht und das sie dennoch immer stolz durch ihr Leben getragen hat, als sei es ein Schmuckstück. Mimis Vater war besessen davon gewesen, eine Wasserstraße von einem deutschen Meer zum anderen zu bauen. So schien es. In Wahrheit wollte er für seine Dorothea West und Ost näher zusammenbringen, um ihr die gesamte Welt zu Füßen legen zu können. Tag und Nacht hat er gearbeitet, um mit dem Verdienst für seine Familie ein Fleckchen im Grünen zu kaufen. Doch es war alles anders gekommen. Mimi schließt kurz die Augen und saugt den Geruch ein, der ihr so vertraut ist. Ein Hauch von Algen und Fisch, doch wesentlich zarter als an der See. Der Frachter ist schon wieder aus ihrem Blickfeld verschwunden. Sie geht ein paar Schritte, um die Levensauer Hochbrücke mit etwas Abstand in voller Pracht betrachten zu können. Die Wappenschilde mit dem Kaiseradler gibt es nicht mehr. Auch die vier über das schmiedeeiserne Gerüst ragenden Türme mit ihren Torbögen sind verschwunden. Trotzdem ist sie noch immer eine der eindrucksvollsten Kanalbrücken, vielleicht die schönste von ihnen. Weil sie mächtige massive Pfeiler aus rotem Backstein mit einem geradezu filigran wirkenden Metallüberbau verbindet. Weil sie über dem Kanal schwebt, als würde sie schützend ihre Arme darüber ausbreiten. Es ist Mimis Lieblingsplatz. Sie war bei der feierlichen Eröffnung am dritten Dezember 1894 und ist so manches Mal mit dem Zug darübergefahren. Dann mussten die Fuhrwerke und Kutschen anhalten und der Eisenbahn die Vorfahrt lassen. Sogar eine kleine Station gab es dort oben auf der Brücke. Mimi legt eine Hand über die Augen und den Kopf in den Nacken. Seit Kurzem halten da keine Züge mehr, der Betrieb ist eingestellt. Dafür rauschen die Automobile jetzt in großer Zahl von einer Seite zur anderen. Als Mimi noch ein Kind war, war ein Auto noch eine Sensation.

»Mit dem Fortschritt verhält es sich wie mit einem an die Wand gelehnten Holzbalken, der ins Rutschen gerät«, hat sie plötzlich die Stimme ihres Vaters im Kopf. »Er setzt sich langsam in Bewegung, gewinnt dann jedoch rasant an Tempo. Die Menschen müssen irgendwie mithalten. Dazu sind schnelle Verbindungen nötig.« Und noch etwas hat er immer gesagt: »Veränderungen erfordern die Erschaffung passender Bauwerke, die wiederum für Veränderungen sorgen. Und sie erfordern Mut.« Mimi muss unwillkürlich lächeln. Ihr Vater, Heinrich Hermann Dahlström, hatte diesen Mut, er hat diese schnelle Verbindung geschaffen. Gegen alle Widerstände. Und davon gab es viele. Mimi spürt, dass es Zeit wird, zurückzugehen, ihre Beine werden ihr schwer, immer häufiger muss sie stehen bleiben und Atem schöpfen. Sie ist eben kein junges Ding mehr mit langen dunklen Zöpfen und Augen, die voller Neugier in die Zukunft blicken. Jetzt schaut sie eher zurück, denn vor ihr ist der Horizont erschreckend nah.

Ihr Vater erholte sich gerade von einer ernsten Erkrankung, als er zu ihr sagte: »Mimi, ich werde dir irgendwann die Geschichte meines Lebens diktieren.«

Er hat nie die Zeit dafür gefunden. Und auch ihre Zeit geht allmählich zu Ende. Doch auch ohne Diktat hat Mimi sein Leben in ihrem Kopf und ihrem Herzen. In unzähligen Stunden hat sie es mit ihm geteilt und er hat ihr alles erzählt. Fast immer ging es um den Kanal. Er ist untrennbar mit ihm verbunden, mit der gesamten Familie. Er gehört zu ihrem Vater wie ein Sohn, der ihm etliche graue Haare beschert und ihn am Ende doch unendlich stolz gemacht hat. Er gehört zu Mimi wie ein Bruder, der es stets verstanden hat, sich die gesamte Aufmerksamkeit der Eltern zu sichern, und die kleine Schwester immer gerade rechtzeitig in Staunen versetzt hat, um ihre Eifersucht in grenzenlose Liebe zu verwandeln. Wahrscheinlich kann sie deshalb noch immer nicht lange ohne ihn sein, so wie es einen automatisch zum Verwandtenbesuch drängt, wenn der letzte bereits zu weit zurückliegt.

Keine Bank weit und breit, keine Möglichkeit, sich auszuruhen, nur das glitzernde, sanft wogende Band, eingebettet in sattes Grün, behütet von einem blauen Himmel mit Schäfchenwolken. Die Erinnerung nimmt Mimi fast die Luft. Schäfchen hat ihr Vater ihre Mutter genannt. Wer ihn nicht kannte, hätte den Kosenamen falsch verstehen können. Doch Mimi weiß genau, wie er es meinte.

Ihre Mutter hatte es ihr erzählt: »Er hat mich schon auf dem Mühlenberg so genannt, wo ich aufgewachsen bin. Den Tag vergesse ich nie. Ich war auf den von Mehl bedeckten Stufen nach oben geklettert, in den Raum unter der Kuppel, über die sich ein grünes Kupferdach spannte. Mein blaues Kleid war über und über weiß betupft. Mehl. Ich war unachtsam gewesen, als ich der Katze Milch hingestellt und mich nah ans Holz gepresst hatte, um besser aus der Luke schauen zu können.

›Es sieht beinahe aus wie Löckchen aus Schafwolle‹, hatte er gesagt.« Und dann hatte sie Mimi davon erzählt, dass auch die Dahlströms auf dem Mühlenberg gelebt hatten. Während ihre Mutter ihr Versteck unter dem Helm der über hundert Jahre alten Mühle für seine Geborgenheit liebte, die sogar Katzen nutzten, um dort ihre Jungen großzuziehen, war ihr Vater fasziniert vom Rattern und Vibrieren der Mühlsteine gewesen, vom zuverlässigen In-